匡亚明　主编　中国思想家评传丛书

吕祖谦评传

潘富恩　徐余庆　著

南京大学中国思想家研究中心

南京大学出版社

中国思想家评传丛书

吕祖谦(1137—1181) (潘　之 绘)

道合志同——吕祖谦赴闽于朱熹“寒泉精舍”与之共商编辑《近思录》。

(潘　之绘)

《中国思想家评传丛书》序

匡 亚 明

伟大的中华民族在长达五千年连绵不断的曲折发展过程中，像滚滚东流的长江那样，以磅礴之势，冲破了重重险阻，奔腾向前，现在更以崭新面貌，雄姿英发，屹立于世界民族之林。这是人类历史上的一个奇迹。产生这一奇迹有诸多原因，其中十分重要的一点，就是我们勤劳、勇敢、智慧的各族人民，在长期的生产活动、社会活动、思维活动和对外交往以及抗击外来侵略过程中，逐渐创造、积累、发展了具有以生生不息的内在思想活力为核心的优秀传统思想文化。这是一种伟大、坚强的精神支柱，是我们民族凝聚力和生命力之所在，是历史留给我们所有海内外炎黄子孙引以自豪的无价之宝。

当然，和各国各种不同传统思想文化一样，在中华民族的思想文化传统中，也是既有精华，又有糟粕，因而全盘肯定或全盘否定，不对；一知半解、信口开河或裹足不前、漠然置之，也不对。郑重而严肃的态度应该是对它进行实事求是的科学的研究和分析，取其精华，弃其糟粕，继承和弘扬这份瑰宝，振兴中华，造福人类。人类历史发展的连续性，就是在不断去粗取精、继往开来和改革创新过程中实现的。继往是为了开来，开来不能离开继往。民族虚无主义和复古主义，都是违背历史发展的辩证规律的。

现在我们国家正处在一个新的继往开来迈向四化的关键时刻。继往就是继民族优秀传统之往，开来就是开社会主义现代化建设之来。对中国传统思想文化从广度和深度上进行系统研究，实现去粗取精的要求，正是继往开来必须完成的紧迫任务。我认为这是中国各族人民，首先是文化界、学术界、理论界义不容辞的光荣职责。但面对这一时间上长达五千年，内容上涉及人文科学、自然科学等各个领域的传统思想文化，将从何着手呢？毛泽东同志早在1938年就说过："从孔夫子到孙中山，我们应当给以总结，承继这一份珍贵的遗产。"①这是很有远见而又切合实际的英明建议。从孔子到孙中山这两千余年是中国历史上思想文化最丰富的时期，如果总结了这段历史，也就基本上总结了五千年传统思想文化的主要内容。当然，基本上不等于全部。孔子以前和孙中山以后的情况，可以另行研究。因此，我认为首先最好是在时间上从孔子开始到孙中山为止，方法上采取《中国思想家评传丛书》的形式作为实现这一任务的开端。这就是从这段历史的各个时期、各个领域和各个

① 毛泽东《中国共产党在民族战争中的地位》，《毛泽东选集》第2卷，人民出版社1952年版，第522页。

学科(包括文、史、哲、经、教、农、工、医、政治等等)有杰出成就的人物中,遴选二百余人作为传主(一般为一人一传,少数为二人或二人以上合传),通过对每个传主的评述,从各个侧面展现那些在不同时期、不同领域中有代表性人物的思想活力和业绩,从而以微见著、由具体到一般地勾勒出这段历史中中国传统思想文化的总体面貌,揭示其积极因素和消极因素的主要内涵,以利于开门见山、引人入胜地批判继承、古为今用,也为进一步全面系统地总结中国传统思想文化打下基础。自从毛泽东同志提出上引建议后,半个世纪以来,不少专家学者已从各个方面做了许多工作,但对全面完成这个任务来说还远远不够,还要在深度和广度上继续努力。作为"抛砖引玉",本《丛书》只是这个继续努力所应完成的工作的一部分。《丛书》凡二百部,约四千万言,自1990年开始陆续出版,争取十到十五年全部出齐。

《丛书》所以用"中国思想家评传"命名,主要是考虑到中国传统思想文化中的核心是生生不息的内在思想活力,而历史事实也反复证明,凡是在各个不同时代不同领域和学科中取得成就者,大多是那些在当时历史条件下自觉或不自觉地认识和掌握了该领域事物发展规律的具有敏锐思想的人。他们取得成就的大小,取决于思想上认识和反映这些规律的程度如何。思想并非先验之物,它所以能反映和掌握这些规律,主要是通过社会实践和对前人思想成果的借鉴和继承。思想一旦形成,反过来在一定程度上又对实践起决定性指导作用。韩愈说的"行成于思,毁于随"①,列宁说的"没有革命的理论

① 韩愈《进学解》,中华书局《四部备要》东雅堂本《韩昌黎全集》卷十二第3页。

就不会有革命的运动”[①]，这些话，虽所处时代和所持立场不同，所要解决的问题的性质也不同，但就认识论中思与行、理论（思想的高度概括）与实践的关系而言，确有相通之处，即都强调思想对实践的指导意义和作用。因此我们以“中国思想家评传”命名，就是力图抓住问题的核心，高屋建瓴地从思想角度去评述历史人物，以便对每个传主在他所处时代的具体情况下，如何在他所从事的领域中，克服困难，施展才华，取得成功，做出贡献，从思想深处洞察其底蕴。历史上各个时代富有思想因而能在有关方面取得成就的人，直接阐述自己思想观点的论著虽亦不少，但大量的则是其思想既来自实践（包括对前人、他人实践经验的吸取）、又渗透在自己创造性实践之中，集中凝聚在他自己的业绩和事功上，而没有留下论著。另一些人却只留下著作而无其他功绩，对这些人来说，他那些有价值的著作就理所当然地是他的伟大业绩和事功。如果论述一个人的思想而不联系他的业绩（包括著作），必将流于空洞的抽象；同样，如果只讲一个人的具体业绩而不结合他的思想活动，又必将成为现象的罗列。评价思想和评价业绩，两者不应偏废。而不断在实践中丰富和深化的思想活力则是经常起主导作用的因素，强调这个因素，引起人们的正视和反思，正是我们的主旨和目的。当然，思想和思想家，思想家和实践家，都是既有区别又有联系的不同概念，忽视这一点是不对的。《丛书》的重点则是放在两者的联系和结合上。至于如何使两者很好联系和结合而又着意于剖析其思想活力，各占多少篇幅或以何种方式表达，则自当由作者根据传主的具体情况创造

① 列宁《怎么办》，《列宁选集》第1卷，人民出版社1976年版，第241页。

性地作出妥善安排。

自从人类历史上产生了马克思主义，不仅全人类解放和发展有了划时代的明确方向，学术研究也有了更严密的科学方法，即辩证唯物主义和历史唯物主义的世界观和方法论。根据这一科学方法，在研究和总结中国传统思想文化，特别是联系到《丛书》的撰著时，我认为下列几点应特别引起重视。

一、坚持实事求是的原则。实事求是是贯串在马克思实际活动和理论研究中的主线，离开了它也就离开了马克思主义。只有切实掌握了客观情况，才能得出正确的认识和判断。前者为"实事"，后者为"求是"，二者相结合，就叫实事求是。事不实则非夸即诬。为了弄清情况，就必须对情况的本质与现象、整体与局部、真与伪、精与粗，作出区别、梳理和取舍，这样才能掌握情况的实质，达到"实事"的要求；然后进一步加以分析研究，找出事物本身固有的真相而非主观臆测的假象，并验证其是否符合人民利益和人类历史前进方向，是否反映科学、技术、文化、艺术的发展规律，这样才能得出正确的认识和判断，达到"求是"的要求。实事求是是治学的基本功夫，是对每个传主的功、过、是、非作出公正评价的必要前提。不论古今中外，对历史人物过高或过低的不公正评价，大都由于未能认真坚持实事求是原则的缘故。

二、坚持批判继承的原则。马克思主义学说就是批判的学说，而批判是为了继承、发展和创新。这就需要我们在实事求是的基础上，既要继承发扬传主业绩和思想中的积极因素，又要批判清除其消极因素。凡传主业绩和思想中体现了诸如爱国主义、民主意识、科学见解、艺术创造和艰苦奋斗、克己奉公、追求真理的精神，即在符合历史前进要求的"立德"、"立功”、“立言”诸方面有显著成就等积极因素者，必须满腔热情地加以继承和弘扬，并紧密结合当前社会主义建设实际，使之深入人心，蔚然成风；凡反映有诸如封建迷信、专制独裁、愚昧落后、丧失民族尊严和违背科学进步等消极因素者，必须以历史唯物主义的观点加以批判，清除其一定程度上至今尚起作用的消极影响，而消极因素经过彻底批判后可转化为有益的教训；凡积极因素和消极因素相混者，更当加以认真清理和扬弃，既发扬其积极因素又摒弃其消极因素。我们力求一点一滴、切实认真地探索各个传主思想和业绩中珍贵的积极因素，使之成为全国各族人民正在从事的继往开来伟大历史工程的组成部分。

三、坚持“百花齐放”、“百家争鸣”的原则。“百花齐放”和“百家争鸣”，是发扬学术民主、促进学术繁荣的正确原则和巨大动力。前者强调一个“齐”字，后者强调一个“争”字，是表示学术上平等、民主和自由的两种不同状态；前者突出的是统一与和谐，后者突出的是区别与争论；两种状态又统一于不断地相互促进和相互补充、转化的持续发展提高过程之中。“百花齐放”、“百家争鸣”的原则体现在撰著评传时，应从“齐放”和“争鸣”出发，综合中外各个时期对有关传主的不同评价，吸取符合客观存在的对的东西，摒弃其违反客观存在的不实的东西，然后创造性地提出经过自己独立思考的、赶前人或超前人的一家之言。同时，对整个《丛书》而言，也有个共性、个性又统一又区别的问题。这就是一方面作者应把“实事求是”、“批判继承”和“百花齐放”、“百家争鸣”这几点作为大家的共性（统一与共识）；另一方面，对每部评传的立意、结构和行文（文体、文风和文采等），则主要是作者的创造性思维劳动和雅俗共赏的文字表达艺术的成果，是彼此的个性（区别），不宜也不应强求一律。评传作者都有充分自由去发扬这一个性，力求在对每一传主的评述中探索和展示其积极因素，使之和正在变革中国面貌的伟大社会主义建设实践融为一体，丰富其内容，促进其发展，而不是仅仅停留在对传主思想业绩的一般性诠释上。

我认为，以上三点大体上可以表达《丛书》所遵循的主要指导思想，但也不排除用其他思想和方法得出的有价值的研究成果。

感谢所有关心和支持《丛书》工作的单位和个人，特别感谢《丛书》的名誉顾问和学术顾问。他们的热情关心、支持和指教，使《丛书》工作得以顺利进行。更要感谢所有承担评传撰著任务的老中青学者，他们都以严谨的治学态度，作出了或正在作出对学术，对民族，对历史负责的研究成果。没有他们的积极合作，《丛书》工作的开展是不可能的。《丛书》副主编和中国思想家研究中心、南京大学出版社，在制定《丛书》规划，约请和联系国内外学者，审定书稿以及筹划编辑出版等方面，克服重重困难，做了大量工作，他们的辛勤劳动是《丛书》能按预定计划出版的必要前提。

现在《丛书》开始出版了，我作为年逾八旬的老人，看到自己迫于使命感而酝酿已久的设想终于在大家支持合作下实现，心情怡然感奋，好像回到了青年时代一样，体会到"不知老之将至"的愉悦，并以这种愉悦心情等待着《丛书》最后一部的问世；特别盼望看到它在继承中华民族传统思想文化的珍贵遗产方面，在激励人心、提高民族自尊心和爱国主义思想方面，在促进当前建设有中国特色的继往开来的社会主义现代化物质文明和精神文明的历史性伟大事业中，能起到应有的作用。我以一颗耄耋童心，默默地祝愿这一由一批老中青优秀学者经长年累月紧张思维劳动而作出的集体性学术成果能发出无私的熠熠之光，紧紧伴照着全民族、全人类排除前进道路上的各种障碍，走向和平、发展、繁荣、幸福的明天！

热诚欢迎国内外同仁和各界人士不吝赐教，以匡不逮。是为序。

1990年10月7日

内 容 简 介

吕祖谦是南宋乾淳时期著名的思想家和历史学家。他不拘门户之见，以综合当时各家学说为己任，故而其思想反映了南宋社会思潮的总趋向。本书以马克思主义为依据，系统、全面地介绍和评述了吕祖谦的经济、政治、哲学、人格、伦理、教育、历史思想，充分肯定了吕祖谦在中国古代思想发展史上所占有的地位。本书凝聚了作者对吕祖谦多年研究的心血，代表了国内吕祖谦研究的现有水平。该书文字流畅，思想性强，具有一定的可读性。

A Brief Introduction

Lü Zu-qian is the famous thinker and historian in Qian Chun period of the Southern Song dynasty. He sumed up the various opinions and had no sectarian bias, so his thought refected the general direction of ideolotion trend in the Southern Song Dynasty. According to Marxism, the book systemly and totally introduced and commented on Lü Zu-qian's economy, politics, philosophy, personalty, ethics education, history thought, fully confirmed his position in China ancient thought history. The book is the fruit of the authors many years painstaking labour in studying Lü Zu-qian, reflect the home current level in the studying. It writes with ease and grace, has strong ideological content and something to recommend it.

目　次

A CRITICAL BIOGRAPHY OF LÜ ZUQIAN

CONTENTS

第一章　家世、生平及学术活动

在南宋理学阵营中，有一面灿烂斑驳的旗帜，这就是乾淳时期鼎盛一时的吕学。提及吕学，就不能不提及其创始人——吕祖谦。

吕祖谦字伯恭，学者称东莱先生。因其伯祖吕本中人称“大东莱先生”，故而吕祖谦亦有“小东莱”之称。吕祖谦生于宋高宗赵构绍兴七年(1137 年)，卒于宋孝宗赵昚淳熙八年(1181 年)，享年四十四岁。吕祖谦祖籍山西，“后徙寿春”(今属安徽)。自六世祖吕公著起，又从寿春迁居北宋都城开封。北宋灭亡之后，曾祖吕好问又携全家随宋室南渡，遂在婺州(今浙江金华)安居下来。

第一节　家世与家学

吕祖谦一生矢忠于赵宋政权，时刻以偏安江南一隅之地的南宋小朝廷兴衰存亡为念，热切希望南宋革故鼎新，炽烈昌盛，并为之消耗了自己的毕生精力。所有这一切，固然与其从小所受的封建主义正统思想熏陶以及他本人的经历有关，同时也因为他的家庭屡受赵宋政权眷隆之恩。要准确地把握吕祖谦思想发展的基本线索，就不能不了解其显赫的家世。

吕祖谦之学在其形成过程中，虽然受到外界多方面的影响，但其中最主要的影响却是来自家学。这就有必要对其家学作一简单的透视。

一 十世官宦之家

吕祖谦出身于一个极为显赫的豪门巨族。早在后唐时期，其十世祖吕梦奇就在后唐的政权中担任过御史中丞、北京（今山西太原西南）副留守、户部侍郎[①]等重要职务，诚属当时政界中的一位风云人物。尽管后唐昙花一现，很快夭折，但吕氏家族却未随之衰微。赵宋王朝开国伊始，吕梦奇的两个儿子——龟图、龟祥即服务于斯。龟图任起居郎、知泗州（今江苏泗洪东南）；龟祥为殿中丞、知寿州（今安徽凤台）。品级虽不算高，但也不算低。尔后，吕氏家族久盛不衰，更加发皇。它的不少成员位极人臣，权重倾朝。

八世伯祖吕蒙正，字圣功，太平兴国二年（977 年）进士。太宗（赵匡义）、真宗（赵恒）两朝三次为相。蒙正为官清廉，《宋史·本传》载："朝士有藏古镜者，自言能照二百里，欲献

① 见《旧五代史·明宗纪》。

之蒙正以求知。蒙正笑曰:‘吾面不过楪子大,安用照二百里哉?’闻者叹服。”①他生性耿介,素以敢言著称。在一次宴席上,太宗夸耀京师“繁盛”,企图以此证明天下太平。吕蒙正当即避席对曰:“乘舆所在,士庶走集,故繁盛如此。臣尝见都城外不数里,饥寒而死者甚众,不必尽然。”②力谏太宗,“视近以及远”,不为虚幻的歌舞升平之景象所迷,励精图治。景德二年(1005年)他辞官告退时,还再次提醒真宗,“弭兵省财……以百姓为念”。纵观吕蒙正一生之作为,不失为北宋之初有名的贤相之一,其轶事趣闻,多为民间流传。

七世祖吕夷简,字坦夫。咸平三年(1000年)进士。被授以绛州(今山西新绛)推官而入仕途。办事干练,深得其伯祖吕蒙正之青睐。吕蒙正告老还乡时,特向宋真宗推荐之。真宗时以刑部郎中权知开封府。仁宗(赵祯)时三次任相,前后凡十三年。后以太尉致仕。吕夷简为官,颇留意民间疾苦。他在提点两浙刑狱时,适逢“京师大建宫观,伐材木于南方。有司责期会,工徒至有死者,诬以亡命,收系妻子。夷简请缓其役。……又言‘盛冬挽运艰苦,须河流渐通,以卒番送’”③,对此,真宗表示赞许,认为其“有为国爱民之心”。仁宗初年,刘太后垂帘听政,他力劝刘太后戒浮费,宽厚民力。时“天下晏然,夷简之力为多”。死后,仁宗亲“书‘怀忠之碑’四字以赐之”。亦为宋朝名相之一。

六世祖吕公弼,字宝臣,为吕夷简之子。以荫补入官,后赐进士出身。仁宗朝时任转运使。英宗(赵曙)时任三司使。

---

① 《宋史》卷265。

② 同上。

③ 《宋史》卷311。

神宗（赵顼）即位之初，官居枢密使。后因反对王安石变法而改外任。为官执法颇严，但反对恢复肉刑，素有政声。

六世祖吕公著，公弼之弟。字晦叔。恩补奉礼郎，登进士第。仁宗时任天章阁待制兼侍读，英宗时加龙图阁直学士。吕公著始与王安石友善，熙宁初年得王氏援引而任御史中丞。"王安石知政事，嗛公弼不附己，白用其弟公著为御史中丞以逼之。"①后因对熙宁新政的看法严重不合遂交恶。王安石执政期间改外任。哲宗（赵煦）即位后，任尚书右仆射兼中书侍郎，与司马光同掌权柄。司马光死后，独揽大权，权重一时。位至司空、同平章军国事。死后，赠太师，申国公。

五世祖吕希哲是公著之长子，字原明，以荫入官。父友王安石曾"劝其勿事科举，以侥幸利禄"，受王说影响"绝意进取"，故而"二弟已官省寺"，他不以"独滞管库"为意。吕公著身后，始为兵部员外郎，哲宗朝任崇政殿说书。徽宗（赵佶）即位，召为秘书少监，未几改光禄少卿，以直秘阁知曹州。崇宁党祸起，不久罢为宫祠。

曾祖吕好问，字舜徒，以荫补官。靖康元年（1126 年）任御史中丞，旋改兵部尚书。金人灭宋后，北宋原太宰张邦昌在金人扶持下建立傀儡政权，称"楚帝"，亦将吕好问网罗在政权中，命其为事务官。吕好问审时度势，劝张氏取消帝号，还政赵氏。他对张邦昌说："相公知中国人情所向乎？特畏女真兵威耳。女真既去，能保如今日乎？大元帅（指赵构）在外，元祐皇太后在内，此殆天意，盍亟还政，可转祸为福。"②因其故，得高宗赏识。南宋初除尚书右丞。不久，宰相李

---

① 《宋史》卷 311。
② 《宋史》卷 362。

纲以其曾事伪朝,"不能执节",欲按其罪。吕好问自惭辞职。建炎二年(1128 年)诏提举临安府洞宵宫,翌年冬祀,进封东莱郡侯。吕祖谦为了替其洗刷不节之名,在《家传》中极力渲染了吕好问对宋室的忠诚,详细记载了他劝张邦昌还政宋室的经过。

伯祖吕本中,字居仁。以其曾祖吕公著遗表恩,授承务郎。宣和六年(1124 年)除枢密院编修官。北宋末迁职员外郎,后"以父嫌奉祠"。绍兴六年(1136 年)特赐进士出身,擢起居舍人兼权中书舍人。两年后迁中书舍人兼侍讲。

祖父吕弸中官至右朝请郎。

父亲吕大器为右朝散郎。

吕祖谦本人亦"以祖恩补将仕郎"。虽然这是不入品的最低级阶官,实际职务近乎吏,但也反映了宋室至此仍然未忘记对吕氏家族的布恩。

从对吕祖谦家世的简单回顾中,可以清楚地看出吕氏家族一直沐浴着赵宋政权的浩荡皇恩。吕祖谦一生对赵宋政权矢志不渝,恪守臣道,其中重要的原因,盖出于此。

由此亦可以推断,吕氏家族迁居婺州后,家道虽远不如北宋时期兴旺,而呈现衰落趋势,但仍属于上层社会,似无可疑,在金华之地当属著姓望族。

二　深厚的家学渊源

和别的豪门巨族相比,吕氏家族具有一个明显的特点,即非常重视读书与治学。它的不少成员学识宏富,学力深厚。自吕公著起,一门之中,被选登《宋元学案》竟有十七人。全祖望在《宋元学案·范吕诸儒学案》编后说：

> 考正献子希哲、希纯为安定（胡瑗）门人，而希哲自为《荥阳学案》。荥阳子切问，亦见学案。又和问、广问及从子稽中、坚中、弸中别见《和靖（尹焞）学案》。荥阳孙本中及从子大器、大伦、大猷、大同为《紫微学案》。紫微之从孙祖谦、祖俭、祖泰、又别见《东莱学案》、共十七人，凡七世。

吕公著本人被载于《范吕诸儒学案》，而与北宋著名的文学家范仲淹并列。准确地说，全祖望这一统计，尚不完全。因为以吕好问的学术造诣，则完全可以名列学案。如果没有深厚的家学渊源为基础，一门之中有这么多人被选登学案，几乎是无法想象的。

吕氏家学有其独特的风格，而“杂博”则是其最为明显的特征。这，在吕公著处已见端倪。

应该说明，吕公著以前，吕氏家族虽然亦可谓是诗礼传家、书香门第，但在学术界影响并不太大，故存而不论。自吕公著始，吕氏家学逐渐形成，且引起学术界的重视。吕公著未登仕以前，曾在很长一段时间内从事讲学活动。讲学的中心内容是围绕倡明传统儒学而展开的。史称其“自少讲学，即以治心养性为本”[1]。同时又好谈佛理，常与高僧讨论佛学精义，以致废寝忘食。吕公著入相后，不少人想走其门路以求仕途之通达，不得不先学几句禅语，装出一副虔信佛教之

---

① 《宋元学案·范吕诸儒学案》。

模样，以博得吕公著的青睐。

> 吕申公素喜释氏之学。及为相，务为简净，罕与士大夫接。惟能谈禅者多得从容。于是好进之徒，往往幅巾道袍，日游观寺，随僧斋粥，谈禅说理，觊以自售，时人谓之禅钻云。①

这则材料的真伪，难以考证。也许是好事者道听途说而为，不过，当有所本。至少反映了吕公著对佛学有浓厚的兴趣。

吕公著为人虽“务为简净”，不善交游，但断定其“罕与士大夫接”却是不当。事实上在其主持国子监期间，就与士大夫有过相当广泛的接触，和当时各主要学派的代表人物保持了良好的关系。这也是他在学术界名声噪起，身价陡增的重要原因。

先看他与新学的关系。吕公著与新学领袖王安石一度关系远超常谊，相知极深。熙宁（1068—1077 年）前，王安石数次论及吕公著。他说：“吕十六不作相，天下不太平。”②又说：“晦叔作相，吾辈可以言仕矣。”③熙宁初年，吕公著出任御史中丞就和王安石的全力支持不无关系。吕公著对王安石的学术亦推崇之至。王安石之所以在熙宁前就名重京师，这与吕公著的大力宣传有密切的关系。同时，吕公著还命其长子吕希哲师从王安石。即使由于在熙宁变法问题上，双方政见严重不合而逐渐疏远，但私交却没有彻底搞僵。据吕祖谦追忆说：“先君子尝诲某曰：吾家全盛时，与江西诸贤特

---

①　徐度《却扫编》卷上。

②③　《邵氏闻见录》卷 12。

厚。……虽中间以国论与荆公异同，元丰（1078—1085 年）末，守广陵（今江苏扬州），钟山犹有书来，甚惓惓，且有绝江款郡斋之约会。”[①]吕祖谦之所以不像其他理学家那样全面否定王氏之学，而在一定程度上表示尊重，亦基于此因。

其次，吕公著和北宋象数学鼻祖、旧党中摇鹅毛扇的人物——邵雍亦亲善友厚。两人经常聚会，时有唱和。邵雍经常出入吕府，是吕公著的座上客之一。吕公著和司马光等人曾一起集资，为邵雍在洛阳营造了一座花园院宅。这就是历史上有名的“安乐窝”。邵雍敬佩吕公著的学识，认为他说话“简当”，办事干练。将他与司马光、程颢等人相提并论。许其“在人之上，有宋熙宁之间，大为一时之壮”[②]。

至于吕公著和理学的实际奠基者程颢、程颐兄弟的交谊就更深了。吕公著极为赏识程颢的道德学问，引为同调。程颢于熙宁初年被授予太子中允，权监察御史里行，就是因了当时担任御史中丞的吕公著的推荐。吕公著和程颐交往了数十年。在吕公著的心目中，程颐乃是当世道德文章之楷模、经世济物之奇才。他在主持太学时，曾亲造程颐之门，邀请程颐为太学学官，不意为程颐婉言谢绝，吕公著引为憾事。治平三年（1067 年）三月，吕公著出知蔡州（今河南汝南），临行前还上书英宗推荐程颐说：

> 伏见南省进士程颐，年三十四，有特立之操，出群之姿。嘉祐四年（1059 年），已与殿试，自后绝

① 《吕东莱文集》卷 6《题跋》（《金华丛书》本。以下简称《文集》）《题伯祖紫微翁与曾信道手简后》。

② 《击壤集》卷 19。

> 意进取，往来太学，诸生愿得以为师。臣方领国子监，亲往敦请，卒不能屈。臣尝与之语，洞明经术，通古今治乱之要，实有经世济物之才，非同拘士曲儒，徒有偏长。使在朝廷，必为国器，伏望特以不次旌用。①

吕公著对程颐器重之程度，由此可见一斑。

元丰八年(1085 年)，哲宗幼冲嗣位，高太皇太后听政。为了防止哲宗再走神宗之老路，旧党决定将教育哲宗的任务交给程颐承担。当时身为尚书左丞的吕公著与门下侍郎司马光再次上书朝廷，推荐程颐。

> 河南处士程颐，力学好古，安贫守节，言必忠信，动遵礼义，年逾五十，不求仕进，真儒者之高蹈，圣世之逸民。伏望特加召命，擢以不次，足以矜式士类，裨益风化。②

尽管这份奏表是以吕公著和司马光两人名义而成的，但其中以吕公著意见居多。我们之所以这样判断，是有根据的。因为司马光和程颐性格不甚相合，其间多有不快。程颐这次答应出任崇政殿说书，也主要是报答吕公著的知遇之情，而不是看在司马光的面子上。

程颢、程颐兄弟对吕公著亦表示出了同样的尊重和敬服。他们赞扬吕公著为人“谨严”，待人接物，通情达理。程颢曾

①② 《二程集》附录《伊川先生年谱》引。

说："君实（司马光）忠直，难与议；晦叔解事，恐力不足耳。"[①]"解事"者，顾全大局、明顺通达之谓也。程颐还亲自为吕公著握管，撰写《上神宗皇帝书》。文中较有系统地申明了自己的理学观点，但既然是以吕公著名义上书的，自然会事先让吕公著过目，这也应看作是吕公著的观点。程颐为人相当严峻端肃，如果不是出于对吕公著的真挚感情，是断不会为其代笔的。

吕公著能够周旋于不同学派的代表人物之中，且与他们和睦相处，固然与他所处的政治地位及资历有一定关系，但更主要的是由于吕公著的学识、宽厚、杂博和包容所致。吕公著这一学风对吕氏家学的风格最终形成，实具导向之功，尤对吕祖谦产生了重要影响。

如果说吕公著治学杂博，而吕希哲在这一点更胜乃父。《宋元学案·荥阳学案》案语说：

> 荥阳少年，不名一师，初学于焦千之，庐陵（欧阳修）之再传也。已而学于安定、学于泰山（孙复）、学于康节（邵雍）、亦尝学于王介甫（王安石），而归宿于程氏。集益之功，至广且大。然晚年又学佛，则申公家学未醇之害也。

这里说的"未醇"，即杂博。这一特点贯串于吕希哲治学的全过程中。

早年，他首拜吕公著之讲友、著名文学家欧阳修之弟子

① 《二程外书》卷12。

焦千之为师。时欧阳修知颍州(今安徽阜阳),吕公著出任通判。焦千之家居颍州,适希哲亦在父之任所。因敬重焦氏之学识而师之。焦千之为人“耿介不苟,终日危坐,未尝妄笑语”,对吕希哲“督课甚严”①。吕希哲对其教诲感念在心,以致若干年后,其弟吕希纯知颍州时,特筑宅供焦千之居住。继尔,吕希哲又拜胡瑗、孙复、邵雍等人为师,对王安石执弟子礼。尽管他后来对王安石变法有所异议,但思想上受王安石影响,却是很明显的。王安石对吕希哲亦是以诚相待,在其执政期间曾打算推荐吕希哲为讲官。吕氏经过一番权衡,谢绝了王安石的美意。他对王安石说:“辱公相知,万一从仕,将不免异同,则畴昔相与之意尽矣。”②吕希哲不愿为讲官,是担心做了讲官之后,难免和安石在某些问题上产生意见分歧,这将会影响两人之间的相知友谊。这也就是说为了顾全和王安石的友善关系,宁可放弃升迁之机会。这里,清楚地反映出吕希哲和王安石的交情非同一般。

吕希哲游太学期间,和程颐同居一室(“并舍”)。在与程颐朝夕相处的过程中,“心服伊川学问,首师事之”③。这是他治学的重要转机。因其“归宿于程氏”,以“道学为世宗”,继尔终于成为北宋道学中的重要人物。

和其父吕公著的经历大致相似,吕希哲未仕之前,亦聚众讲学,讲学之主旨也是以“正心诚意”为本。他力主学者“不在于遍读杂书、多知小事,在于正心诚意”④。具有一般理学家之特征。晚年又醉心于佛学,“更从高僧游,尽究其道”。

---

① 《宋元学案·庐陵学案》。

②③④ 同上,《荥阳学案》。

他“尽究”的结果，得出了这样一个结论：儒学与佛学不是对立的两大学派，它们的基本原则是一致的，所谓“佛氏之道，与吾圣人吻合”。吕希哲表示要对儒佛二家“斟酌浅深而融通之”。这就使他和一般理学家产生了分野，因为一般理学家对佛学所采取的手法是“阴受之，阳挤之”，而不是公开声明“斟酌浅深而融通之”。朱熹等正统理学家批评他“未醇之害”，盖缘于此。

吕希哲之长子吕好问治学亦具杂博之特点。因其祖、其父的关系，他从小就接触到了当世众多不同学派的代表人物，“日与硕师鸿生讲道”不已。当时杨时因承继二程之学而闻名天下，而吕好问则以其杂博之学使自己“誉望日尊，贤临一时”，大有与杨时齐驾并驱之势。吕祖谦追忆说：

宣和（1119—1125年）之季，故老踵相蹑下世，独公（吕好问）与杨（时）公中立无恙，诸儒为之语曰：南有杨中立，北有吕舜徒。盖天下倚以任此道者，唯二公云。①

吕祖谦在这里可能有为其人溢美之意，但从吕好问本人的学术造诣来看，此语当离谱不远。

吕本中治学之风格酷似乃祖。他不名一师，不主一说，遍交当世名宿，博采众家之说。史称：

大东莱先生为荥阳冢嫡，其不名一师，亦家风也。自元祐（1086—1094年）后，诸名宿如元

① 《文集》卷9《家传》。

> 城（刘安世）、龟山（杨时）、廌山（游酢）、了翁（陈瓘）、和靖（尹焞）以及王信伯（王苹）之徒，皆尝从游。……而溺于禅，则又家门之流弊乎！[①]

事实正是这样。吕本中早年曾拜程门嫡传弟子游酢、杨时、尹焞为师。在这三人中间，吕本中从学"和靖尤久"。较有系统地接受了理学熏陶。"平时学问，以穷理尽性为本。"[②]他提倡"学问当以《孝经》、《论语》、《中庸》、《大学》、《孟子》为本，熟味详究，然后通求之《诗》、《书》、《易》、《春秋》，必有得之"[③]。不难发现，他的这一主张乃是一般理学家对学者的要求。然而和一般理学家视儒学之外的学说为异端邪说的态度有所不同，他公开倡言："既自做主张，则诸子百家长处，皆为吾用。"[④]显示了不主一说、兼容并包的学术气度。

与不主一说治学态度相一致，他亦不名一师。除了从游酢、杨时、尹焞这些道学中人之外，他又造当世名宿如刘安世、陈瓘、王苹等人之门，虚心求教，以广视听。

刘安世，字器之，大名（今属河北）人。司马光入室弟子。司马光曾教之"为学唯在力行"。受此影响，平生注重对封建道德的践行。他说："说得一丈，不如行得一尺；说得一尺，不如行得一寸，故以行为贵。"[⑤]刘氏这一务实之学风不仅直接影响了吕本中，而且还间接影响了吕祖谦。

陈瓘，字中莹，南剑州（今福建南平）人。少好读书，不

---

① 《宋元学案·紫微学案》案语。
②③④ 《宋元学案·紫微学案》。
⑤ 《宋元学案·元城学案》。

喜举业。“私淑洛学而未纯”,“兼私淑涑水(司马光)、康节(邵雍)”①。治学路数驳杂,颇具“不名一师”之风采。陈瓘反对学者独善其身,主张兼利天下。他指出:“学者非独为己而已也,将以为人也。管仲生平多违礼,不若晏子之有节。然孔子称晏子不过谓其善与人交,而盛称管仲之仁。以管仲功及天下而晏子独善其身。”②吕本中没有像陈瓘那样明确提出“功及天下”的主张,但他认为“独善一身之道”与“兼善天下之道”是相辅相成的。对于学者来说,要想最终“兼善天下”,首先则要加强主观道德的修养,从“独善一身”着手,所谓“行之有先后耳。”③透露了受陈瓘之学影响的痕迹。在吕祖谦那里,亦有陈氏之说的烙印,如他对管仲的态度就与陈瓘之说大致相似。

王苹,字信伯。他先师程颐,后又师杨时,极受杨时之赏识。杨时“以为师门后来成就者,惟信伯也”④。王苹心学思想相当明显。他一再强调:“己之心无异圣人之心,万善皆备,故欲传尧舜以来之道,扩充是心焉耳。”⑤提倡“下学而上达”,谓“洒扫应对即是道德性命之理。”⑥全祖望认为王信伯之心学乃开启陆九渊之学。他说:“信伯为龟山所许,而晦翁最贬之,其后阳明又最称之。予读信伯集,颇启象山之萌芽,其贬之者以此,其称之者亦以此。象山之学……

①② 《宋元学案·陈邹诸儒学案》。

③ 《宋元学案·紫微学案》。

④⑤ 《宋元学案·震泽学案》。

⑥ 同上。

予以为兼出于信伯。"[1]这里的"此"，即王氏思想中的心学成分。如果说陆九渊之心学"兼出于信伯"，而吕本中以及吕祖谦思想中的心学因素，亦何尝不是"兼出于此"。

吕祖谦从小就跟随吕本中，对其伯祖之学耳濡目染，娴熟于心，受其影响最深。和先人一样，吕祖谦亦不名一师，一生从师多人。治学"泛观广接"，学术思想"不主一说"，具有浓烈的调和色彩。朱熹曾直言不讳地指责吕祖谦"其学太杂"，"不能守约"。他说："东莱博学多识则有之，守约恐未也。"[2]又说"博杂极害事，伯恭目前只向博杂处用功，却于要约处不曾仔细研究。"[3]说吕祖谦"于要约处不曾仔细研究"，这是朱熹之偏见，但"向博杂处用功"之语却没有说错。从现存的资料看，吕祖谦的学术思想之博杂远远超过了其先人。和吕公著、吕希哲、吕本中等人稍有不同的是吕祖谦并不公开"溺禅"，也没有明确提出儒佛同源说，但这并不意味着吕祖谦对佛学根本不感兴趣，而漠然处之。恰恰相反，吕祖谦佛学造诣丝毫不比其先人逊色。在其学术思想中流露着严重的佛学之成分。朱熹曾说："伯恭亦曾看佛书，然甚深，不见于语言文字间。"[4]其实，朱熹本人又何尝不曾看过佛书，不曾受佛学影响？他曾以佛氏"月印万川"之说铺陈"理一分殊"的理论，即为明证。

必须指出，仅仅以依违于佛、儒之间为依据，而断言吕

---

① 《宋元学案·震泽学案》。

② 《朱子语类》卷122。

③ 《宋元学案·东莱学案》。

④ 《吕东莱先生本传》附录。

学杂博是不足为证的。吕学之杂博在于它“泛观广接”博采众说。因依违于儒、佛则是理学家的共性，所以不能认为是吕学之个性。这是很好理解的。众所周知，理学本身就是儒、道、佛三教合流之产物。史载：理学奠基人之一的程颢就出入佛、老几十年。程颐对佛学理论更为谙熟，运用自如。陆九渊学术中的禅学倾向非常明显，故历来有“陆和尚”之称。只是一般理学家在偷运佛学的思维资料及成就的同时，却又故作姿态而对佛学进行一番攻讦，以示其儒之道统的纯洁性。从这一点上说，吕祖谦的先人在这方面倒显得率直些。

注重对历史文献的研究，是吕氏家学的又一明显特征。《周易·大畜卦》曾提出：“君子以多识前言往行，以畜其德”的命题，即认为通过学习古人之典籍，多多留意古人之言行，以涵养自己的德性。吕氏家学奉此为圭臬。从吕公著始，就潜心读书。史称吕公著“自幼嗜学，至忘寝食”。吕希哲“流寓淮泗间，日读易一爻，默坐沉思”。提倡“读书须要字字分明”①。吕好问“平生经籍之外，无他嗜”②。吕本中读的书更多，无疑是当世饱学之士之一。受此家学之陶冶，吕祖谦和其他理学家相比，显示了很高的史学造诣，在史学研究领域中，发表了不少真知灼见。

值得说明的是吕氏家族一贯提倡读书，注意对历史的研究，随着岁月之流逝，而积累了许多鲜为人知的历史资料，而“有中原文献之传”美称。金兵灭宋之际，使得中原地区不少著名的诗礼之家，书香门第家破人亡，这些被毁灭的家族

---

① 《宋元学案·荥阳学案》。
② 《文集》卷9《家传》。

所藏有的典籍也随之散佚殆尽。而吕氏家族则不然。由于吕好问先在金兵卵翼下的张邦昌政权中任职，而保全了吕氏一门的身家性命。后吕好问携家南下时，宋高宗已经即位，南方趋向安定，所以吕门所有的历史文献得到了很好的保存。这就为其后人进一步学习和研究提供了得天独厚的条件，而为其他学者所不及。全祖望指出：

> 自正献（吕公著）以来所传如此。原明（吕希哲）再传而为先生（吕本中），虽历登杨、游、尹之门，而所守者世传也。先生再传而为伯恭，其所守者亦世传也。故中原文献之传，独归吕氏，其余大儒弗及也。①

这也就是说吕氏家学这一优势在吕祖谦这里得到了更充分的发挥。基于此，吕祖谦由经入史，通过对历史著作的汇诠和撰写，阐发其理学思想，形成了吕学的独特风格，同时亦开启了“言性命者必究于史”的“浙东之学”的新路数。

至此，我们断定吕氏家学对吕祖谦学术思想最后格局的铸定，起了极为关键的作用。

第二节　生平主要经历

吕祖谦是壮年而逝的思想家。其四十四年的生涯大致可分为两个阶段。自绍兴七年始，至绍兴三十二年（1162 年）止

---

① 《宋元学案·紫微学案》。

为第一阶段，在这二十六年中，吕祖谦主要是从师问学。隆兴元年(1163年)至淳熙八年(1181年)为第二阶段。吕祖谦的主要活动是讲学、著述、以文会友及参与一些政事。对于自己的一生，吕祖谦在乾道六年(1170年)曾作过极为简单的概括："自其少时，既夺移于科试，及乎壮齿，又湮没于隐忧。"这里说的"既夺移于科试"，就是指他在二十七岁以前，为早日通过科举考试所做的种种努力。而"又湮废于隐忧"，则是指他登上官场后，所遭受的家庭不幸和个人疾病的折磨。现将我们的研究所知，介绍于后。

一 从师问学

吕祖谦少时，随其父吕大器来到福州任所。未几，即拜林子奇为师，开始了求学活动。

林子奇，字少颖，又字拙斋。学者称三山先生。侯官(今属福建)人。林氏曾师从吕祖谦伯祖吕本中。受吕本中赏识。吕本中曾"教之以广大为心，以践履为实"[①]。林子奇对此教诲领悟颇深，且多有发挥，故被许之为师门"高弟"。吕大器与其甚为友善，命吕祖谦师事之。作为吕祖谦的启蒙老师，林子奇对吕祖谦要求甚严，吕祖谦受其影响不小。例如林子奇曾说："《论语》一部，圣人之心体在是，须是不释手看，始得。"[②]又说："疑字、悔字，皆进学门户，学者须是疑是悔，于道方有所入。"[③]他的这些观点，为吕祖谦全盘接受，且得

① 《宋元学案·紫微学案》。

② 同上。

③ 同上。

到了更多的阐述。在时人眼中，吕祖谦较之林子奇，学问则高出一筹，故“有出蓝之誉”①。

离开林子奇后，吕祖谦又相继拜汪应辰、胡宪两人为师，受到了更为严格的教育。

汪应辰，字圣锡，江西信州（今江西上饶附近）人。亦曾一度从学于吕本中，学者称玉山先生。汪氏抗金态度颇为坚决。他力斥和议，并因此而得罪秦桧，长期被贬谪在外，“盖以讲学为事”②。汪应辰的学术风格接近其师吕本中，史称其“为学博综诸家，粹然为淳儒”③。吕祖谦学术思想“博杂”之特点，从渊源关系上看，一方面是家学所致，另一方面受汪应辰之影响也是重要因素之一。特别是汪应辰在对金兵入侵问题上的基本立场及其策略思想对吕祖谦的影响尤为重大。如汪应辰曾批评宋高宗抗金举措失当，拿不出任何具体而有效的方法。作分析道：“驻跸无一定之地，战守无一定之策，进退无一定之人，所施行事无一定之规划，何以奏功?”④对于汪氏此说，吕祖谦深以为然。多年以后，吕祖谦在劝谏宋孝宗时仍以此为蓝本。他说：

> 恢复大事也，规模当定，方略当审，始终本末为具举，缓急难易当预谋。……方广揽豪杰，共集事功。……精加考察，使之确指经划之实，以何事为先，以何事为次。意外之祸，若之何而应，未至

① 《宋元学案·紫微学案》。

② 《宋元学案·玉山学案》。

③ 同上。

④ 同上。

之患，若之何而防，周密详审，一无所遗，始加采用，则尝试侥幸之说，不敢复陈于前矣。然后与一二大臣，合群策、定成算，次第行之。[1]

吕祖谦这个说法虽然和汪应辰之说稍有差异，但其基本精神则是完全一致的。他们都认为金兵不能不抗，失地不能不复。然而抗金复地是一件大事，不能有半点疏忽大意，事先一定要有充分的准备，认真"经划"，计出万全，才能稳步地达到这一目的。

胡宪，字原仲，号籍溪，建宁崇安（今属福建）人。是两宋之际著名学者胡安国之从子。胡宪学术造诣颇深，在学术界的声望也比林子奇和汪应辰高出许多。胡宪为人忠厚笃实，且有意仿效程颢之为人。在时人印象中，胡宪"即之温然，虽当仓卒，不见其有疾言遽色，人或犯之，未尝校之"[2]。胡宪这种宽厚平和之性格感染了吕祖谦，并且直接反映到了吕祖谦接人待物和学术交往之中。吕祖谦对他人始终奉行"心平下气"的原则，从不"疾言厉色"。在和其他学派交往时，"平心易气"，不苛求对方"学之所短"，而认真汲取其"学之所长"，表现出了宽厚之作风和学术雅量，赢得了当时不少学者的称道。朱熹称赞他"未有以自大"，陆九渊推崇他"约偏持平"。全祖望在撰写《东莱学案》时亦指出：

小东莱之学，平心易气，不欲逞口舌，以与诸公

---

① 《文集》卷1《乾道六年轮对札子二首》。

② 《宋元学案·刘胡诸儒学案》。

角，大约在陶铸同类，以渐化其俗，宰相量也。[①]

由此，可以看出胡宪对吕祖谦影响之痕迹。

胡宪以为学习的首要任务就是陶冶情操，增进道德，他说："所谓学者，非克已工夫耶？"[②]为此，常在"教诸生于功课余暇，以片纸书古人懿行或诗人铭赞之有补于人者，粘置壁间，俾往来诵之，或令精熟"[③]。受此启发，吕祖谦后来专门以《择善》为题，抄录了历史文献中若干他认为有"所取"的"古人懿行"和历史事件，汇编成册，时时自勉之。

必须指出的是，吕祖谦虽然从师林子奇、汪应辰、胡宪，虚心求教，受到三人程度不同的影响。但是对于吕祖谦学术思想最后形成起决定作用的乃是其家学。其中伯祖吕本中对他的影响最大。《宋史·本传》说："祖谦之学，本于家学"，这一说法是符合实际情况的。关于这一点，我们已经在前一节加以说明，所以在这里就不再赘复了。

二　从政、讲学、私生活

和吕氏家族的多数成员一样，吕祖谦亦是靠先人之荫而开始官场生涯的。绍兴二十九年，吕祖谦以祖恩补将仕郎。尽管这是不入品的"散佚"，但毕竟是官场中的人了。这年，吕祖谦才二十二岁。两年以后，吕祖谦被擢升为右迪功郎，虽属从九品，但较之将仕郎已经高出三级了。具体职务是严

① 《宋元学案·东莱学案》案语。
② 《宋元学案·刘胡诸儒学案》。
③ 同上。

州(今浙江建德县)桐庐县尉,主管学事。

隆兴元年(1163年),吕祖谦二十七岁。这年四月,吕祖谦先中"博学宏词科",后中进士。史载:

> 五月一日……右迪功郎、新严州桐庐县尉、主管学事吕祖谦考入下等(博学宏词科)。……诏减二年磨勘,堂除差遣。[①]

注文又说:"祖谦既中选,赐同进士出身,相继放进士榜,又登上第,故有是命。"[②]一年之中两科题名,对此,素以生活恬淡而著称的吕祖谦颇有点喜出望外。他说:

> 问津邹鲁,未知经术之渊源;学步班杨,讵识词章之统纪。揣己无其一可逢辰,乃幸于兼收,得之若惊,荣不盖愧。[③]

吕祖谦如此兴奋,有两方面的原因。一、"博学宏词科"乃宋高宗所创设。此科榜上有名,是当世众多知识分子的心愿,吕祖谦亦不能超然物外。二、有宋一代,尚文轻武,选拔人才,注重出身。中进士乃是飞黄腾达的捷径。南宋尤其如此。史称:"南渡以来所得之士,多至卿相、翰苑者"[④],即为佐证。所以吕祖谦接着又说:"一升俊造之列,即为腾跃之阶,

① 《宋会要辑稿·选举》12至15。

② 同上。

③ 《文集》卷2《中两科谢主司启》。

④ 《宋史》卷156《选举》。

指日而须，若偿所负。”①吕祖谦及第之后，本来打算立即回桐庐担任旧职。但他又考虑到像他这样刚入品的最低等的文官，不是由吏部分配，而是由都堂（政事堂）直接任命，已属特例。因为宋时由都堂任命的通常为中级以上的官员和部分较低级的京官，而他眼下只是一名从九品的右迪功郎，如果不等待重新分配，仍去桐庐任职，颇有“邀求近次”高职之嫌。故而只好耐心等待朝廷的再分配。他在同年七月给汪应辰的信中这样写道：

> 初欲就桐庐旧阙，既而思之，恐不察者谓邀求近次，遂一听之。②

在等待分配期间，他先在临安滞留了一百多天，后又回到会稽外祖父家中住了好几个月。

隆兴二年（1164年）吕祖谦被授为“南外宗学教授”。“南外宗正司”衙门设在泉州（今属福建），为了尽人子之责，他将生母曾氏接到自己任所奉养。任职期间，吕祖谦在政务之余，为不少大臣和相知友好代写了许多奏表。这些奏表的字里行间里，亦流露了他本人的政治、经济、军事等主张。

乾道二年（1166年），母曾氏病故于吕祖谦任所。他援引旧例，离职护丧回金华，守墓于武义明招山侧，附近学者慕名前来问学者不在少数，“四方之士争趋之”③。这时吕祖谦虽然没有了具体官职，但他并没有放弃对朝廷政事的关注。

---

① 《文集》卷2《中两科谢主司启》。

② 《文集》卷3《与汪端明》。

③ 《宋史》卷434《本传》。

当时宋孝宗对理学不甚感兴趣，对此，吕祖谦深为焦虑。几经权衡，而于次年九月十四日，写信给汪应辰，要求他利用回京入对的机会，劝谏孝宗接受理学思想。信中这样写道：

> 身任天下之重，先后本末自有次第，不必徇匹夫之小谅，避世俗之小嫌。苟或未然，则道不可轻用，物不可苟合，谓宜明去就之义，以感悟上心，风示天下，使后进有所矜式，于吾道固非小补也。①

乾道五年(1169年)，吕祖谦母丧服满，复出。职务有所变动，即由"南外宗学教授"改任太学博士。宋时，经筵讲官往往由此中选，而且还有直接和皇帝见面的机会，故而对于这一新的任命，吕祖谦由衷欣慰。他说：

> 里闬湮沉，久安分守，胶庠清邃，骤被诏除。夫何遯远之踪，犹在选抡之数。②

吕祖谦表示自己原来只指望"试于州县薄领之间，曷敢自通于廓庙钧陶之上"③？这次升迁，使他感念不已。他认为自己长期服丧于家乡，朝廷并没有因此而将他遗忘。故而他决心"敢不紬绎旧闻，研思微旨"④，以报答朝廷的知遇之恩。

吕祖谦担任太学博士只几个月时间，就被"添差严州教

① 《文集》卷3《与汪端明》。
② 《文集》卷2《除太学博士谢陈丞相启》。
③ 同上。
④ 同上。

授”。时值张栻为严州太守。吕祖谦久闻张栻之名，但在这以前却一直无缘与之谋面。这次机会来了。他到任才数日，就迫不及待地写信给张栻，诉说自己的思慕之情。

> 某质鲁材下，虽窃有意于学，而颛蒙蔀塞，莫知入德之门，愿承下风，而请余教，为日久矣。……积年所愿，一旦获伸，尚容俯伏坐隅，侧聆謦欬以酬夙志。①

张栻亦对吕祖谦心仪日久，收到吕信后，立即约请吕祖谦见面。两人一见如故，双方坦诚相见，各陈所学，结下了深厚的友谊。

在张栻的有力支持下，吕祖谦大力整顿严州书院。他精心制定了一套学规。学规规定学生不能拉私人关系，谓“毋得干谒、投献、请托”；师生之间要讲礼节，不忘旧谊：“旧所从师，岁时往来，道路相遇，无废旧礼。”同学之间不能彼此吹捧，严禁“相互品题”。尔后又增订了若干条例。例如坚决淘汰懒惰和学业荒疏者；加强封建道德情操修养，摈弃“不修士检，乡论不齿者”；开除“亲在别居”、“侵扰公私”、“游荡不检”者，并通报在籍之学生。严州书院学规的制定，显示了吕祖谦作为封建主义教育家的才能，同时这套学规亦构成了吕祖谦教育思想的重要组成部分。

乾道六年(1170年)，吕祖谦从严州被召还，重新担任太学博士，并兼任国史院编修官、实录院检讨官。这次吕祖谦

① 《文集》卷3《与张敬夫》。

真正有了接近孝宗的机会。回京不久，吕祖谦就撰写了《上孝宗皇帝轮对札子二首》。札子的主要内容是希望孝宗恢明“圣学”即理学；“亲贤远佞”；通盘筹划“恢复大事”。这实际上是吕祖谦政治主张的公开宣言书，表明他是一个稳健的抗金论者。

乾道七年(1171 年)改左宣教郎召试馆职。吕祖谦又写了《馆职策》一文。文中批评了在抗金问题上存在的“一切不为”与“一切亟为”的两种倾向。指出：“天下之患，懦者常欲一切不为；锐者常欲一切亟为。”呼吁宋孝宗广开言路，以杜绝“群情众论隐匿壅遏，而不得上闻”的现象发生。但这篇文章受到了朱熹的微词。他认为：“《馆职策》亦说得漫不分晓，后面全无紧要。”在这段时间内，吕祖谦和各地的学者进行了广泛的接触，经常以书信形式和不同学派的代表人物进行学术讨论和交流。

乾道八年(1172 年)，吕祖谦担任秘书省正字，点检试卷，参与了主持礼部考试工作。结识了陆九渊。关于这件事，《象山年谱》中有段较为详细的记载：

> 吕伯恭祖谦为考官，读先生(陆九渊)《易》卷至“狎海上之鸥，游吕梁之水，可以谓之无心，不可以谓之道心，以是而洗心退藏，吾见其过焉而溺矣，济溱洧之车，移河内之粟，可以谓之仁术，不可以谓之仁道。……”又读《天地之性人为贵论》，愈加叹赏。

《宋史·本传》上亦有类似的记载：

> (吕祖谦)尝读陆九渊文,喜之,而未识其人。考试礼部,得一卷,曰:“此必江西小陆之文也。”揭示,果九渊,人服其精鉴。①

这两则记载的角度和突出的人物虽不同,前者崇陆,后者褒吕,但所述的基本事实则是相同的,可以确认无误。据此看来,在这以前,吕祖谦并没有和陆九渊见过面,然而作为有意综合诸家学说的吕祖谦,对于陆九渊的文章却不陌生,可以说熟谙其文风。尤其是陆九渊文中所阐明的心学观点引起了吕祖谦的共鸣,所以吕祖谦一收到陆九渊之试卷,便断定是“江西小陆之文也”。由于吕祖谦的大力引荐,而使陆九渊顺利地通过了考试。随即,吕祖谦特地去看望了陆九渊,他动感情地对陆九渊说:“一见高文,心开目朗,知为江西陆子静文也。”②

二月四日,礼部考试尚未完全结束,吕祖谦突然接到其父病危的家报,于是他“仓皇奔归”。路上耗时三天,当他二月七日抵家时,吕大器已撒手西去。对此吕祖谦痛悔不已。为服父丧,吕祖谦再次离职,结庐于武义明招山侧。

乾道九年(1173 年),吕祖谦还处于服丧期间,问学诸生又重新集结于门下,规模不小,前后达三百人之多。对于问学诸生,吕祖谦罄陈所学。

是年,刘子澄、陆子寿也来登其门,与之研讨文章义理,

---

① 《宋史》卷 434。
② 《陆九渊集》卷 36《年谱》。

相处甚欢。陆九渊对吕祖谦丧中讲学颇有异词，以为这将损害“纯孝之心”。劝其散遣学生。他写信给吕祖谦说：

天下事理，固有愚夫愚妇之所与知，而大贤君子不能无蔽者。……窃闻执事者（吕祖谦）俨然在忧服之中，而户外之屦亦满。……至其居忧教授，岂大贤君子之所蔽乎？执事之所为标的者，宜不在此。……窃闻凡在交游者，皆不为执事安，谅执事之心亦必不自安也。夫苟不安，何惮而不幡然改之乎？于此而改，其所以感发诸生，亦不细矣。①

在此同时，汪应辰也来信希望他不要在哀苦过度之际，再为讲学耗费精力，免得弄垮身体。吕祖谦接受了他们的意见，但又感到“四方士子业已会聚，难以遽已”②，因此将讲学活动坚持到了年底。

淳熙元年（1174 年），吕祖谦遣散所有问学诸生，独居明招山旁守墓，潜心于学。“今岁悉谢遣令归，萧然遂无一事，却得专意为学。”③

是年五月，父丧服除。

六月复官，主管台州（今浙江临海）崇道观。陆九渊从杭州专程来到金华造访吕祖谦。关于这次会面的具体内容现已无从得知。不过有一点可以肯定，陆九渊的学术观点及为人得到了吕祖谦的进一步肯定。这可以从吕祖谦事后写信给汪

---

① 《陆九渊集》卷 5《与吕伯恭》。

② 《文集》卷 3《与汪端明》。

③ 同上。

应辰推荐陆九渊一事中得到证实。“（与）陆君相聚五六日，淳笃劲直，辈流中少见其比，恐不可不收拾，惟开怀成就之为望。”①为此，陆九渊对吕祖谦感激不已。他说：“窃惟执事（吕祖谦）聪明笃厚，人人自以为不及。乐教导人，乐成人之美，近世鲜见。如某疏愚，所闻于朋友之间，乃辱知为最深。”②

八月下旬（二十八日）至九月中旬，吕祖谦相约潘叔度从金华出发，“为会稽之游”。这次会稽之游目的有二：一、游览山川名胜，以期从丧父之忧苦中解脱出来；二、顺便到会稽探视健在的外祖母。沿途或坐船、或步行，经过许多乡村和县镇，遍游名山古寺，参观了晋朝书法家王羲之的故宅和有名的兰亭。到达会稽后，又偕同伯舅叔及“六七表弟”泛舟鉴湖，特地拜访了名儒苏仁仲。苏氏乃北宋苏东坡的后人。从他那里得知不少古书善本，对此吕祖谦大喜过望，或抄录、或翻阅，可谓不虚此行。

关于这次会稽之游，吕祖谦曾以日记记之。游记题名为《入越记》。这是他一生之中写的唯一游记。该篇文笔生动，叙述逼真。既有对沿途秀丽风光的赞赏，亦有对“民力之困”的忧虑。读来令人如亲临其境。可惜这篇游记后面一部分已散佚。现在尚存的只记到九月十四日。吕祖谦在会稽外祖母处“留二十余日”，乃归。

回到金华后，吕祖谦又起游兴，打算去一趟天台雁荡山：“初欲迤逦为天台雁荡之行。”正待成行，收到朱熹来信。朱熹说他准备来年春天将至金华看望吕祖谦，还想与吕祖谦同游天台雁荡。鉴于此，吕祖谦取消独自游天台雁荡之计划，在家

① 《文集》卷3《与汪端明》。

② 《陆九渊文集》卷5《与吕伯恭》。

等待朱熹，拟两人相聚后一起旅行。

是年冬天，吕祖谦以闭门读书为趣。“今冬遂不复出，闭门却扫，乃无一事，读书亦稍有趣。”①

但实际情况也不真是“闭门却扫，乃无一事”。因为在此期间，永嘉学派的薛士龙、徐居厚等人先后来吕祖谦处看视。吕祖谦热情款待了他们。“薛士龙过此留半月，徐居厚来此留十日，皆极款。”②

淳熙二年（1175年），朱熹因故爽约，不能前来金华。吕祖谦决定“入闽访之”③。于是他从浙江金华出发，前往福建，访问朱熹。到达福建崇安后，被朱熹留住在“寒泉精舍”十多天。

在这次与朱熹相聚的日子里，两人共同阅读，研究了北宋理学家周敦颐、张载、程颢、程颐等人的著作。一致感到周、张、二程四人的理学著作“广大宏博，若无津涯”。对于初学者来说，不容易在短时期内掌握其精髓。为此，二人共同摘编了周、张、二程等著作中的若干条目，汇编成册，题名为《近思录》，权充初学者的入门教材。朱熹在《书〈近思录〉后》中说：

> 淳熙乙未之夏，东莱吕伯恭来自东阳，过予寒泉精舍，留止旬日。相与读周子、程子、张子之书，叹其广大宏博，若无津涯，而惧初学者不知所入也。因共掇取其关于大体而切于日用者以为此编，总六

① 《文集》卷5《与周子充》。
② 同上，卷4《与陈同甫》。
③ 同上，卷3《与汪端明》。

百二十二条，分十四卷。盖凡学者所以求端用力、处己治人之要，与夫辨异端，观圣贤之大略，皆粗见其梗概……诚得此而玩心焉，亦足以得其门而入矣。①

吕祖谦为《近思录》作跋。跋曰：

《近思录》既成，或疑卷首阴阳变化性命之说，大抵非始学者之事。祖谦窃尝与闻次揖之意，后出晚进，于义理之本原，虽未容骤语，苟茫然不识其梗概，则亦何所底止。……至于余卷所载，讲学之方，日用躬行之实，具有科级。循是而进，自卑升高，自远及近，庶几不失纂集之指。②

由此看来，《近思录》虽是以朱熹之名刊行于世，实应看作是朱熹与吕祖谦两人的合著才是。

尔后，朱熹又陪同吕祖谦外出参观了将近一个月。这次，吕祖谦与朱熹共相聚了四十余天。当吕祖谦结束福建之行而归浙时，朱熹亲自送行。

五月底，两人抵至江西上饶鹅湖寺。吕祖谦为了调和朱熹“理学”和陆九渊“心学”之间的理论分歧，企图使二人的哲学观点“会归于一”，于是出面邀请陆九龄、陆九渊兄弟前来与朱熹见面。六月初，陆氏兄弟应约来到鹅湖寺。事后，吕祖谦曾多次谈及此事。如给邢邦用的信中说：“某自春来，为

① 《朱文公文集》卷 81。
② 《文集》卷 6《题近思录》。

建宁之行，与朱元晦相聚四十余日，复同至鹅湖，二陆及（刘）子澄诸兄皆集，甚有讲论之益。”在给陈同甫的信中说：“某留建宁，凡两月余，复同朱元晦至鹅湖，与二陆及刘子澄诸兄相聚切磋。”由此而断，吕祖谦实际上是中国哲学史上著名的哲学辩论会——鹅湖之会的发起人和组织者。

鹅湖之会的规模不算很小。虽然在这次会上直接参加辩论的是朱熹和陆九渊兄弟，但列席旁听者不少，如浙江的学者刘子澄、赵景明、潘叔度；陆九渊的门人朱亨道、邹斌等。鹅湖寺地处闽、浙、赣交界，有关学者闻风而至的，亦有若干人。

会议一开始，气氛就显得相当紧张。朱熹事后回忆说：“始听莹于胸次，卒纷缴于谈端。”[①]会议辩论的中心议题是“教人之法”。关于这一点，陆九渊门人朱亨道有一段较为详细的记载：

> 鹅湖讲道，诚当今盛事。伯恭盖虑朱、陆议论犹有异同，欲会归于一，而定所适从。……论及教人，元晦之意，欲令人泛观博览而后归之约，二陆之意欲先发明人之本心，而后使之博览。[②]

所谓“教人”之法，也就是认识论。在这个问题上，朱熹强调通过对外物的考察来启发人的内心潜在良知。陆氏兄弟则主张“先发明人之本心”，反对多做读书穷理之工夫，以为读书不是成为至贤的必由之路。会上，双方各执己见，互不相让。

---

① 《朱文公文集》卷87《祭陆子寿文》。

② 《陆九渊集》卷36《年谱》。

陆九龄赋诗说：

孩提知爱长知钦，古圣相传只此心。
大抵有基方筑室，未闻无址忽成岑。
留情传注翻榛塞，着意精微转陆沉。
珍重友朋相切磋，须知至乐在于今。

认为人有天赋道德之心，强调自古圣贤相传的不过就是这种本心。人应该牢牢地掌握先天具有的良知良能，这是入圣成贤之根本。又何必将精力耗费于诠释古人经典，探求什么精微之义上呢？当陆九龄此诗才念到一半，朱熹就听出了意思，他对吕祖谦耳语道："子寿(九龄字)早已上子静船了也。"[①]认定陆九龄所持的乃是与其弟完全相同的观点。

紧接着，陆九渊和陆九龄诗一首：

墟墓兴哀宗庙钦，斯人千古不磨心。
涓流积至沧溟水，拳石崇成泰华岑。
易简工夫终久大，支离事业竟浮沉。
欲知自下升高处，真伪先须辨只今。

这等于是指着朱熹的鼻子骂"支离"，当然为朱熹所不能接受。双方激烈地辩论了三天。会上，二陆似占了上风。结果会议于六月八日结束，双方不欢而散。

作为会议的主持者，吕祖谦在会上没有明确表态。对于

① 《陆九渊集·语录》。

朱、陆双方的观点，“甚有虚心相听之意”。但是吕祖谦内心还是倾向朱熹的“教人”之法，认为二陆的主张过于疏阔。这，不仅可以从陆九渊埋怨吕祖谦“为元晦所尼”一语中得到证明，而且还可以从吕祖谦对朱熹与陆九渊的不同评价中看得很清楚。吕祖谦是这样评价朱熹和陆九渊的：“元晦英迈刚明，而工夫就实入细，殊未可量。子静亦坚实有力，但欠开阔。”[1]“欠开阔”，正是对陆九渊认识论流于空疏的一种婉转批评。

正是基于这种认识，会后，吕祖谦利用自己对二陆的影响，积极协助朱熹做二陆的转化工作。他曾对邢邦用提及此事：

> 近已常为子静详言之，讲贯通绎乃百代为学通法，学者缘此支离泛滥，自是人病非是法病，见此而欲尽废之，正是因噎废食。学者苟徒能言其非，而未能反己就实，悠悠汩汩，无所底止，又适所以坚彼之自信也。[2]

这里说的“讲贯通绎”，与朱熹所主张的“泛观博览而后归之约”是同一个意思。吕祖谦以为这是治学教人的根本法则，不可以轻易予以否定。或许有人因此而“支离泛滥”，这也是他本人没有真正领悟“讲贯通绎”的精髓，而使用不当所致，不能由此归咎于“讲贯通绎”这一法则。他指出陆九渊的错误

① 《文集》卷5《与陈同甫》。

② 《文集》卷4《与邢邦用》。

在于因人废理。谓:“大抵陆子静病在看人而不看理。”[①]

功夫不负有心人。在吕祖谦的耐心开导下,首先是陆九龄放弃了鹅湖会上所坚持的观点。

> 陆子寿前日经过,留此二十余日。幡然以鹅湖所见为非,甚欲著实看书讲论,心平气下,识中甚难得也。[②]

至于陆九渊却始终没有为吕祖谦劝说所动。不过,陆九渊也没有因此而和吕祖谦产生龃龉。他从心底里对吕祖谦为沟通他与朱熹的学术分歧所做的一切还是赞同的。黄震说,吕祖谦死后,陆九渊在其祭文中,“亦自悔鹅湖之会集,粗心浮气。然则先生忠厚之至,一时调娱其间,有功于斯道何如邪”[③]!

从鹅湖回到家的当天,吕祖谦看到了陈亮五月来信,第二天陈亮又派人前来听取吕祖谦对其《酌古论》的意见。“前日自建康还舍,得五月间教赐,昨天又辱手字,殊以感慰。”[④]时值“夏末”,天气酷热难忍,加以一路辛苦疲惫,这对于身体一向羸弱的吕祖谦来说,确有力不能支之感。但他还是坚持及时回信陈亮,对其《酌古论》的体例提出自己的看法。

> 三国纪年序引及诸赞,乍归冗甚,未暇深考,亦有两三处先欲商量。纪年冠以甲子而并列三国之

---

① 《文集》卷3《与朱元晦》。

② 同上。

③ 《宋元学案·东莱学案》附录。

④ 《文集》卷5《与陈同甫》。

年，此例甚当。[1]

表示“其余俟稍定，详读续商榷”，并对陈亮发出邀请，要他“深秋至明招，当图款教”[2]。

淳熙三年(1176年)二月，吕祖谦及朱熹会于浙江衢县。三月，陈亮派人专程送来书信及“温柑海物”。四月初，由礼部侍郎推荐，吕祖谦被除以秘书郎、国史院编修官、实录院检讨官。

到职后，吕祖谦奉命重新修定《徽宗实录》。他发现旧稿中错误甚多，需要大力“整顿”，然而期限紧迫，故而不得不全力以赴。他在给朱熹的信中说：

> 某到都辇已将两旬，一番酬酢初定，但《徽录》已逼进书，而其间当整顿处甚多，自此即屏置他事，专意料理。……期限极迫，才能订正其是非不至倒置而已，其它繁芜舛误，皆所不及也。[3]

是年，吕祖谦一直忙于修定此书，而很少有空暇时间做其他事情。“史事期限迫促，殊无少暇。”[4]

淳熙四年(1177年)，《徽宗实录》修定完毕，呈送宋孝宗。趁此机会，吕祖谦面呈奏表，希望他认真总结北宋王朝覆灭的惨痛教训，励精图治，不要再发生上下内外相侵夺的现象。

---

① 《文集》卷5《与陈同甫》。

② 同上。

③ 同上，卷3《与朱元晦》。

④ 同上。

恳请孝宗"虚心以求天下之士",广泛听取各方面的意见,"视前代未备者","固当激厉而振起"①,以避免重蹈徽宗之覆辙。

不久,吕祖谦被升迁为著作郎兼编修官。吕祖谦在深感朝廷知遇之恩的同时,又觉得责任重大。"某冗食三馆,比又冒著作之命,益重愧畏,铅椠事业,虽粗不废,但此外无一毫补益耳。"②其间亦多少流露了头衔虽多而无实权的感叹。

淳熙五年(1178 年),吕祖谦奉诏编修《皇朝文海》。此书乃根据宋朝"诸家文集,……旁采传记他书"而成。共有一百五十四册。原版本的《皇朝文海》错误较多,但吕祖谦编修此书,极为认真,他"采摭精详",故得到孝宗嘉许。特赐名为《皇朝文鉴》,又命翰林学士周必大为之序,赐赏吕祖谦银绢三百匹两。

鉴于吕祖谦编修《皇朝文鉴》的功劳,朝廷拟授吕祖谦两浙路安抚司参议官一职。"但传闻犹有参议官指挥,病中亦何缘赴得?又须费一番书札。"③因劳累过度,吕祖谦病倒了。他以"久成病疾"为由,申请告归,坚持不受此职。要求"依旧差注宫观"。在吕祖谦本人的坚持下,朝廷收回成命,除其直秘阁主管建宁府武夷山冲佑观。

淳熙六年(1179 年),陆九龄又一次来金华和吕祖谦相会,在吕祖谦家中住了二十余日。此时,陆九龄已完全放弃了原先所主张的教人之法,而倾向于朱熹的观点。对此,吕祖谦表示高兴,又写信告诉了远在福建的朱熹。

---

① 《文集》卷 2《淳熙四年轮对札子二首》。

② 《文集》卷 3《与朱元晦》。

③ 同上。

同年十月，在吕祖谦的积极参与和协助下，朱熹复建地处庐山的白鹿洞书院。朱熹作《白鹿洞赋》、《白鹿洞牍》。在朱熹的请求下，吕祖谦作《白鹿洞书院记》，记叙白鹿洞书院创建变迁的历史始末。

淳熙七年(1180 年)，张栻病逝。对张栻之死，吕祖谦极为悲痛。当他听到张栻讣告时，“适方饭，惊愕气通，手足厥冷，几至委顿”①，在给朱熹的信中，连呼：“痛哉！痛哉！”这时吕祖谦本人已身染恶疾，一度连生活都不能自理。“右肢风痺”，吃饭穿衣都要依赖家人的帮助。然而为了表达对张栻的悼念之情，他以极大的毅力支撑着虚弱风痺之病体，在病榻上撰写了情真意切的张栻祭文。“虽病中语言无次序，然却无一字妆点做造也。”②完全是内心真实情感之流露，并为自己平时没有将张栻文稿抄录留存而后悔不已。他嘱咐朱熹说：“张五十丈遗文告趁郡中有笔力早写一本见示，极所渴见，不必待编定，亦不以示人。其方无恙时，谓相见之日长，都不曾抄录，今乃知其可贵重也。”③

淳熙八年(1181 年)春，吕祖谦病中仍念念不忘调解朱、陆两人之间的矛盾，他书信往来于两人之间，希望他们彼此消除分歧，求同存异。

五月，为家族修定了家规。规定：“颓废先业，谓之不孝、不忠、不廉、不洁之类，凡可以破坏门户者，皆为不孝。”④

八月，吕祖谦死。也许吕祖谦没有想到自己很快就要辞

① 《文集》卷 4《与朱元晦》。

② 同上。

③ 同上。

④ 《文集》卷 10《家法条目》。

别人世，以致直到临死前几天，他还兴致勃勃地同生前友好谈及自己的学术计划。

> 近日来读书，视旧颇不卤莽，若得十数年余暇，无他病挠恼，于句读训诂间或粗有毫分之益也。①

所以朱熹在其祭文中说："始言沈痼之难除，犹幸死期之未即，中语简编之次第……欣此旨之可怀，懔讣车而偕至。"②

吕祖谦自从二十七岁踏上宦途，而至四十四岁病故，在此期间，既没有飞黄腾达，手握重权；也没有饱受磨难，屡遭挫折，基本上是平坦而无起伏。其中原因除了他是世家子弟，朝中有不少世交故知相维护外，更主要的是他政治上安分守己，随和不争。遇到矛盾，多采取息事的态度所致。

吕祖谦从孩提时起，就深知封建官场的险恶，故而在为官后处处注意保全自己。他时时翻阅《壶范》，其旨即从这本书中寻求保护自己的处世哲学和为官之道。"大抵《壶范》一书，须常置几案，时时观省，所补不小也。"③吕祖谦认为要想立足于官场，首先要磨去棱角，圆通滑溜。他在给亲友的信中说：

> 某到官垂两月矣，其初殊有龃龉处，近日稍稍安绪。大抵坐谈常宽容……吾友初官，又非此比。切须柔巽和裕而不失正，乃善。尊长所命，非甚害

① 《文集》卷4《与周子充》。
② 《朱文公文集·祭伯恭著作文》。
③ 《文集》卷5《与学者及诸弟书》。

义，皆当曲从，然先须委曲几谏，必不得已，然后斟酌曲从也。上官招饭，则不可拘旬假要之，但守非旬假不作会，则与世俗稍通也。①

这虽然是对友人戴在伯初仕的忠告，但实际上则是他本人的经验之谈。概括起来有两点：一、对同僚注意社交应酬，这样就不会孤立；二、对上司委曲求全，顺从听命，以免招猜忌。在给潘叔度的信中，吕祖谦又把自己在官场上奉行的原则概括为："内不敢旷职，外不敢立异。"一切按部就班，沿袭旧例。认为这样做既无风险，又简便省力。

天宇间何所不有？无为强自苦也。某自入夏来，每至日落，乃出馆，终日潇然事外，不异山林。大抵不问在朝在野，职分之内，不可惰媮，职分之外，不可侵越，自然日用省力也。②

鉴于祸从口出的严酷现实，吕祖谦反对超越职分范围对政事妄加评论，尤其不要指名道姓地议论别人的沉浮，以为这样做，很容易得罪权贵，非但于事无补，而且有可能因此而罹祸。

大凡不在朝廷而论朝廷事，止可泛论大体，不当明言某人可用，某人不可用。……止可泛论，不

---

① 《文集》卷5《与戴在伯》。

② 同上。《与潘叔度》。

可指名，对州县官亦然。①

吕祖谦这一不求有功，但求无过，世故圆滑的为官之道，使他在官场上平稳风顺。也正因为如此，他所做的也只能是一般的史官与学官。主要从事的政治活动亦限于为封建统治寻找长治久安之策以及进行有补于世教的著述和讲学。

与其平坦安稳的仕途形成鲜明对照的是他的私生活颇为坎坷。

首先在婚姻问题上，"三娶皆先卒"。精神上受到的创伤不小。吕祖谦二十岁时，娶尚书左司郎中韩元吉之长女韩复为妻。婚后五年韩复病死。因为和韩复感情甚笃，吕祖谦一直过了七年，在其三十岁时才再娶。韩元吉又将幼女韩螺嫁给他。但两年后，韩螺又暴病而死。此后又遭父忧，三年之内不能婚娶。故四十一岁时，方再娶国子祭酒芮烨之女。芮女时年方十七。是时，吕祖谦已临近其生命历程的最后阶段，身患"萎痺"，行动不便。芮氏极尽妇道，对吕祖谦照顾甚周，使吕祖谦宽慰不小。谁知婚后才一年，芮氏又先他而去。芮氏之死，使得吕祖谦悲痛欲绝。他认为芮氏早卒，纯属是因为照顾自己，劳累过度所造成的。他在家人的帮助下，拖着病躯，亲自为芮氏之坟上土。睹物生情，他颇为伤感地说：

去岁今日，方迎见亲舆衢婺之间，未及一年，目前竟果如此。忧极成醉，忽若向来无恙时，犹欲修温凊事，引衣顾见粗绖，乃知身是罪逆，失声长

① 《文集》卷19《史说》。

号，往往一恸欲绝也。[1]

吕祖谦的早卒，与芮氏之死所受到的强度刺激关系甚大。

其次，吕祖谦两次出仕期间，先遭母亡，后逢父丧。三十岁那年，吕祖谦母亲病死任所，吕祖谦归咎自己没有侍奉好，离职而去。八年之后，其父病死家中，时值吕祖谦在杭州当礼部试官，参与主持院试。其父咽气之前，吕祖谦竟无缘再见一面。这对极为注重孝道的他来说，是一个至死也不能自我原谅的罪过。他悔恨自己为官事所拘，既没有在父亲病重时亲奉药饵，以尽子职；又没有在父亲弥留之际，伺候其终。故而长时间的自怨自艾。

一官拘縻，病不奉药饵，没不闻理命，不孝之罪，上通于天。[2]

过度的悲痛，加速了吕祖谦体内潜伏疾病的迸发。他多次自称："病疾沉痛，已成废人。"在其父死后"屏居五年，阖户温习故书"。无心在官场上奔走。

吕祖谦本来就不是一个体魄强健的人，私生活的屡屡不幸，使其身心一再受到重创，以致正当盛年就患不治之症而过早地离开人间。

① 《文集》卷5《与陈同甫》。

② 同上。卷3《与朱元晦》。

第三节 学术交往

吕祖谦并不是以一个有作为的政治家彪炳于史的，而是以思想敏锐和学识宏富的思想家著称于世。他一生夭年不足，长期患病而不辍学术活动。晚年在其弟吕祖俭等人的协助之下，创建丽泽书院，培养了大批学者。丽泽书院亦历久不衰。

> 明招学者，自吕成公（祖谦）下世，忠公（祖俭）继之，由是递传不替。其与岳麓之泽，并称克世。长沙之陷，岳麓诸生荷戈登陴，死者十九，惜乎姓名多无考，而明招学者，历元至明未绝，四百年文献之所寄也。①

在仅二十多年的学术生涯中，吕祖谦考证了大量的古代典籍，编纂修定了众多的史学著作，撰写了不少学术专著，可谓学富五车，著作等身。吕祖谦学问广博，治学严谨。不论是对前人还是对同时代的学者的学说见解，均能持论公允，很少门户之见。史称其“兼总众说，巨细不遗，挈领提纲，首尾该贯，浑然若出一家之言”，在当世思想界、学术界影响很大。而与朱熹、张栻齐名，时有“东南三贤”之称。

由于受家学不主一说之传统的影响，吕祖谦不自立标的，自觉地撤除门户之囿见，“公平观理之所在”。如他在本体论上和陆九渊更为接近些，而和朱熹之说存在着一定差异。但

① 《宋元学案·丽泽诸儒学案》案语。

正如前面所说，当朱、陆“教人之法”产生分歧，吕祖谦经过一番认真比较，还是倾向了在这个问题上较为合理的朱熹。这就使他在学者同仁中赢得了很高的声誉。

吕祖谦出任太学博士期间，与当时的众多著名学者交往密切频繁。“始予官太学，日从四方之士游。”吕祖谦的门人，也非常多，到丽泽书院听讲学习的差不多有三百人。“士人相过聚，学者近三百人，时文十日一作，使之不废而已。”[①]并亲自编写讲义，现存的《丽泽讲义》与《东莱博议》就是吕祖谦在丽泽书院所用的教材。吕祖谦不是一个擅长词令的人。他自称：“某天资涩讷，交际酬酢，心所欲言口或不能发明。”[②]加上家乡口音很重，故而说话常常不能为别人听懂。朱熹曾说：“近世所见会说话，说得响，令人感动者无如陆子静，可惜如伯恭都不会说话，更不可晓。只通寒暄也听不得，自是他声音难晓，子约(祖俭)尤甚。”[③]但是由于吕祖谦学术气度恢宏，平易随和，待人诚恳，因此当时各学派的代表人物都乐意与之交往。和同代任何一个学者相比，吕祖谦的相知友好都要多得多，学术联系面也最广。这对于吕学风格的最终形成，无疑起到了举足轻重的影响。现将我们所知道的吕祖谦和当时最主要学派代表人物的关系，分别简述如次。

吕祖谦之所以与朱熹、张栻被时人目为“东南三贤”，不仅是因为三人学识并重，齐驾并驱，而且是因为吕祖谦、朱熹、张栻三人之间的关系非同寻常。

吕祖谦和朱熹。这两个人交往了数十年。两人之间的通

① 《文集》卷4《与刘衡州子澄》。

② 《文集》卷9《祭张荆州文》。

③ 《朱子语类》卷96。

信多达上百封，有时还长途跋涉近千里专程探视对方，结伴而游。尽管吕祖谦和朱熹在学术上有不少见解“不甚合”，尤其在史学领域中，可谓南辕北辙。朱熹是当世批评吕祖谦史学研究、史学观点最多的人。但是这只是问题的一个方面。另一方面他们又是相知以心的莫逆之交。朱熹几乎所有的重要文字在问世之前都要事先征求吕祖谦的意见，听听他的看法。如《论语要义》、《西铭解》、《太极图说解》等著述的初稿完成以后，均先送到吕祖谦处，请其过目，以期取得吕祖谦的批评。吕祖谦每次接到朱熹书稿后，总是认真阅读，坦陈己见。现在抄录几段吕祖谦回复朱熹关于上述几本论著的意见。

> 《论语精义》近得本，日夕玩绎。……序引中说魏晋及近世讲解，此意尤好。但中间说横渠及伊川门人处如伯夷、伊尹与颜(回)、曾(参)等语，却似筋骨太露耳，更润色，令意微而显乃善。①
>
> 《太极图解》近方得本玩味，浅陋不足窥见精蕴，多未晓处，已疏于别纸，人回切望指教。②
>
> 示下《太极图》、《西铭解》当朝夕玩绎。若犹有所未达，当一一指教，亦不敢以示人也。先入之说，非敢固执，但意有未安，要须反复讲论，至释然无疑而后止。③
>
> 今复有欲商榷者，谨疏于后，来谕以道生一

---

① 《文集》卷 4《与朱元晦》。

② 同上卷 3，同上。

③ 同上。

为太极，太极动而生阳，阳恐不可指为一，既曰阳则有对矣，安得谓之一乎？①

向承示以改定《太极图说解》比前更益觉精密。《西铭义》前人所未发处益多，其间亦尚有未达。恐思之未精，不敢轻往求教。当更假以岁月，平心玩索，若犹凝滞，不免烦提耳之诲也。②

又如朱熹在编纂《二程遗书》、《二程外书》、《伊洛渊源录》等著作的过程中，则与吕祖谦商量得更多。或是请其帮助搜集资料，或是请其润色文字，或是请其为之作序作跋。仅就编写《伊洛渊源录》一书，朱熹就曾先后写过好几封信给吕祖谦。

欲作《渊源录》一书，尽载周、程以来诸君子行实文字，正苦未有此，及永嘉诸人事迹首末。因书士龙(季宣)告为托其搜访见寄也。③

《外书》、《渊源》二书，颇有绪否？幸早留意。④

《渊源》、《外书》皆如所谕，但亦须目下不住寻访，乃有成书之日耳。⑤

对于朱熹的来信，吕祖谦基本上每封必复。考虑到朱熹远在

① 《文集》卷3《与朱元晦》。
② 同上。
③ 《朱文公文集》卷33《答吕伯恭》。
④⑤ 同上。

福建，和浙东的薛季宣诸人联系不便，他主动承担了为朱熹向薛士龙、陈君举等人催稿任务，几次命驾永嘉，催督薛、陈等人尽早完成“永嘉诸人事迹首末”资料的搜集工作。同时，他将自己所占有的有关学术资料，毫无保留地抄送朱熹，供其参考。“《外书》、《渊源录》，亦稍稍裒集，得数十条。但永嘉文字殊未至，亦屡督之矣。”[①]“《渊源录》事，书稿本复还纳，此间所搜访可附入者并录呈。但永嘉文字屡往督趣，犹未送到，旦夕陈君举来，当面督之也。”[②]他建议朱熹《伊洛渊源录》不要匆忙刊行，最好再进一步修改斟酌为妥。

> 《渊源录》其间，鄙意有欲商榷者，谨以求教。大抵此书其出最不可早。与其速成而阔略，不若少待数年，而粗完备也。[③]

《伊洛渊源录》正式刊行，吕祖谦答应朱熹的请求为之作序。朱熹表示高兴。他来信说：“《渊源录》，许为序引，甚善。”[④]

为了使朱熹将《二程遗书》、《二程外书》编得更好，吕祖谦听说汪应辰处“伊洛文字颇多”，但其弟子不肯轻易外借，吕祖谦特地派人专程前往抄录，以付朱熹。

朱熹曾著《五朝名臣言行录》，但不知什么原因，却没有事先告诉吕祖谦。吕祖谦在书肆里看到此书，翻阅以后，觉得其中讹误不少，于是他写信向朱熹查询此事。

---

① 《文集》卷 3《与朱元晦》。
② 《文集》卷 4《与朱元晦》。
③ 同上。
④ 《朱文公文集》卷 33《答吕伯恭书》。

> 近麻沙印一书，曰《五朝名臣言行录》，板样颇与《(论语)精义》相似，或传吾丈所编定，果否？盖其间颇多合考订商量处，若信然则续次往求教，或出于他人则杂录行于世者固多，有所不暇辨也。①

类似前引的这些学术合作之事，还有许多。不一一列举。《宋史·本传》说："(吕祖谦)既友于张栻、朱熹，讲索益精。"我们认为《宋史》这一说法是不全面的。因为吕祖谦之学固然得益于朱熹不少，然而朱熹之学，吕祖谦亦有贡献。准确地说，吕学与朱学中的若干部分，是吕中有朱，朱中有吕，难分彼此。

吕祖谦死后，朱熹作文祭之。对于吕祖谦的为人和学识予以很高的评价。

> 伯恭有蓍龟之智而处之若愚，有河汉之辩而守之若讷，胸中有云梦之富而不以自多，辞章有黼黻之华而不易其出，孝友绝人而勉励如弗及，恬淡寡欲而持守不少懈，尽言以纳忠而羞为讦，秉义以饰躬而耻为介。……盖其德宇宽弘，识量宏廓。

当世之中，能得朱熹如此褒颂的人，除了张栻可以与之匹配外，再无他人。由此足见吕祖谦在朱熹心目中的份量。

不惟如此，朱熹曾特地将爱子送往吕祖谦处学习，以期其子有所成就。以朱熹而论，亦为当世屈指可数的大学问家

---

① 《文集》卷4《与朱元晦》。

和教育家，如果不是因为崇尚吕祖谦的学识和教育有方，是断不会命其子师从吕祖谦的。

吕祖谦和张栻。从学术渊源上看，两人有同门之谊。张栻曾师从胡宏，吕祖谦之师胡宪则是胡宏之堂弟。尽管胡宏和胡宪所治之学不尽相同，但主旨则是一致的。这就为他们的门人张栻与吕祖谦日后交往提供了相同的学术旨趣。吕祖谦进入仕途后，与张栻两度共事，有同僚之谊。

如前所说，吕祖谦与张栻首次合作于严州。吕祖谦在一次给潘叔度的信中盛称张栻：

> 张守举措详审，问学平正而又虚心从善，善类中甚难得也。如知言中有疑，往往适同，幸日夕相与讲论，甚可乐。①

吕祖谦在给其他一些人的信中，亦有同样的内容。在严州期间，应张栻之请，吕祖谦曾以张栻的名义写了一份乞免严州丁钱的奏状。这篇《为张严州作乞免丁钱奏状》比较深刻地揭露了当世社会弊政给广大劳动群众所造成的严重不幸。它陈述了丁钱税演变的过程，分析了“丁盐钱绢为民大害”的原因，流露了对严州人民的深切同情。《奏状》虽然出自吕祖谦手笔，但它表达的是吕祖谦与张栻两人共同的政治、经济观点。

一年之后，吕祖谦先张栻回朝任馆职。不久，张栻亦“自严陵召归，为郎兼讲官”。两人再度共事。加之同巷相居，往来更为密切。用吕祖谦自己的话说就是“张丈邻墙，日夕

① 《文集》卷5《与潘叔度》。

相过讲论。”[1]讲论的内容极其广泛，几乎无所不包。当朱熹给吕祖谦送来《太极图解》文稿，吕祖谦立即请张栻一道斟酌研究。

> 《太极图解》昨与张丈商量未定，而匆匆分散，少暇当理前说也。[2]

密切的学术交流切磋，使两人的学术思想相互渗透，相互影响。在修养论上，张栻向吕祖谦灌输“收敛操存，公平体察”的观点。对此吕祖谦表示欣然接受。他写信给张栻说：

> 平时徒恃资质，工夫悠悠，殊不精切，两年承教，可谓浃洽。然于要的处，或卤莽领略；于凝滞处，或遮护覆藏，为学不进，咎实由此。[3]

在《杂说》中，吕祖谦再次推崇张栻教人之法与“敬”说。

> 张荆州之教人也，必使人体察良心，以圣贤语言而见之行事，因行事而复求圣贤之言语。
>
> 南轩曰心在焉则谓之敬，且如方对宾客谈论而他有所思，虽思之善亦不敬也，才有间断，便是不敬。

---

① 同上，卷3《与朱元晦》。

② 同上。

③ 同上，《与张荆州》。

而在史学上，吕祖谦对张栻帮助亦多。张栻曾向吕祖谦请教治史。吕祖谦竭诚答之：

> 观史先自《书》始，然后次及《左氏》、《通鉴》，欲其体统源流相承接耳。国朝典故亦先考治体本末及前辈出处。……所谓丧志毫厘之间，不敢不致察也。但恐择善未精，非特自误，又复误人。①

很明显，这是吕祖谦的治史经验之谈，其中没有丝毫搪塞敷衍之成分。

张栻先吕祖谦一年去世。吕祖谦痛失知己，病中撰文祭之。祭文历数与张栻的交往和自己由此得到的启迪。

> 昔者某以郡文学事公于严陵，声同气合，莫逆无间，自是以来，一纪之间面请书请，区区一得之虑，有时自以为过公矣，及闻公之论，纲举领挈，明白严正，无缴绕回互激发偏倚之病，然后释然心悦，爽然自失，邈然始知其不可及。此某所以愿终身事公而不去者也。……与公合堂同席之际，倾倒肺腑，无所留藏。②

朱熹曾对吕祖谦这篇祭文有所批评，认为“伯恭祭南轩文，都就小狭处说来”③。然而正是这些“小狭处”，才真实地反映

① 《文集》卷 3《与张荆州》。
② 同上，卷 9《祭张荆州文》。
③ 《四库全书总目提要》。

了吕祖谦与张栻之间的动人情谊。

吕祖谦与陆九渊。吕、陆两人第一次见面是在乾道八年(1172年)。当时吕祖谦为考官,陆九渊不过是一个名不见经传的考生。然而两人见面虽晚,吕祖谦对陆九渊其人其文并不陌生。应该说,在这以前他对陆九渊的学术思想,文章风格已经相当熟悉。如其不然,吕祖谦根本不可能从众多的考卷中,一眼就看出陆九渊的那份答卷。吕祖谦对陆九渊之所以如此欣赏,主要是陆九渊心学甚合祖谦之意。吕学中的心学成分,抑或与陆九渊的影响有关。

吕祖谦不仅将陆九渊援引进了官场,而且将他荐举给当时的学术界。全力调停他和朱熹之间的学术分歧和个人之间的恩恩怨怨。

身为南宋理学阵营中"心学"派的旗帜,陆九渊和"理学"派的领袖朱熹思想观点存有分歧,这是显而易见的。朱熹为人颇为"峻厉",陆九渊也非随和之人。两人因学术的分歧,而一度影响到了私人关系的融洽,时有攻讦。幸赖吕祖谦从中沟通,才使双方关系得到缓和。正因为如此,陆九渊才会于淳熙八年(1181年),也就是鹅湖之会后的第六年,前往南康访问朱熹,并到朱熹主持的白鹿洞书院讲学。吕祖谦当时已卧床不起,听到这一消息很高兴。连忙写信给朱熹,询问此事,并又帮陆九渊说了一通好话,恳请朱熹主动与陆氏搞好关系,进行正常的学术切磋。

前面已经说过,当朱熹和陆九渊"教人"之法发生分歧时,吕祖谦实际是偏向朱熹的,故受到陆九渊的埋怨。但是在陆九渊的心目中,吕祖谦仍是当世学者中最值得信赖的人。他多次来金华与吕祖谦相会,一起探讨双方所共同关心的学术问题。陆九龄死后，谁来为其撰写墓志铭呢？陆九渊想到的最为合适的人选就是吕祖谦。他写信给吕祖谦请求说：

> 复斋（陆九龄）之葬，不可无纪，幽镌之重，岂敢他委，道同志合，惟公不二，拜书乞铭。①

吕祖谦接信后，二话没说，立即握管挥毫，命人送去。吕祖谦死后，凶讯传来，陆九渊“心裂神碎，与二三子，恸哭萧寺”②。又特地从江西赶到金华，为吕祖谦送葬。他对吕祖谦的评价是：

> 外朴如愚，中敏鲜俪，晦尝致侮，彰或招忌。纤芥不怀，惟以自治……远识宏量，英才伟器……约偏持平……不见涯涘。③

这里虽多溢美之词，然而还是比较准确地反映了吕祖谦其人其学的特征。如果没有对吕祖谦其人其学的透彻了解，是不可能有如此简洁的传神之笔的。由此亦印证了他与吕祖谦之间的深厚友谊。

吕学，就其主要倾向而言，无疑是属于理学阵营中一个重要派支，其为学主旨乃是穷究和践行道德性命之理。故而它和当时倡言功利，反对讳言功利、尊王贱霸、流于空疏的道德性命义理之说的永嘉、永康学派存在着重大的理论分歧。

---

① 《陆九渊文集》卷 26《祭吕伯恭文》。
② 同上。
③ 同上。

双方在不少带有根本性的问题上所持的观点，可谓楚河汉界，界限分明。然而学术观点的某些严重分歧，并没有妨碍吕祖谦和永嘉、永康功利学派代表人物所结下的纯真友情。吕祖谦一直持这么一个观点：多与几个意见相左的人交朋友，对于增进自己的道德素养，开拓自己的学术视野，未尝不是好事。他将这种认识付诸实践，结果使自己成为功利学派的至交挚友。中国的学术界，历来有门户之见，素喜党同伐异，所谓"道不同不相谋"，这是妨碍学术切磋正常开展的严重偏见，亟待根除。而理学尤重其所谓的道德的纯洁性，容不得半点不同声音。一般理学家多喜与自己意见相同者处，而视不同意见者为异端，小家子气息郁浓。正是在这一点上，吕祖谦超越了朱熹、张栻、陆九渊等人。他引永嘉、永康代表人物登堂入室，且时常命驾浙东，与薛季宣、徐居厚、陈君举、陈亮等人相会，甚至滞留忘返。同样，永嘉和永康诸人也并不因为吕祖谦是道学中人而疏远之。他们视其为忠实朋友，亦时常来吕祖谦处，一住就是十天半个月，有时竟经月不归。双方书信不断。在频繁的接触过程中，他们为吕祖谦的忠厚为人和宏富学识所折服，受吕学影响不小。功利学派所提倡的注重实效，经世济用等主张亦在吕学中得到了充分反映，清楚地显示了吕学受功利之学影响的轨迹。吕学之所以比朱熹、张栻、陆九渊等人的学术思想多了一层淡淡的功利主义色彩，盖源于此。

吕祖谦与薛季宣（士龙）。薛士龙少从伯父薛弼宦游。"及见渡江诸老，闻中兴经理大略，喜从老校退卒语，得岳（飞）韩（世忠）诸将兵间事甚悉。"[①]后从袁溉学。"于古封建、井田、

① 《宋史》卷434《本传》。

乡遂、司马法之制、靡不研究讲划,皆可行于时。”[①]他首倡永嘉学派的功利之风。“永嘉之学统远矣。其以程门袁(溉)氏之传为别派者,自艮斋薛文宪(士龙)始,……而艮斋又自成一家,亦人门之盛也。”[②]全祖望这一说法就是针对薛士龙逐渐摆脱理学藩篱,而使永嘉学派演变为功利之学而言的。对于薛士龙,吕祖谦有以下两段评论:

> 胸中坦易无机械,勇于为善,于田赋、兵制、地形、水利、甚下功夫,眼前殊少见其比。[③]
>
> 士龙坦平坚决,所学确实有用,甚虚心。[④]

吕祖谦在和别人的通信中,亦曾提及他与薛士龙相与讲学之事,认为自己从士龙处得益非浅。他对潘叔度说:“如(周)子充、(薛)士龙亦十数日乃一相见也。比来诸友讲论,当日有益。每得来书,书辞皆有蹴然不自安之意,学者诚不可自足。”[⑤]

如果说吕祖谦每次与薛士龙见面都平添喜悦的话,那么与薛士龙的每次分别,总不免有一丝惆怅落寞之感。当士龙派往边境去招集游民而与吕祖谦分手时,吕祖谦伤感地说:“士龙方此讲论,又将遣往淮上招集流移,自此益索寞矣。”[⑥]

---

① 《宋史》卷434《本传》。

② 《宋元学案·艮斋学案》案语。

③ 《艮斋学案》附录。

④ 同上。

⑤ 《文集》卷5《答潘叔度》。

⑥ 同上。

乾道九年，薛士龙年方四十，突然暴病而亡。吕祖谦失声悲嚎：“可痛！可痛！”此时正值吕祖谦因父丧忧苦过度，身体虚弱，行动不便，他只好派人前往吊唁。当吊唁人回来说薛士龙之子“卧病孱弱，未能支持葬地”[①]时，心中焦虑，连说：“可念，可念。”他在给陈亮的信中说：

> 永嘉复报士龙之讣，海内遂失此人，可痛！可痛！春间犹幸相聚半月，语连日夜。所欲相与肄习者，布置甚长，渠亦不谓遽至此也。[②]

尔后，吕祖谦又承担了薛士龙的墓志铭的撰写。在这篇墓志铭中，吕祖谦高度赞扬了薛士龙招集流民、编制保甲、实行屯田、抗击金兵的业绩，称其学“博揽精思几二十年”[③]。“博揽”，此亦是吕学的特点之一，这也许正是他们相互推崇的原因之一吧。

徐居厚是薛士龙的门人，其学与乃师同，“精于考索”，曾和陈傅良(君举)合著《周官制度精华》。《宋元学案·艮斋学案》说：“《周官制度精华》前半乃止斋(陈傅良)，后半皆先生(徐居厚)之笔也。”陈同甫曾说：“徐居厚卓然自要立脚，亦与其他士人不同。”[④]引徐居厚为同调。徐居厚曾多次拜访过吕祖谦，其学识得到吕祖谦的赞赏：

---

① 《文集》卷5《与陈同甫》。
② 同上。
③ 《文集》卷7《薛常州墓志铭》。
④ 《宋元学案·艮斋学案》附录。

徐居厚极有立作，士人中殊难得。[1]

吕祖谦也常去浙东徐居厚家中“讲论”。交谊颇深。

陈傅良亦曾师事薛士龙。“得季宣之学为多。”[2]然而其学“似较艮斋更平实。”[3]这也就是说陈傅良学术功利倾向较之薛士龙更加明显。陈君举与吕祖谦同庚，均生于绍兴七年。曾多次向吕祖谦请教过宋朝的典章制度及其演变。“祖谦为言本朝文献相承条序。”[4]其史学成就得力于吕祖谦甚多。因此陈傅良与吕祖谦的关系乃在友、师之间。吕祖谦充分肯定了陈傅良的好学精神，并预言其学不可轻估：“陈君举最长处是一切放下，如初学人，正未易量。”[5]

在永嘉学派人士中，吕祖谦和叶正则(适)接触不多，这是因为叶适小吕祖谦十三岁，淳熙五年，叶适及第，此时吕祖谦已身羁病魔，很少外出之故。但吕祖谦和叶适还是有过一段接触的。叶适曾提及吕祖谦批评其主论太高之事。“王曾中第，以为平生之志，不在温饱。欧阳修执政，以为惟不求而得，与既得而不患失。然予病其侵夺于官职矣。而东莱吕氏嫌予此论太高。”[6]吕祖谦为人宽厚，且六世祖吕公著与欧阳修关系甚善，故而不同意叶适对王曾、欧阳修“侵夺于官职”即当官意识浓厚的评价，乃是符合其性格特点的。但

① 《宋元学案·艮斋学案》附录。

②③ 《宋史》卷434《本传》。

④ 同上。

⑤ 《宋元学案·止斋学案》附录。

⑥ 《宋元学案·水心学案》。

吕祖谦对叶适这一批评不论正确与否，就其出发点而言，则是善意的，而与朱熹对永嘉学派“大不成学问”[①]的指斥，是有本质不同的。

吕祖谦与陈亮的关系令人瞩目。陈亮为人豪迈不羁，卓然自立，勇于坚持自己的独立人格和学说，所以当朱熹企图以理学思想改造陈亮，要他放弃“义利双行，王霸并用”的功利学说时，引起了陈亮的极大不满，双方展开了长达数年之久的辩论。陈亮明确宣称自己对做一个“醇儒”不感兴趣，而要做一个顶天立地的大丈夫。从而成为南宋时期反理学阵营中最为骁勇的战将。在正统理学家眼中，陈亮自然也是一个“大不成学问”的人，更不会主动地接近陈亮，与之成为忠实朋友。这如同陈亮耻于与理学家为伍一样。陈亮说：

> 新安朱元晦讲之武夷，而强立不反，其说遂以行而不可遏止。齿牙所至，嘘枯吹生，天下之学士大夫贤不肖，往往系其意之所向背，虽心诚不乐，而亦阳相应和。若余非不愿附，而第其品级不能高也。[②]
>
> 余为之感慨于天地之大义，而抱大不满于秦、汉以来诸君子，思欲解其沈痼，以从新安之志，而未能也。[③]

对于朱熹这样一个知广识博、名高声远的理学宗师，陈亮尚

---

① 《朱子语类》卷 122。

② 《陈亮集》卷 28《钱叔因墓碣铭》。

③ 同上，卷 16《跋朱晦庵送写照郭秀才序后》。

不肯有半点辱志背说，“阳相应和”，又遑论其他？

然而陈亮和吕祖谦却是一对莫逆之交。朱熹曾一再企图通过吕祖谦去说服陈亮放弃功利之学，而皈依理学。吕祖谦与陈亮交谊之深，亦可由此得到佐证。在吕祖谦临死的前几年，两人接触尤多，书信一封接着一封，往来一次连着一次。陈亮说：“伯恭晚岁与亮尤好。盖亦无不尽，箴切诲戒，书尺具存。”①他许吕祖谦为平生第一知己。吕祖谦死后，陈亮倍感寂寞。认为世上再也找不到像吕祖谦这样可以无所不谈，谈无不尽的知心朋友了。

> 亮平生不曾会与人讲论，独伯恭于空闲时，喜相往复，亮亦感其相知，不知其言语之尽。伯恭既死，此事尽废。②

悲哀之情跃然可见。正是基于对吕祖谦的这种信赖，陈亮几乎每篇文稿俟成之际，总要先听听吕祖谦的看法。吕祖谦每收到陈文，亦欣慰异常。他曾对陈亮这样说：

> 伏蒙封示《孟子提要》，谨当细观深考，却得一一请教。年来甚苦，共为此学者寥落，索居蔽蒙，日以自惧，今得兄坐进于此，遂有咨访切磨之益，喜不自胜。③

① 《陈亮集》卷 20《又甲辰答书》。

② 同上。《复朱元晦秘书书》。

③ 《文集》卷 5《与陈同甫》。

示及近作，展玩数过，不能释手。[①]

吕祖谦尤其欣赏陈亮的代表作之一——《酌古论》。他认为此书“断句抑扬有余味，盖得太史公笔法”[②]。陈亮曾在《酌古论·武侯赞》中联系靖康之耻，多有发挥，吕祖谦看后拍案叫好，认为这“尤有补于世教”[③]。而朱熹则视陈亮之学为异端。在他看来，陆九渊之学虽然近禅，但危害不大，而真正令其担忧的是陈亮功利之学。“江西(陆九渊)之学，只是禅，浙学却专是功利。禅学，后来学者摸索，一旦无可摸索，自会转去。若功利，学者习之便可见效，此意尤可忧。”[④]一个认为是“尤有补于世教”，一个认为是“此意甚可忧”，反差如此强烈，为人始料不及。这说明了在对陈亮之学的问题上，吕祖谦业已突破了一般理学家的偏见，做到了“公平观理所在”。

纵观吕祖谦的一生，我们不难做出这样的结论：他治学严谨，学识渊博，虚心接纳四方之士，博采众说之长，陶铸各家，浑成一体。

第四节 著　作

吕祖谦著述宏富，由其亲手修定编纂的文稿汗牛充栋，现考订如下：

《东莱左氏博议》，亦名《东莱博议》，凡二十五卷。以《左

---

① 《文集》卷5《与陈同甫》。
② 同上。
③ 同上。
④ 《朱子语类》卷123。

传》所载史实为题，发挥其政治、哲学、伦理之观点，文字淳朴精当，议论奇兀，常出人意表之外，深受当时及后世读者所喜爱，曾作为丽泽书院学生习作时范文，而广为流传。

《吕氏家塾读诗记》三十二卷。解说儒家经典之一《诗》，其特点是在众说纷纭的基础上，"兼总众说"而"融合贯通"，并"挈领提纲"地加以概括，形成一家之见。

《大事记》十二卷。内附通释二卷，解题十二卷。采用《左传》和司马光《稽古录》、《资治通鉴目录》的体例。本欲历辑自春秋至五代的重大历史事件，以供后人借鉴。后因病而未完成编辑计划。只辑自周敬王三十九年至汉武帝征和三年（前481年—前90年）这段历史时期的一些历史事件。

《皇朝文海》，又名《宋文鉴》。宋孝宗曾赐名为《皇朝文鉴》，凡一百五十卷。为吕祖谦修定而成。原先版本舛误较多。经吕祖谦一一订正，"黜浮崇雅"，取舍"精详"。其内容是从宋朝文人学士的文集中选录其佳作，按文章或诗歌的不同体裁，仔细分类，门类凡六十一种。

《书说》三十五卷。前二十二卷是由其门人时澜增修，后十三卷则由吕祖谦本人亲自撰写。

《系辞精义》亦名《易说》二卷，引《伊川易传》及诸家说，在此基础上再加以发挥，增补前人所不具的内容。

《古周易》一卷。自王弼以后，《周易》皆以传附经。吕祖谦乃以《上下经》、《十翼》各为一篇，复古本之旧。此书很得朱熹的推崇，朱熹撰写《周易本义》即用此本。

《古易音训》二卷。有宋咸熙刊本。①

---

① 按：宋无咸熙年号，疑误，存疑。

《周易传义音训》八卷，首末二卷，金华丛书本。

《春秋左氏传说》二十卷，金华丛书本。

《春秋左氏传续说》十二卷，金华丛书本。

《通鉴译书》一百卷。

《唐鉴》二十四卷。该书由宋范祖禹撰，原本十二卷，吕祖谦注之，卷析为二。有弘治本。题名为《吕东莱先生音训大唐文鉴》。

《少仪外传》，亦名《辨志录》二卷，原本久佚，今从永乐大典录出。

《历代制度详说》十二卷。

《诗律·武库前后集》三十卷。有人疑其伪托。然诸家书目多宋刊本，疑为家塾课徒之作。

《丽泽讲义》十卷，为丽泽书院诸生讲学之教材。

《古文关键》二卷。

《东莱文集》四十卷。为其弟祖俭、侄乔年合编。该书将吕祖谦生前部分文稿汇集刊行。为吕祖谦研究的最主要资料。

第二章 南宋学术思潮概况

吕祖谦之学是以博综当世各家之说的姿态出现在世人面前的。要理顺理学产生、发展的线索，正确评述吕学的是是非非，首先则必须把握南宋学术思潮的总趋向，为此，我们特辟此章。

第一节 理学在南宋的传播

1126年，北宋都城开封。狼烟弥漫，战火烽起，金兵铁蹄到处横冲直撞，昔日无比尊贵的天子徽宗、钦宗二帝顿成摇尾乞怜的阶下囚。历时166年的北宋政权遂告灭亡。1127年5月，康王赵构在吕好问等大臣的全力周旋下，继承大位，未几即仓皇南渡，建都临安，史称南宋，中国出现宋金南北对峙的局面。

宋室南渡，带来了中国东南地区的繁荣。临安成为全国政治、经济、思想、文化的中心，大批恪守君臣之义、坚持民族气节的知识分子纷沓而至。北宋理学的开创者们，如周敦颐、张载、邵雍、程颢、程颐等人均已在几十年前谢世。程门高足杨时、尹焞遂成硕果仅存的理学大师，他们先后供职于南宋朝廷，竭力以理学思想感化、熏染南宋最高统治者。在此同时，广揽门徒，聚众讲学，有力地扩大了理学在南方士人中间的影响。这，对南宋学术思潮的发展，实有导向之功。

杨时，字中立，号龟山，南剑将乐（今属福建）人。熙宁九年进士。二十九岁时“以师礼见颢（程颢）于颍昌”，受到二程的赏识，对于杨时提出的一些疑难困惑，二程总是亲自予以疏导。例如，杨时曾怀疑理学家张载《西铭》篇中提出的“民胞物与”命题义近墨子“兼爱”主张，有涉无君父之嫌，当即得到程颐的纠正。他不厌其烦地向杨时解释说：“《西铭》理一而分殊，墨氏则爱合而无分。分殊之蔽，私胜而失仁。无分之罪，兼爱而无义。分立而推理一，以止私胜之流，仁之方也。无别而迷兼爱，至于无父之极，义斯亡也。”① 在程颐的开导下，杨时茅塞顿开。他感叹地说：“（《西铭》）以民为同胞，鳏寡孤独为兄弟，非明者默识，焉知理一无分之殊哉？故恐其流至于兼爱，非谓其言之发与墨氏同也。夫惟理一而分殊，故圣人称物，远近亲疏各当其分，所以施之，其心一焉，所谓平施也。”② 杨时这一转变，表明他已得程氏理学之真谛。故而当他辞别南归时，程颢亲自“送之出门，谓坐客

① 《二程粹言》卷1《论书篇》。
② 同上。

曰:吾道南矣"[①]。程颢断定由他们兄弟奠基的理学将会通过杨时影响南方人士。事实证明,程颢这个估计是很有眼光的。杨时回到南方,始终坚持二程学说,传播理学思想。他之所以一生孜孜不倦地从事经学研究,主要是藉此以阐述、宏扬二程学说。他说:"今人自是不留意六经,故就史求道理,是以学愈博而道愈远。"[②]杨时的代表作是《中庸义》。在《中庸义序》中,他开宗明义地宣称:"予昔在元丰中,尝受学明道先生之门,得其诸言一二,未及卒业而先生没。继又从伊川先生。未几先生复以罪流窜涪陵,其立言垂训为世大禁,学者胶口不敢复道。……追述先生之遗训,著为此书。以其所闻,推其所未闻者,虽未足传先生之奥,亦妄意其庶几焉。"[③]十分明显,他写《中庸义》就是为了传播二程思想的。

北宋时期,二程学说是司马光旧党反对熙宁新政的理论基础。二程理学与王安石新学始终处于对立状态之中。杨时信奉二程理学,就必然反对王安石新学。在他看来,新学支离破碎,不成体系。"杨时于新学极精,今日一有所问,能尽知其短而持之。介父之学,大抵支离。"[④]随着二程的先后去世,"于新学极精"且视其"支离"的杨时遂成为反对新学的挂帅人物。靖康元年,杨时出任著作郎兼国子祭酒,俨然成学术界泰斗。他抨击王安石的新学更无顾忌。一口咬定王安石新学"为邪说,以涂学者耳目,而败坏心术者,不可缕数"[⑤]。

---

①⑤　《龟山年谱》。

②　《龟山集》卷2《语录》。

③　《龟山集》卷4。

④　《二程遗书》卷2上。

力谏钦宗毁去王安石配享孔庙之像，使其"邪说淫辞不为学者之惑"①。杨时攻击王安石新学之口吻与其师如出一辙，并无创见，耐人寻味的是二者之结局却大不一样。前者以程颢被赶出朝廷而暂告一段落，后者则得到最高统治者的认可，王安石"遂降从祀之列"。

之所以发生这一变化，有其深刻的社会背景，崇宁年间，处于新旧两党纷争漩涡之中的徽宗调和无效，遂听从新党重要人物邓绾之子邓洵的建议，决定绍述神宗，排斥元祐党徒，起用早年追随新政，实为卑鄙无耻之徒的蔡京为相。徽宗、蔡京之流打着绍述新政的旗号，开始了长达二十余年的昏庸暴虐统治。他们在祸国殃民的同时，亦把自己的统治推向了灭亡之边缘。全国上下怨声载道，神鬼共怒。人们对于这个所谓的"绍述"深恶痛绝。于是出现了城门失火，殃及池鱼的悲剧。在当时特定的历史环境下人们已很难客观、冷静地辨别蔡京的"绍述"与王安石新政的原则区别。这就为杨时全面否定新学提供了绝好的机会。他将王安石新政和蔡京等人的倒行逆施紧紧地捆绑在一起，断定新学是"绍述"的理论基础。指出："蔡京用事二十余年，蠹国害民，几危宗室，人所切齿。而论其罪者，莫知其所本也。盖京以继述神宗为名，实挟王安石以图身利。……今日之祸，实安石有以启之。"②在北宋政权面临灭顶覆巢之际，杨时的这番话确实引起了不少人思想上的共鸣，从此，王安石新学就交上了厄运。

宋高宗即位后，杨时以垂老大儒资格出任工部侍郎兼侍

① 《龟山年谱》。

② 《宋史》卷428《本传》。

读。力主以程氏理学作为立国之本，安国之策。他的建议得到南宋最高统治集团的认可。理学借助统治阶级的扶助，扩大了它在东南地区的影响。《宋史·本传》说："凡绍兴初崇尚元祐学术，而朱熹、张栻之学得程氏之正，其源委脉胳皆出于时。"《宋史》编著者的这番话，虽然充分肯定了杨时在南宋初期对理学传播所起的奠基导向之功，但尚不全面。因为不仅是"朱熹、张栻之学"的"源委脉胳皆出于时"，而且吕学的"源委脉胳"亦和杨时有重大关系。以对吕祖谦影响最大的吕本中而言，早年就曾师从杨时，从他那里"得程氏之正"。尽管吕祖谦没有受到杨时的直接教育，但杨时之学对他的间接影响则是不能否定的。

绍兴初年，与杨时齐名的是尹焞。他对理学在南宋的传播和发展，亦起了很大作用。

尹焞，字彦明，一字德充，赐号和靖处士，学者称和靖先生。世居洛阳。二十岁时从程颐问学，是程颐晚年最为得意的门徒之一。绍圣元年应举，因试题中"有元祐邪党之问"，大为恼火，于是"不对而出"，公开表示宁可放弃功名，亦"不复应进士举"[1]，要和旧党保持政治上、思想上的一致。正因为如此，他被二程的政敌视为"程颐羽翼"而受到株连。但对此尹焞至死不悔。无论在什么险恶的情况下，他对程颐都是忠心耿耿。程颐死时，是以待罪之身进入坟墓的，大多数门人都不敢前来送葬。唯有尹焞为操办丧事前后奔走，以全弟子之礼。

在程门之中，尹焞资质鲁钝，然而用功专一，颇得程氏

---

① 《宋元学案·和靖学案》。

之真传。程颐对他期望颇大。他预言:“我死而不失其正者,尹氏之子。”①尹焞果然不负师望。他笃守师训,故而赢得后世理学家的一片称扬声。“和靖尹肃公于洛学,最为晚出,而守其师说最醇。”②

绍兴五年,经筵侍讲范冲举荐尹焞接替己职。尹焞赴任前,再次祭祀程颐,在程颐灵前表示:“有补于时,则未也;不辱其门,则有之。”③他怀着广大程氏之说的愿望上路了。当他行至九江,忽然听到谏官陈公辅正上书攻讦程学,遂不前行。他上书高宗明志:“焞师程颐垂二十年,学之既专,自信甚笃,使焞滥列经筵,其所敷绎,不过闻于师者,舍其斯学,是欺君父。”④他的意思是说,我就是为“敷绎”程颐学说而来的,现在有人诋毁其说,我还来干什么呢?在尹氏看来,经筵之职可以不居,其师之说不可不守。为守师说,尹焞又一次放弃了做官的机会。

三年以后,尹焞由朱震推荐,终于出任经筵讲习。他利用和高宗经常接触的机会,“敷绎”程氏学说,受到高宗的称赞,以“粹厚”许之。后来因力言抗金,得罪秦桧而落职。这反而提高了他在东南士子中的威信,不少人纷纷投其门下。对于门徒,尹焞予以理学思想的熏陶,从而培养了一批理学人才。

尹焞治学开拓不足,守成有余。朱熹曾说:“和靖不观他书,只是操守得好。他语录中说持守涵养处,分外亲切,

① 《宋元学案·和靖学案》。
② 同上。
③ 同上。
④ 同上。

可知学不在多，只在功专其一。”①尹焞“持守得好”的是什么？这是不言而喻的。在其心目中，世上只有理学才是值得自己“功专其一”的大学问。除此之外，一概是悖逆于天理的异端邪说，统在排斥之列。他的这种治学态度，影响了南宋几代士子。从朱熹这一推崇性的评论中，亦可看出他对朱熹的影响。与杨时相比，尹焞和吕学关系更为密切。吕祖谦的曾祖辈吕好问、吕广问是其知己友好，吕本中师从尹焞时间最长，受其影响最大。可以断定他对吕祖谦的间接影响决不会在杨时之下。

必须指出，尽管杨时、尹焞对南宋一代学术思潮理学化的贡献不少。但是他们生前未能看到理学在南方的鼎盛。这里有两方面的原因：

一、当时南宋小朝廷处于草创阶段，惊魂甫定，时有战事，人们尚不能心无旁骛地潜心理学研究。

二、理学从中原地区移植东南，需要有一个生根、开花的发展过程。

第二节　强大的理学阵营和反理学思潮兴起

几十年过去了。乾淳年间，理学正式进入巅峰时期。此时，不仅涌现了众多的成就卓著的理学大家，如朱熹、张栻、陆九渊等，无一不可堪称理学一代宗师，即使本书传主吕祖谦亦完全有资格列为理学之一派祖师，而且形成了理学的许多重要派别。如朱熹在福建创立了规模宏大门徒众多的“闽

---

① 《宋元学案·和靖学案》。

学”;张栻在湖南进一步奠定了由胡宏开其端的湖湘学派。陆九渊在江西开创“心学”。吕祖谦亦在金华建立了“婺学”。理学阵营蔚然壮观,显示了雄厚的实力。理学思潮成为南宋思想界的主流。事物总是有其对立面的,理学亦不能例外。就在理学已经成熟的时候,反理学的思潮亦逐渐形成。永嘉、永康功利学派力倡功利,反对侈言空谈道德性命之理,主张王霸并用,义利双行,且从本体论上对理学展开批判。从而给醉熏熏的思想界吹进了一股清新的空气。

一　理学的鼎盛

说到这个问题,不能回避朱熹对理学的贡献,因为两宋理学是由其总其成的。

朱熹是二程的四传弟子,从小受到了比吕祖谦更为正统的理学熏陶,青年时又受学于杨时再传弟子李侗,得二程之学之真谛。

朱熹理学虽然以继承二程特别是程颐之说为主,却又非二程理学所能规范。他不仅总结了北宋以来许多重要理学家的学说,予以融会贯通,同时还汲取改造了某些唯物主义思想资料,充实自己学说。对佛、道二家的思想资料则作了取其哲理、去其悖逆封建伦理因素的处理,从而拓深了自己学术理论的深度。

首先,为确定理学的思想体系和范围,他整理和解说了北宋时代所有重要理学著作,如《太极图说解》、《通书解》、《程氏遗书》、《西铭解文》等;为了理顺理学发展的历史线索,他编写了第一本理学史——《伊洛渊源录》;为了弘扬理学,帮助初学者入门，和吕祖谦一起编著《近思录》；为了替理学争得正统地位，朱熹以理学观点系统地注释了儒家经典，他的《四书章句集注》成为中国封建社会后期的官方教材，科举考试的标准答案。朱熹所做的这一切，有力地扩大了理学的营盘，推动了理学的纵深发展。

朱熹理学的核心是天理观。规定天理是世界万物的总根源。他说："理也者，形而上之道也，生物之本也。"①又说："未有天地之先，毕竟也只是理。"②类似的论述，在朱熹那里触目皆见，汗牛充栋。这，应视为是对二程之说的继承。同时，他又将周敦颐的哲学基石"太极"搬运到自己的学术体系中。认为"太极"乃理之大全。"总天地万物之理，便是太极。"③又谓："太极之义，正谓理之极至耳。"④因此，在朱熹理学体系中，天理和太极内涵是完全相同的，均为其哲学的最高范畴。这样，他就将北宋理学两个互不相关的基石浇铸为一体，加固了理学体系的基础。

理气关系是理学本体论重点讨论的内容。朱熹在继承二程理本气末，理先气后的唯心主义观点的同时，指出气虽由理而生，但理亦不能离气而存。谓"无是气，则是理亦无挂搭处"⑤。"若气不结聚时，理亦无所着。"⑥规定气为"生物之具"。世界万物是由"阴阳之气""磨来磨去"产生的。"造化之

---

① 《文集·答黄道夫》。
② 《朱子语类》卷1。
③ 同上，卷4。
④ 《文集·答程可久》。
⑤ 《朱子语类》卷1。
⑥ 同上。

运如磨，上面常转而不止，万物之生，以磨中撒出，有粗有细，自是不齐。”①在朱熹这里，气虽是“形而下之器”，但却又是“形而上之理”和世界万物之间不可缺少的环节，朱熹的这种理气观显然是汲取了张载气之本原论的部分因素，故而较之二程，则显得精致。

理一分殊理论是由程颐首先提出来的，但语焉未详。一到朱熹手中，则被发挥得淋漓尽致。他以释氏“月印万川”之喻，形象地解释了这一理论。“本只是一太极，而万物各有禀受，又自各生具一太极尔。如月在天，只一而已，及散在江湖，则随处可见，不可谓月已分也。”②认为宇宙间只有一个最高的总体的“理”（或曰“太极”），而万物各自的分殊的理，只是最高“理”的体现。这如同天空之中只有一个月亮，而在天下每个湖泊江河的水面上所见的月亮，都不过是其影子而已。这就是说世界万物都在天理的笼罩之下，都只能是天理的体现。进而他以此为依据，论证了封建等级制度的永恒性和合理性。他说：“万物皆有此理，理皆同出一源，但所居之位不同，则其理之用不一。如为君须仁，为臣须敬，为子须孝，为父须慈，物物皆具此理，而物物各异其用，然莫非一理之流行。”③尽管“尊卑大小”，“各得其宜”，皆为天理安排停当之论调，一直是北宋理学家的主旋律，然而谁也没有像朱熹弹得如此细腻清晰。

朱熹十分欣赏张载、二程等人关于天地（命）之性和气质之性的双重人性论，认为这种人性论的提出，完满地解决了

① 《朱子语类》卷1。

② 同上，卷94。

③ 同上，卷18。

历史上所有关于人性论的争讼，是“有功于圣门，有补于后学”的创举。他的人性论宗张、程，但其论述则比张、程更明确、更详备。因为张载以太虚为本体，认为“合虚与气”，所以尽管将人性区分为至纯至美的天地之性和杂驳不纯的气质之性，却缺乏明确的理论基础。程颢虽然说过“论性不论气不备，论气不论性不明”之类的话，但没有明确气为构成具体事物必不可少的材料，因而在程颢处没有将天命之性与气质之性截得分明。而朱熹则不然。他从“天下未有无理之气，亦未有无气之理”的命题出发，对天命之性和气质之性作了更为明确的规定。“人之有生，性与气合而已。即其已合而析言之，则性立于理而无形，气主于形而有质。”[1]这里的“性”即天命之性，“气”即气质之性。朱熹的这段话不仅回答了天命之性和气质之性的区别，而且回答了具体的生命，何以有天命之性和气质之性的原因，从而使地主阶级人性论臻于完备，达到了一个新的理论水准。

在理欲观上，朱熹和其先辈一样，狂热地鼓吹“存天理、灭人欲”的教条。但是他碍于人之欲望不可彻底泯灭的现实，而吞吞吐吐地承认了道德意识和物质欲望有一定的内在联系。他说：“人欲中自有天理。”[2]他认为人生存一天，就得有一天的“饮食”，对于这一基本的物质欲望，必须加以满足，因为它也是“天理”，不是“人欲”。但有了“饮食”，又要有“美味”，这就是应该加以灭绝的“人欲”了。朱熹在这里所主张的实际上是咬得菜根主义，具有明显的僧侣禁欲主义倾向，但他毕竟为“人欲”保留了可怜的一席之地。故而其理论观较

① 《朱文公文集·答蔡季通》。

② 《朱子语类》卷 13。

之二程则更为圆滑，便于向人们灌输。

此外，朱熹的格物致知认识论、唯心主义的辩证思维及主于敬的修养论等，较之北宋理学，不仅内容充实，论述缜密，且常有发前人未发之处。

由此，我们认为朱熹理学的产生，标志着两宋理学大厦的最后竣工。作为朱熹的学术挚友，吕祖谦不仅对其思想体系的每个组织部分了如指掌，而且从中受到的启迪颇多，这就像朱熹在其集理学大成过程中得到吕祖谦的有力之助一样。清人王崇炳在其《吕东莱先生本传》中这样说："观先生（吕祖谦）诸书，而朱文公（熹）之学可知。"王氏这一说法完全符合事实，在"吕学"的躯干上清楚地留着"朱学"的烙印。

在南宋理学阵营中，除了朱熹、吕祖谦之外，还有一个重要人物是不能忽视的，这就是张栻。和吕祖谦一样，张栻亦天年不足，一生只活了四十八个春秋。和吕祖谦稍微不同的是，张栻出仕较早，又要襄助其父——南宋初年抗金名臣张浚处理政务，故实际从事讲学、著述的时间不长。没有取得他本来可能取得的学术成就，远不及朱熹之学恢宏博大。然而张栻理学却不乏独特之处。他对南宋理学的鼎盛亦起到了别人所不能代替的作用。

张栻弱冠之年，"闻五峰胡（宏）先生之名，见其话言而心服之"[①]，而"时时以书质疑求益"。但正式拜胡宏为师，执弟子礼，则是数年以后的事了。此时张栻二十八岁。一年后，胡宏去世。这就是说张栻和胡宏在一起的时间不长。张栻追忆说："仅得一再见耳。"[②]张栻曾向胡宏"问河南程氏学"，胡

① 《南轩全集》卷26《答陈平甫》。

② 同上。

宏"即以所闻孔门论仁亲切之旨告之"[①]。对此，张栻感念不已，如奉纶音。他说："自尔以来，细绎旧闻，反之吾身，寖识义理之所存……如是有五载。"[②]

张栻之学虽得自胡宏传授，但比胡宏的理学气息更为精纯。黄宗羲说："南轩之学得之五峰，论其所造，大要比五峰更纯粹。"[③]黄氏这一看法符合实际。张栻以继承和广大周、程之学自期。他认为周敦颐学术"渊源精粹，实自得于其心"[④]。而程氏之学则"完全精粹，愈看愈无穷，不可不详味也"[⑤]。他感叹当世对二程之学"识其真者或寡"。显然，他是将自己划在"识其真者"之列的。这也符合实际。张栻理学思想的风格很接近二程中的大程，以致有"南轩似明道"之说。

张栻在主持湖南岳麓书院时，朱熹专程造访。两人甚为投缘。《宋史·道学传序》说："张栻之学，亦出程氏，既见朱熹，相与博约，又大进焉。"这是说张栻得益于朱熹。而朱熹亦受张栻启发不小。他说："敬夫见识卓然不可及，从游之久，反复开益为多。"[⑥]"敬夫学问愈高，所见卓然，议论出人表。"[⑦]这就从另一侧面反映了朱熹在其集理学大成的过程中，张栻对其"反复开益为多"。

张栻理学思想的最大特色是明义利之辨与体察居敬。朱熹曾说张栻教人"必使之先有以察乎义利之间，而后明理居

---

① 《宋史》卷 429《本传》。
② 《南轩全集》卷 26《答陈平甫》。
③ 《宋元学案·南轩学案》案语。
④ 《南轩全集》卷 10《韶州濂溪周先生祠堂记》。
⑤ 《南轩全集》卷 1《寄吕伯恭》。
⑥ 《南轩学案》。
⑦ 同上。

敬，以造其极”①。可谓一语中的。张栻理学思想对吕祖谦影响最大之处亦在这里。

在本体论上，张栻一方面认为理在事先，谓“有是理则有是事，有是物”②，另一方面又说：“心也者，贯万物统万理，而为万物之主宰者也。”③膨胀了“心”的作用，带有明显的心学色彩。这种“理”、“心”双重本体论虽与朱熹“理”之一元论有着明显的区别，却与吕祖谦高度契合。抑或是他与吕祖谦互相发明的结果。

在南宋理学阵营内部，陆九渊独辟蹊径，祭起了心学的法旗，而与朱熹“理学”分庭抗礼，形成了理学的又一支重要派别。他远承孟子的“尽心”说，近取程颢“心是理”之命题，着力铺陈“心”为天地万物之本的主观唯心主义观点，形成“心即理”为核心的心学体系。

在本体论上，陆九渊有一句为大家所熟悉的著名命题，即“宇宙便是吾心，吾心即是宇宙”。规定“心”为其哲学的最高范畴。在他看来，充塞宇宙万物之理，无逃于心。“万物森然于方寸之间，满心而发，充塞宇宙无非此理而已。”④陆九渊以客体与主体合而为一为基点，将客体（“理”）安置在主体（“心”）之中，进而得出客体服从主体的结论。他说：“人皆有是心，心皆具是理，心即理也。”⑤在这里，“心”统摄着“理”，吞没了“理”，天地间的一切为“心”所主宰。陆氏这一

① 《朱文公文集》卷89《张公神道碑》。
② 《南轩全集·孟子说》卷4。
③ 《南轩全集·敬斋记》。
④ 《陆九渊集·语录》。
⑤ 同上，《与李宰》。

理论为二程中的小程所不备，亦与朱熹“宇宙之间，一理而已”的观点有很大不同。不难看出，陆九渊是以新的姿态出现在理学阵营中的。朱熹对陆氏心学理论时有攻讦，而吕祖谦则颇欣赏陆氏上述的这些基本观点，在吕祖谦的思想体系中，亦时时有这些观点的流露，可见受陆九渊影响不小。

陆九渊所说的“心”还有另一层涵义，即表现为封建伦理实体。他说：“仁义者，人之本心也。”于是“发明本心”则演变为对封建伦理的自我反省、自我认识，自我完成的过程。而就这一点所言，吕祖谦又与陆九渊毫无二致，甚至双方用以表达该思想的语言也有惊人的雷同之处。

陆九渊的修养论是围绕“存心灭欲”而展开的，这和程、朱等人提倡的“存理灭欲”是一回事。二者的区别在于程朱包括张栻在内，他们所强调的是以“主敬”为手段，达到“存理灭欲”的目的。陆九渊则反对形式上的繁文缛节，力倡“易简工夫”。认为只要“发明本心”，解除“心蔽”，就能“剥落”物欲，扫除邪见。吕祖谦在这个问题上所持的观点介于二者之间，他既讲“主敬”，又讲“发明本心”，具有调和朱、陆两家的色彩。

二　反理学思潮的兴起

淳熙时期，随着“理学”与“心学”的成熟与确立，反理学思潮也逐步形成，虽然这在当时的社会思潮中，不过是一股支流而已。反理学阵营的主将当推陈亮和叶适两位。

陈亮学无师承，自成一家。年轻时即以《酌古论》、《中兴五论》等名篇佳作而闻名东南。一生所学广博，其文史哲及政论方面均有较为深厚之功力。为功利主义的永康学派的创始人。

陈亮治学具有务实之风，注重学术的社会实际效果。他倡言事功，对当时侈言道德性命义理的理学表示了极大反感。陈亮的反理学思想，集中反映在他和朱熹的论战中。

针对朱熹“三代专以天理行，汉唐专以人欲行”的退化历史观，陈亮指出这种说法不符合历史的真实情况。如斯说成立，那么从三代到汉唐这千五百年的历史就成为“一大空阙”。“天地亦是架漏过时，而人心亦是牵补度日。”①万物何以蕃衍不绝？道何以常存不息？陈亮以为汉祖、唐宗决不是应该贬斥的对象，而是值得歌颂的人物。他们所建立的历史功绩是“天地赖以常运而不息，人纪赖以接续而不坠”②的力量。这种“大功大德”足以与汤、武事业相匹配，其心亦可以上接夏、商、周三代。

尊王贱霸之观点，发轫于孟子，而为理学所膨胀。朱熹将王道和霸道截然对立。陈亮则认为王道与霸道决不是对立的，而是相互统一的。霸道“固本于王”，而王道中也夹杂着霸道。以三代为例，一方面以王道之治，另一方面也有角智斗力的征伐和谋夺帝位，这就是霸道。他说：“汤放桀于南巢而为商，武王征纣取之而为周。”如果不使用征伐，就无法驱逐桀、纣这样的暴君，也就没有后来被理学家啧啧而赞的汤、武王道。因此王道需要霸道为自己开辟道路，由此，陈亮响亮地提出了“王霸并用”的观点。

理学历来认为义利尖锐对立、理欲不能并存。陈亮不同

---

① 《陈亮集·又甲辰秋书》。

② 同上，《又乙春书》之一。

意这一观点。他认为义利是相辅相成的。“义”要通过“利”来体现。没有生民之利，义就无法实现。所以利也就是义。他指出所谓义利对立乃是后代儒家之陋见。而在三代，圣王们并不讳言功利。“禹无功，何以成六府？乾无利，何以具四德？”[①]三代圣王不作功业，怎么能成就天地万物？不计功利，哪来的仁义？因此正确的说法是“义利双行”。同样“理”与“欲”也不是水火不容的。“天理人欲可以并行。”[②]只要是人，总是有一定物质欲望的，即使是三代圣王，也有着和常人一样的利欲之心。所谓“三代以前都无义欲，都无要富贵”的说法是不可信的。这是经过孔子美化而虚构出来的人物，决非历史上真实存在过的人物。“才有人心，便有许多不净洁。”[③]这实际上是说三代圣王和普通人一样，其内心亦有“许多不净洁”之处。陈亮这一议论惊世骇俗。它取消了圣凡之界，打破了虚构的神圣偶像。

陈亮和朱熹的争论，终于归结于理想人格的分歧。朱熹要陈亮放弃“义利双行”、“王霸并用”之说，而以“醇儒”自期。陈亮对此却不感兴趣。他认为理学家所说的“醇儒”，其实不过是一群“风痺不知痛痒之人”。这些人除了空谈性命义理，“相蒙相欺”外，其余一无所知。陈亮的理想人物是堂堂正正的具有“推倒一世之智勇，开拓万古之心胸”，能够建功立业的英雄豪杰。

陈亮的这些反理学思想的提出，震动了当时的思想界，无论是对理学中人还是反理学者来说，都从中得到了某些启

---

① 《龙川学案》。

② 《陈亮集·复朱元晦书》。

③ 同上，《又乙巳秋书》。

迪。它既推动了反理学思潮的进一步发展,也逼得理学作某些方面的理论修正。

吕祖谦没有直接参加这场义利、王霸之争。不过他也受到了一定程度的影响,间接地发表过一些看法。对陈亮公开倡言"义利双行"、"王霸并用"提出了委婉之批评。但是他又不同意朱熹关于"三代专以天理行,汉唐专以人欲行"的观点,以其丰富的历史知识为陈亮反驳朱熹此说提供过不少佐证,因而其态度实依违于朱、陈之间。

在反理学的行列中,与陈亮并肩而立的是永嘉学派的后起之秀叶适。

和陈亮一样,叶适为学亦具有"务实不务虚"的特点。清人黄宗羲指出:"永嘉之学,教人就事上理会,步步着实。言之必使可行,是以开物成务。"[1]黄氏这一评论概括了叶适的思想特点。叶适极力反对空谈脱离事功的义理,坚持认为义理如不同事功结合起来,乃无用之虚语。他说:"仁者正谊不谋利,明道不计功,此语初看极好,细看全疏阔。……行仲舒之论,既无功利,则无用之虚语尔。"[2]公开树起了功利主义的旗帜。

和陈亮稍有区别的是,叶适反理学的侧重点不是在义利王霸之辨上,而是集中反映于本体论中。在"道"与"物"的关系问题上,表明了与理学迥然不同的观点。

世界的本原是什么?理学家规定精神性的"理"("道")为宇宙最高的范畴。与此相反,叶适提出了"一气"本原说。他以先秦唯物主义的阴阳五行说为自己学说的出发点,认为自

① 《宋元学案·艮斋学案》。

② 《习学记言》卷3。

然界就是五行、八卦代表的各种物质组成的。他说："五行之物，遍满天下，触之必应，求之必得。"[①]又说："按卦所象惟八物，推八物之义为乾、坤、艮、巽、坎、离、震、兑。"[②]作为具体的物质形态，五行八卦又是从哪里来的呢？叶适解释说：它们是"一气"的"流行变化，不常其所"的表现形式，受"一气之所役"。其程序是：气的运动变化产生了五行八卦，五行八卦又最后统一于气。气和五行八卦相互转化，它们本身没有开始，"不知其所由来者也"，不能说另外还有什么东西产生了气和五行八卦。叶适指出理学家一定要以什么"太极"、"无极"之类的东西作为五行八卦的起源，只能是"自相蔽蒙"，引起混乱。

在道和物的关系上，理学家认为"理先气后"，天地万物都有生有灭，唯有道才是永恒的绝对的实体。道超越一切事物而存在。叶适则认为道与物是不可分的。道不可能离开具体事物而单独存在。有物才有道。"物之所存，道则在焉。"在叶适这里，道不再是先于天地而存在的造物主，而是事物内部的规律。"道虽广大，理备事先，而终归于物，不使散流。"[③]它的作用总是要通过一定事物表现出来的。"其道在于器数，其通变在于事物……无验于事者，其言不合，无考于器者，其道不化。"这也就是说事物是道赖以存在的基础，这就从根本上动摇了理学体系的基础，它标志着反理学思潮亦趋向成熟。

在对南宋淳熙时期的学术思潮进行简单的历史回顾以

---

① 《习学记言》卷9。

② 同上。

③ 同上卷47。

后，我们认为这是一个思想活跃，人才荟萃的时代。而吕祖谦对各家学说所采取的方针是兼容并包，“委曲拥护”。因此，“吕学”较之“朱学”、“陆学”以及其他功利学派，虽然显得驳杂不纯，但其容量却是首屈一指的。其中储存了当世各种思潮的信息。对吕祖谦思想进行了一番评说的意义，不仅是为了不使这个别具一格的理学学派湮没无闻，尤其重要的是因为“吕学”比较全面地反映了南宋的社会思潮，通过为其评传的过程，即能弄清当时各学派的基本脉胳及其之间纵横捭阖的关系。

第三章 经济思想

经济是政治的基础。社会的安定，政权的巩固，都必须以经济的繁荣为前提。经济萧条，百业凋零，则难免不出乱子。吕祖谦的经济思想由此提出。

南宋时期，社会生产有所发展。当时全国最富庶的几个地区如江、淮、湖、广诸路都在南宋境内，但是南宋土地比北宋减少了将近一半，直接统辖的人口也随之流失。因此维持封建国家机器正常运转和统治集团奢侈挥霍的费用，加倍地落到南宋境内人民肩上。吕祖谦四岁这年，南宋和金政权订立了绍兴和约，规定宋每年贡纳白银、丝绢各二十五万。这笔巨大的财政开支自然要百姓承担。赵宋政权开国之初，就刮起了土地兼并之风。随着宋室南迁，大批显宦达官也从中原迁至南方。其他什么财产都可随身携带，唯有土地不能搬来。这些人在南宋本无一寸之地，然而在最高统治者的包庇纵容下，利用封建特权巧夺豪取，南方人民赖以生存的小块土地纷纷转到他们的名下。土地兼并之风愈演愈烈。失去土地的人们流离失所，填沟塞壑，饿莩荒郊。在南宋封建统治集团超负荷的经济盘剥下，“民力凋残”，社会经济很不景气。“嗷嗷之声，比比皆是，民心散叛，不绝如丝。”①

为了生存，饥寒交迫的农民揭竿而起，奋起抗税。吕祖谦出生的前几年（建炎四年）钟相、杨么率众起义，发出了“等贵贱、均贫富”的呐喊。规定凡参加起义军的农民，一律免除税赋差科。这对于在封建统治重压下透不过气的贫苦百姓，无疑具有巨大之吸引力。人们“翕然而往”，“络绎道途，莫知其数”。起义军一时声势磅礴，极大地震摄了南宋封建政权。吕祖谦生活的中后期，还是因为苛捐杂税，乾道五年（1169 年），爆发了李金起义，淳熙六年又爆发了陈峒、李楫起义。尽管这些农民起义最后被残酷地镇压了下去，但是其影响却是不能立即予以磨灭的。这，不能不引起封建地主阶级内部一些有识之士的忧虑和思考。吕祖谦的经济思想就是这类反思的结果。它包括两方面的内容：一方面要求劳动群众心甘情愿地供养封建统治阶级，无条件地承担赋税徭役，宣称这是“天理”规定，任何人不得有所违背，暴露了其封建地主阶级的基本立场。另一方面要求封建统治集团克服自身过分的骄奢淫逸，对百姓不可竭泽而渔，必须“取民有制”，减轻日趋繁重的赋税，创造些有利于休养生息的社会环境，以利社会生产的发展，流露了对劳动群众悲惨境遇的同情。这两方面的要求归结于一点，即旨在消弭农民起义的经济原因，使封建统治避免遭受农民阶级的武器批判。

---

①《建炎以来系年要录》卷 41，《绍兴元年正月癸亥韩璜奏疏》。

第一节 “取民有制”的赋税论

在封建社会中，社会物质生产的重担始终落在以农民阶级为主干的劳动群众肩上。整个社会所需求的物质生活资料要靠他们的辛勤劳动而提供。对于封建统治阶级来说，劳动群众既是其欺压凌辱的对象，更是他们的衣食父母。没有广大劳动群众永无休止的耕耘纺织，源源不断地被迫贡献自己的劳动果实，非但封建统治阶级政权难以为继，即使他们起码的日常生活都无着落，又遑论其他。因此，只有农民阶级才是封建社会赖以生存、发展的最坚固的基础。

关于这个问题，早在吕祖谦以前，已有人论及。孟子说：“无君子莫治野人，无野人莫养君子。”①依据“劳心”与“劳力”的社会分工，孟子将社会成员分为“君子”(封建统治阶级)与“野人”(劳动群众)两大部分。认为“野人”必须要有“君子”的统治，“君子”则需要“野人”的供养。说“无君子莫治野人”，这是封建地主阶级的自我夸诞，不能苛同；但“无野人莫养君子”之说却是大实话，因为它承认了封建地主阶级依赖劳动群众养活的事实。唐朝韩愈在《原道》一文中更为明确地指出：“君者出令者也；臣者行君之令而致之民者也；民者出粟米麻丝、作器皿、通货财、以事其上者。”认为君、臣、民三者各司其职，社会即能和谐安定，这就是“义”。如果“君不出令，则失其所以为君”，应该加以改正。而“民不出粟米麻丝、作器皿、通货财以事其上”，则必须进行严厉之惩罚。

① 《孟子·滕文公上》。

虽然韩愈将这种压迫和被压迫、剥削和被剥削的关系，美化为大义所在，但终于掩盖不了其中透露出来的血腥味。其所铺陈的仍是孟子“无君子莫治野人，无野人莫养君子”的命题。

孟、韩等人的这些观点，对吕祖谦产生了非常深刻的影响。他认为“圣人”与“万民”二者互相依存，谁也离不开谁。上天赋予“圣人”以教化和统治“万民”的责任与道德，“圣人德与天地合，故养贤以及万民”①。这里的“养”，有二层涵义：一、重用；二、统治。就是说圣人之德巍然高耸，足与天地相配匹，圣人藉此重用贤者而达到统治万民的目的。十分明显，吕祖谦这一说法乃是“无君子莫治野人”的老调重弹。

但是不管是谁，总不能吸风饮露，不食人间烟火。即使是圣人也要吃饭穿衣。粮食和布帛是不会平白无故地产生出来的，只能通过“万民”之耕耘纺织方可获得。“圣人”要“养贤以及万民”，首先则需要“万民”及时向其贡奉“食”“帛”才行。

> 小人之情惟利是嗜，既衣其帛，何恤乎不蚕之名？既食其粟，何恤乎不农之名？……天下之所以有侥幸而得帛者，以蚕妇阴为之织也；天下之所以有侥幸而得粟者，以农夫阴为之耕也。如使天下尽厌耕织，焚其机、斧其耒，则虽有巧术，何从而取粟帛？皆将冻于冬而馁于途矣。②

---

① 《文集》卷13《易说·颐》。

② 《东莱博议》卷3《宋人围曹》。

整个社会能够免于“冻于冬而馁于途”，主要是由于蚕妇的纺纱织帛和农夫的耕耘力穑。耕与织决不是一件轻松之事，其艰辛无比。“圣人”与“君子”们应该体恤蚕妇和农民才是，而不能像那些“惟利是嗜”的小人，“衣其帛”、“食其粟”而不“恤其劳”。唯有这样才能避免使蚕妇、农夫“尽厌耕织”，出现“焚其机、斧其耒”的局面，保证统治阶级所需要的“粟”、“帛”取之有源。吕祖谦的这一观点应视为是对“无小人莫养君子”古训的具体发挥。

基于这种认识，吕祖谦指出统治阶级只有珍惜劳动群众的辛勤劳动，才能换取他们的“甘心奉养”。

> 民之服田力穑，岂不其劳？君若以为宝，民则以为好。谓其甘心代人君之力而奉养也。①

封建地主阶级与农民阶级始终是两大对立的阶级。无论在什么时代，“民”都不会“甘心”奉养“君”的，这似无疑义。故而吕祖谦此说有涉抹煞两大阶级对立之嫌，尽管他本人并没有认识到这一点。但是在一定的历史条件下，只要封建统治阶级多少给民众留一点生路，农民阶级还是能够容忍他们对自己大部分劳动果实的掠夺，自觉地担负起维持全社会物质生活之重担的。

由此，吕祖谦提出了“取民有制”的思想。他说：

> 损之卦，损下益上故为损。盖上虽受其益，

---

① 《文集》卷15《诗说拾遗》。

殊不知既损下，则上亦损矣。然其下为兑。兑，悦也。……是下乐输以奉上，人君固可以安受之，何名为损乎？盖损下益上，人君之失也。乐输于上，人臣之义也。两者自不相妨。……凡上有取于民皆为之损，合上下二体而观之，下当乐输而不怨，上当取于民有制，不可无所止也。①

吕祖谦一向认为向封建国家缴纳赋税是“民”之不可逃避的责任。督促“民”按时缴纳赋税则是每个地方官吏的职责。“财赋当催者，恐当加意督趣，令整办。”②千万不可听其“驰纵”。“下”（“民”）只有诚心悦服地向封建统治阶级缴纳赋税，以自己的血汗养活封建统治者，这才符合“人臣之义”。凡是“下乐输而奉上”的，“人君”（包括整个封建统治集团）均可以心安理得地享用。因为这也是“义”。但是“上”接受“民输”过程中，要有一定的分寸，有所节制（“止”）。假如无止境地强迫“民输”，重敛不已，超出民众最大负荷的限度，这就变为“人君之失”了。吕祖谦又说：“损下益上为损，损上益下为益。”③这里所指的“损上”，当然不是要损害封建统治阶级的根本利益，而是损去一些过度的骄佚奢侈，变横征暴敛为薄赋轻徭。这固然客观上减轻了人民的负担，但主要还是为了封建政权的长治久安。“益下”，当然也不是专为劳动群众着想，而是为封建政权的稳定保存一点民力。说到底这种“损上益下”不过是养鸡生蛋，饲牛挤奶。因为竭泽而渔，掏空自己

① 《文集》卷14《易说·损益》。
② 同上卷5《与张运使宗尹》。
③ 《文集》卷14《易说·损益》。

统治的物质基础,只能带来财政枯竭,从而最终危及封建统治本身,因而"损下"归根结蒂是"损上",这才是真正的"损"。

吕祖谦曾激烈地批判过唐朝中期开始推行的"两税法"。他这样说:

> 杨炎变租庸调为两税,只取一时之便,不知变坏古法最不可者。租庸调略有三代之意。至杨炎时只为暴赋横敛名色之多,皆在租庸调之外,故炎都并来均作二税。二税之外不许诛求一钱,他却不知如何保得后来不诛求。且如租庸调之法尚在,自是无害于民,外有暴赋横敛,只为军兴窘急及暴君污吏所为。使有贤君、使无军兴,则此等自可罢去。……大凡治财,最不可坏旧法,最不可并省名目。名目既省,则后来复置容易矣。孟子言粟米之征便是租,布缕之征便是调,力役之征便是庸,此三件自来源流如此,但古者或缓其二,或缓其一,至唐太宗都征了。①

租庸调是唐初赋税的主要形式。唐朝中期(780年)宰相杨炎鉴于当时租庸调早已名存实亡,建议:"先计州县每年所应费用及上供之数,而赋于人;量出而制入,户无主、客,以见(现)居为簿,人无丁中,以贫富为差。"②唐政权采纳了这一意见,推行两税法。两税法的中心内容是根据每户财产的众寡、田亩的多少,分夏秋两次向国家缴纳赋税。两税法

① 《文集》卷20《杂说》。
② 《通鉴》卷226。

的推行，使土地私有制的性质得到了进一步的稳定和加强，这是中国封建社会生产关系的重大变革。从这个意义上说，两税法的出现乃历史发展的必然。吕祖谦不懂得这个道理，指责它“变坏古法”，为“最不可者”。认为唐朝中期“暴赋横敛名色之多”，主要是因为“军兴窘急及暴君污吏所为”，并不是租庸调赋税法本身不好。“使有贤君，使无军兴”，自然“无害于民”。而两税法表面上“并省”了“名目”，但实际上为后来封建政权、暴君污吏巧立名目，征收赋税开了方便之门。由此看来，吕祖谦反对两税法的主要动机仍是着眼于“取民有制”，实行薄赋轻徭，减轻劳动群众负担。

要作一点说明的是，无论是“取民有制”，还是“损上益下”，都不是吕祖谦首创的。这是大多数较有远见的封建思想家在赋税问题上的一贯见解。远的且不论，近如北宋程颐就曾详细论述了这一问题。他说：“譬诸垒土，损于上以培厚其基本，则上下安固矣，岂非益乎？取于下以增上之高，则危坠至矣，岂非损乎？故损者损下益上之义，益则反是。”①“下者，上之本，未有其本固而能剥者也。……为人上者，知理之如是，则安养人民，以厚其本，乃所以安其居也。”②显而易见，吕祖谦对这个问题的看法承袭程颐。但这并不意味着吕祖谦在这里只是重复其前辈的观点，恰恰相反，它有着强烈的现实内容，具有针砭时弊的积极意义。

南宋时期，由于封建统治集团既要满足自己的穷侈极奢，又要不断地向金政权贡奉大批财物，以换取儿皇帝地位的安稳，故对境内广大人民实行敲骨榨髓。苛捐杂税，名目繁多，

---

① 《周易程氏传·损》。

② 同上。

必欲将劳动人民的血汗吮吸殆尽而后止。“万室连甍，剽夺时鸣于桴鼓；千艘衔尾，转输日困于舳舻。”①南宋境内“民力凋残”，经济萧条，整个社会满目疮痍。“垣墙颓仆，庐舍倾摧，资用散失，生计萧然。”②“涧曲岭隈，浅畦狭陇，苗稼疏薄，殆如牛毛。”③平民百姓更是终年挣扎在饥寒交迫的泥潭之中。“细民崎岖，力耕劳瘁，虽遇丰稔，犹不足食。”④至于凶荒之年，其境遇之悲惨，可以想见。“深山穷谷至有年三十余，颜状老苍。”生命之源过早地枯竭了。“至贫之民，纳至重之赋”，所造成的社会后果是极为严重的。

> 尪瘠困迫，无所从出。……官吏明知其害，迫于上司督责之严，汗颜落笔，蹙额用刑，笞棰缧系，殆无虚日，愁叹之声，闾里相接。强悍者穷塞无聊，散为攘窃。⑤

在这里，吕祖谦勾画了一幅令人毛骨悚然的社会画面。民脂民膏已被搜括殆尽，官府还要不断地以严刑黑狱为手段催逼，“凋瘵之民，其何以堪？”⑥“斯民颠顿愁悴，父子不能相保。”⑦

---

① 《文集》卷1《代仓部知吉州谢表》。
② 同上，《为张严州作乞免丁钱奏状》。
③ 同上。
④ 同上。
⑤ 同上。
⑥⑦ 同上。

> 一岁之间，婴孺夭阏，不知其几，小民虽愚，岂无父子之爱？徒以阨以重赋，忍灭天性，亲相贼杀，伤动和气，悖逆人理，莫斯为甚。①

处于水火倒悬之中的人民，为了生存，被迫揭竿而起，走上了反抗的道路。面对这种情况，吕祖谦痛切地感到封建统治集团过于“无道”，已给其自身统治造成了很大威胁。他认为“民”本无“贪乱之心”，但是统治者一味地放纵骄佚而无所顾忌，“取民无所止”，使他们陷于“无处可逃”、“荼毒而死”的绝境，这时“民”只好“不爱其身”，冲破封建主义的羁绊，铤而走险，点燃起反抗封建统治阶级的熊熊烈火。如南宋初期的钟相、杨么农民起义就是最明显不过的例证，从而构成封建统治集团的“倾覆之患”②。

必须阻止这种局面的继续发展。吕祖谦提出了“与民安息”的对策。“大凡患难之极，必须解散。”③何为“解散”？吕祖谦有一个补充说明：

> 用广大平易之道，与民安息。如是，则可以得民之心，而民归附矣。④

与民“安息”，也就是努力创造一个与民休养生息的社会环境。要做到这一点，其前提是：“取民有制”，革除一些民众不堪

① 《文集》卷1《为张严州作乞免丁钱奏状》。

② 《文集》卷15《诗说拾遗》。

③④ 《文集》卷14《易说·解》。

忍受的“至重之赋”，苛严之税。民众有了一丝生路，就会停止对封建统治的反抗，从而白炽化的阶级矛盾亦可得到缓冲，封建统治就会避免“倾覆之患”。

统治阶级的奢侈是重赋苛税之根源。要废除重赋苛税，统治阶级则必须克服自身的奢侈。从这一认识出发，吕祖谦力倡“广取不如俭用”的思想。他认为与其千方百计地榨取民众之血汗，倒不如适当地减少些开支，实行“俭用”之方针。他指出：“大抵朴素简约，即兴之渐；奢侈靡丽，即衰之渐，天下国家皆然。”[①]吕祖谦这个说法不仅是对以往历代封建政权兴衰史的洗练概括，而且具有内在逻辑联系。因为统治集团“朴素简约”，耗费不多，所需有限，加在民众身上的负担就随之减轻。民力厚实了，国家也会相应地富强兴旺。相反，统治阶级一味地“奢侈靡丽”，挥霍无度，入不敷出，这就不可避免地要向人民拼命勒索。民力一凋零，社会生产力遭到破坏，阶级矛盾趋向激化，国家衰亡就成为了必然。

丰稔之年，统治阶级向民众多征集一些赋税，也许矛盾并不突出。但是在“札瘥凶荒”之际，则务必要“薄征”、“散利”，方能安然无恙。吕祖谦在对《周礼》十二政的诠释中，比较系统地阐明了在这个问题上的一系列观点。

> 荒政十有二……一曰散利，二曰薄征，此两者荒政之始，散利是发公财之已藏者，薄征是减民租之未输者，已藏者既散之，未输者又薄之，荒政之大纲既举矣。[②]

---

① 《文集》卷19《史说》。

② 《文集》卷16《周礼说》。

"札瘥凶荒，民皆转徙而之四方"，要使他们安定下来，就得开放国库，赈荒济贫，这就叫做"散利"。赈荒济贫最主要的物质是粮食和衣帛，而非作为流通手段的"钱"。因为"钱本助粟帛以通济有无耳，不是全仰他。救之本莫若力农，钱非所急也。"[1]吕祖谦认为赈荒有时"资钱"，其目的也是为了以此"致粟于他郡"，"民不告病"。如果无粟可致，"钱"就是无用之物。为了保证赈荒有充裕的粮源、帛源，平时就得注意"力农"，发展农业生产，将多余的粟、帛储藏起来。"古之为国者，于要塞都会之处，必贮谷粟"[2]，以备急时之需。"薄征"即减免农民无力缴纳的赋税，如其不然，将会断送民众生路，激成他变。

十二荒政中，除了上述的两条大纲外，还有十目。它们是：

> 三曰缓刑，四曰弛力。缓刑谓民迫于饥寒，不幸而有过失，缓其刑辟，以示哀矜之意；弛力者，平时用民之力，岁不过三日，今则常用者，亦弛之不用；所以休息百姓。五曰舍禁。平时所谓山虞林衡，皆有所掌，至荒岁则撤去藩篱，恣民取之。六曰去几。平时关防皆有几察，荒岁必要百货流通，使天下商旅出于其市，此求荒之要术。七曰省礼。此则专理会荒政，凡礼文之可省者省之，如有币无牲之类。八曰杀哀，凡是丧纪之节，一皆减损，所谓不以死伤生，专理会荒政。九曰蕃乐，时和岁

① 《文集》卷20《杂说》。
② 同上。

> 丰，所以与民共乐，乐民之乐，亦忧民之忧，所以荒岁不乐。十曰多昏。凶荒之年，多是匹夫匹妇不能自保，所以杀礼而多昏，使男女自相保之义。十有一曰索鬼神，靡神不举，并走群望之类是也。十有二曰除盗贼。……既与民共忧，不幸民有过，固可哀矜。至于奸人亦有伺变窃发者，凶荒之岁，民心易动，一夫叫呼，万夫皆集，所以必除盗贼终之。①

凶荒之年，“迫于饥寒”的平民百姓常常有越轨之举，犯有“过失”，对于他们的处理不能像平常一样严厉，要相对宽容些，以示“哀矜之意”。以往要征的徭役也要“弛而不用”，以便他们自谋生计。开放山林之禁，听凭百姓取山林之出产，养家活口。撤除关卡，少征关税，促进“百货流通”，互通有无。这四条“救荒之要求”，其基本精神是与“取民有利”思想相一致的。除此之外，更应贯彻“俭用”原则。对于那些耗费财力、物力和人力的虚文缛节，能省去的尽量省去。例如不要牺牲以祭天地，牲口不仅是恢复生产的工具，而且必要时亦可充人食。“丧纪之节”，大力“减损”，不要搞“以死伤生”之类的蠢事。今天看来，吕祖谦这一观点似无特别之意义。然而在“送死，天下之至重”思想弥漫，“以死伤生”被视为天经地义的时代，它的意义就非同一般了，包含了积极健康的人道主义因素。太平丰岁，统治者与民同乐；而此时则要与民同忧。平民百姓衣食无着、忧患愁苦，统治者是不能独享其乐的，

---

① 《文集》卷16《周礼说》。

而必须忧民之忧，和民众一起共度凶荒。对于那些孤苦的鳏夫寡妇更要“哀矜”，不要用一般的礼节去约束他们，让他们较为自由地成昏（婚），组成新的家庭，也可相互扶助帮衬。鬼神活动是要靡费钱财的，此时也应少举甚至“不举”。

一般说来，凶荒之岁，民众犯有过失，应不予追究。但是对于那些“伺变窃发”的“奸人”、“盗贼”则另当别论。他们不是犯有一般的过失，而是想趁机推翻封建政权。对他们必须坚决镇压，务必“除之”殆尽。这是因为在这非常时机，人们生活无望，人心最容易动摇思变。往往是“一夫叫呼”，万夫响应，形成燎原之势，稍不留神，就会造成“倾覆之患”。因此只有把那些敢于发难的“奸人”、“盗贼”斩尽杀绝，领头羊没有了，动乱之源即被杜塞，天下方保无虞。

这十二条荒政之诠释，虽然其中掺杂不少有价值的见解，但毕竟掩盖不了他对反抗封建主义的革命群众仇恨的情绪。

吕祖谦不仅提出了“取民有制”与“广取不如俭用”的理论，而且力求使之在社会生活中得到实施。张栻在出任严州太守期间，以“简省宴会，裁减用度”方法，实行部分减轻赋税。对此，吕祖谦表示充分肯定，认为这是“极难得也”①。他本人在严州当学官时，目睹封建统治者强加于严州人民头上的丁盐钱绢所造成的社会恶果，毅然接受张栻的要求，以严州太守的名义上书南宋朝廷，请求朝廷免去丁盐钱绢的数额，减轻人民的负担，让老百姓有一个“息肩之日”。他说：

① 《文集》卷5书《与学者及诸弟》。

> 严之为郡，地瘠人多，丁盐钱绢数额繁重，民不聊生，此赋不除，永无息肩之日。……丁盐钱绢为民大害。①

吕祖谦坚持认为减免严州丁盐钱绢不是一件“细事”，而是关系到能否使“一方民力甚宽”的问题。其实即使减免了严州的丁盐钱绢，也未必能使“民力甚宽”，但是减免一点，总要比一点也不减免要好，这也是必须承认的。吕祖谦的伯祖吕本中出仕期间，对自己提出了这样的要求：“当官处事，常思有以及人。如科率之行，既不能免，便就其间求所以使民省力。不使重为民患，其益多矣。”②受此影响，吕祖谦在给周子充的信中，也表达了如下的志向：

> 但得庙堂之上，主张元气，俾得与鳏寡废疾者，俱安于蓬荜之下，志愿毕矣。③
>
> 使四方无虞，鳏寡废疾者得自佚衡茅之下，其必有自矣。④

吕祖谦这一留意民间疾苦的胸襟，可与北宋名臣范仲淹在其名作《岳阳楼记》中提出的“居庙堂之高则忧其民，处江湖之远则忧其君”的志怀相媲美，具有很强的历史进步性，这也是吕祖谦提出“取民有制”的思想基础。

在此同时，吕祖谦对一些相知友好也多次提出关心人民

① 《文集》卷1《为张严州作乞免丁钱奏状》。

② 《文集》卷10《舍人官箴》。

③④ 《文集》卷4《与周丞相》。

疾苦，为民众做点好事的要求。朱熹在知南康期间，心情很不愉快，多次想辞职不干。吕祖谦写信勉励他说：

> 耐烦忍垢，拊摩疲民……使一方之民，小小休息亦不为无补也。①

当南康发生灾情，吕祖谦极为关心，主动写信给朝廷中的权臣，希望能适当减轻南康赋税，留给平民百姓一丝生路。汪应辰入川主事，吕祖谦亦对他提及了“填拊一方之民”的要求，希望他努力创造一个与民休生养息的社会小环境来。

无庸置疑，作为封建官员，无论是吕祖谦，还是他的一些至交好友，既然要维护封建统治，就不可能真正做到“拊摩疲民”。然而他坚持“取民有制”，力求使“鳏寡废疾者，俱安于蓬荜之下”，这还是受到饱经忧患、不堪封建地主阶级经济剥削的贫困劳苦大众欢迎的。

还必须说明，吕祖谦之所以力主“取民有制”，“拊摩疲民”，更主要的原因在于：他从历代封建王朝的兴亡之中，敏锐地觉察到了人民群众中蕴藏着足以摧毁任何封建统治的伟大力量。他说：

> 秦弱百姓而备匈奴，岂非惧匈奴之势强，而谓百姓何能为乎？然亡秦者非匈奴也。……隋炀帝以盗贼何能为而不戒，故卒亡于盗贼。……人君必谓民怨何能为？故敢暴虐，必谓财匮何能为，故敢淫

① 《文集》卷44《与朱元晦》。

> 侈。……何能为者，万恶之所从生也。[①]

秦朝封建统治者看不起老百姓，而疏于防范。因为惧怕匈奴的势力强大，而时刻戒备匈奴的进犯，还专门征集全国民佚修筑防御匈奴的长城，但是最后亡秦者不是秦一直惧怕不已的匈奴，而是一向视为草芥的老百姓。隋炀帝轻视“盗贼”即反抗的农民，而不小心提防，结果推翻隋朝的最根本的力量乃是农民起义军。历史上那些昏君庸主之所以敢肆无忌惮地暴虐百姓，恐怕是因为在他们眼中，老百姓的怨声载道又有什么大不了的呢？他们之所以敢于荒淫奢侈而不加以任何收敛，其原因就是他们认为国家财政匮乏、百姓生活无着落也没有什么大不了的。这是很危险的认识，谁要是有这种想法，到头来必然要受到历史的惩罚。他进一步指出：

> 六五，以柔顺文明之才，居君之位，自可怡然燕处，然位虽高而理实危。水能载舟，亦能覆舟，苟恃其尊，则必底于败。故曰抚我则后，虐我则仇。惟《离》之六五，能泣涕戚嗟，而不敢安。若《书》谓“予临兆民”，凛乎若朽索之驭六马，所以致吉。[②]

君主的地位至尊至贵，无人能与之相比。但要想保住自己的宝座，则必须“柔顺文明”，善待其臣民。只有得到民众的拥戴，才能“怡然燕处”。假如君主“恃其尊”，肆意与民为敌，以虐民为能事，总有一天，民众将会将其皇冠打落在地。吕

① 《东莱博议》卷1《郑伯侵陈》。
② 《文集》卷13《易说·离》。

祖谦的结论是：

> 盖国之根本，全在小民。其兴其亡，不在大族，不在诸侯，不在奸雄、盗贼，止在小民之身。①

不难看出，吕祖谦的这一见解无疑是相当深刻的。这里需要说明的是自从荀子第一次将君民关系比喻为舟与水以来，后世不少有识之士均以为是警世之言，多次引证。而吕祖谦在此重复这一理论，其目的是希望南宋封建最高统治者克服自己的骄佚奢侈，"取民有制"，处理好与老百姓的关系，而避免遭到劳动群众的更为激烈的反抗。

由此，我们认为吕祖谦"取民有制"之理论及实施，虽然客观上有与民休养生息之因素，但主要是着眼于封建统治的长远利益。

第二节　"均田"论

土地兼并问题，一直是中国封建社会中后期的顽症。宋代土地兼并现象尤为炽烈。早在北宋开国之初，宋太祖赵匡胤就以经济上的让步，换取官僚豪绅对其政权的拥戴。他公开鼓励他们广置产业，择良田沃土而买之。同时，经常向有功的文臣武将"赐田"。尽管到后来已无官田可赐，但皇帝的"赐目"仍然频繁下颁，结果导致官僚地主"豪夺占据，桀黠者妄指官之籍没、民之户绝者以为献，借势陵轹州县"②。出

---

① 《东莱书说·召诰》。

② 《攻媿集》卷 88。

现了“富者有弥望之田，贫者无卓锥之地；有力者无田可种，有田者无力可耕”的局面。[①] 南宋土地兼并之风较之北宋更盛。这里有两方面的原因：

一、宋室南迁，皇室在南方原无土地，大批从北方迁移南方的高级官僚和将领亦无寸土。他们凭借手中的政治特权大肆掠夺土地，精心经营产业。以南宋初期抗金名将岳飞为例，在其被害后，朝廷没收其家产，共有水田七百多亩，陆地一千一百多亩。他还是当时诸大将中占地最少的一个，其他官僚将领的情况可以想见。

二、原来就在南方居住的官僚豪绅纷纷效尤，竞相兼并。南宋初年政治极为紊乱，各州县的土地账簿都在战争中散失，这就为他们串通“乡村保正司乡，通同作弊”[②]，霸占别人土地造成机会。吕祖谦的时代，竟有“大抵田亩皆归官户”[③]之说，连绍兴偌大之鉴湖，亦被“奸民豪族公侵强据”[④]。

大批农民失去了土地，弄得“无田可种”，而“官户”占领了大量的丰腴之田又“无力可耕”，致使“膏腴之地”“遂成荒田”。社会生产力出现了衰退之势。这，不仅陷民于荼毒之地，而且也直接影响到了封建国家的财政收入。情况确实严重，人们为之深深忧虑。其中不少有识之士为了克服这一顽症提出了种种设想。如朱熹就曾建议恢复井田经界，以制止土地兼并。他说：

---

① 《续资治通鉴长编》卷 27。

② 《宋会要辑稿 · 食货 · 官田杂录》。

③ 同上。

④ 王十朋：《梅溪文集后集》卷 26《鉴湖说》上。

> 井地，即井田也。经界，谓治地分田，经画其沟涂封植之界也。此法不修，则田无定分，而豪强得以兼并，故井田有不均；赋无定法而贪暴得以多取，故谷禄有不平。此欲行仁政者之所以必从此始，而暴君污吏则必欲熳而废之。有以正之，则分田田制禄，可不劳而定矣。①

在朱熹看来要行仁政，就必须从恢复井田经界做起。他为此事专门写信与吕祖谦商议。对朱熹反对兼并土地的观点，吕祖谦完全赞成。他说：

> 向见论治道书尺，其间如欲仿井田之意，而科条州郡财赋之类，窃谓此固为治之具。②

“论治道书尺”，即指朱熹那封关于恢复井田经界设想的信。吕祖谦认为朱熹的主观动机是值得肯定的，“此固为治之具”。但是他不同意朱熹关于恢复井田经界的具体方案。因为早在西汉末年，王莽为解决土地兼并而推行井田制度，就落得身败名裂的下场。这个历史教训，吕祖谦是不会陌生的。他指出，一千多年以前王莽贸然行井田而陷入绝境，在过了一千多年以后的今天，如果还是原封不动地照搬井田制，这显然是“惟知旧俗之是怀”，而不“达于事变”，其后果是大为不妙的。

> 常人之情，以谓今之事皆不如古，怀其旧俗，

---

① 《孟子集注·滕文公上》。

② 《文集》卷4《与朱元晦》。

> 而不达于消息盈虚之理，此所谓不达于事变者也。达于事变则得时措之宜，方可怀其旧俗，若惟知旧俗之是怀而不达于事变，则是王莽行井田之类也。①

吕祖谦的这番话虽然不是直接对朱熹说的，但仍可看作是对朱熹不顾变化的现实，照搬照抄井田经界方案的简单做法的否定。他几经参订审合，提出了所谓“得时措之宜”、“达于事变”的均田设想。

> 土均掌其禁令。……有总大法操体统者，又有斟酌损益，弥缝其间者，两者交相济，然后大纲举而万目不遗。所谓地土之政，载在大司徒、小司徒，如以土会之法辨五地之物，施十二教并牧其田野，此是总大法操体统者，乃是大为之防。然一乡之间，其土又有肥瘠厚薄，无缘事为之制，曲为之防，须设官斟酌弥缝于其间，此土均之法所以设也。土均，所均之土地，非在大司徒、小司徒之外，即是大司徒所掌之土，而斟酌损益之。若论大纲，土地，司徒已自平之，正缘其间有曲折厚薄肥瘠不同。土均之职，其位下，可以出入阡陌，周旋井里，随乡土均之。盖虽说山林，然山林之中又有高下，虽说川泽，川泽之中又有高下，惟是土均周旋阡陌，然后能均，所谓以均地守者，是分民授土，各守其地，

① 《文集》卷15《诗说拾遗》。

以均地事者，是各任其事，以均地贡者。①

这是一幅不太清晰但大致轮廓还可看清的托古改制蓝图。他设想由大、小司徒“总大法、操体统”，掌管“均土”的总原则。下设专门的“均土之职”，这些人可以随时随地“出入阡陌，周旋井里”，考察土地的“厚薄肥瘠”，山林的“高下”、川泽的“曲折”。然后视不同情况而“分民授土”，然后责令农夫“各守其地”、“各任其事”。农民有了安身立命之地，耕耘不息，国家的财政收入就会源源不断而不致于匮乏。吕祖谦提出“分民授土”的“土均之法”，目的是相当清楚的，即希望南宋统治集团以此抑制日趋严重的兼并之风，以利于封建经济的恢复。

应该指出，吕祖谦关于“分民授土”的均田设想，从本质上看，亦是“惟知旧俗之是怀”。我们这样说是有依据的。因为这种“土均之法”在北魏时期已经实行过一次。魏孝文帝太和九年(485 年)在均田的丁未诏中明确指出要“均给天下之田”，按照每人的社会等级地位而授田之多寡肥瘠，收到了一定的社会效果。吕祖谦均田之法的提出，也许正受此启发。

然而无论是朱熹所津津乐道的井田制，还是被吕祖谦所憧憬的“分民授土”，都是已经过时之丹方，根本无法医治当时土地兼并这一顽症，朱熹在南康实地推行井田经界的失败即为明证。所以吕祖谦颇为感叹地说：

今世学者坐而言田制，然天下无在官之田，

---

① 《文集》卷 16《周礼说》。

而卖易之柄归之于民，则是举今之世知均田之利而不得为均田之事也。[1]

封建社会的中后期，“普天之下，莫非王土”的局面已不复存在。随着土地私有制法律意义的进一步肯定和加强，私人所占有的土地愈来愈多，而由封建中央政府所直接控制的官田数额随之骤减。如前所说，赵匡胤也只是鼓励石守信等大臣“择便好田宅市之，为子孙立永远不可动之业”[2]，而不是直接向他们颁赐大量官田。这当然不是说北宋朝廷已无一点官田可赐，而是说赵匡胤手中的官田也不能不当回事地赐人了。这种社会现实决定了吕祖谦的“分民授土”设想的破产。因为要计口授田，其先决条件是要有田可授。而在全国范围内推行“均田之事”，首先则要拥有对全国所有土地的支配权。否则就像囊无分文的叫化子企图对每个人布施重金一样荒谬。唐宋以来，任何朝廷都是既无足够的官田可授，又不拥有对全国所有土地任意处置的权力。“天下无在官之田”的一声悲叹，注定了“知均田之利，而不得为均田之事”。

一向注重实际的吕祖谦，为什么明明知道“天下无在官之田”，而“不得为均田之事”，却仍然热衷于“分民授土”、“以丁颁田”之幻想呢？这正是他良苦用心之所在。“分民授土”，虽然有抑制豪强地主兼并土地的因素，但更主要的是便于封建统治集团对于劳动群众的控制。因为失去了土地的农民“转徙而之四方”，流动性很大，致使封建统治集团很难驾驭控制他们。如果“分民授土”，令其“各守其地”、“各任其事”，

---

① 《历代制度详说》卷 9。

② 《续资治通鉴长编》卷 2 建隆二年七月戊辰。

固然减少了农民的颠沛之苦，生活趋向安定，但也因此被束缚在土地之上，他们的活动也随之被限制在固定的区域之中，封建统治者可以随时随地地支配他们。关于这一点，在其“联保甲”的设想中，可以更为清楚地看出。

依照吕祖谦的如意算盘，如果每家每户都在属于自己名下的那块土地上安定下来，政府即可“计其地之远近，量力之厚薄，校人之多寡”[①]，以五家为“一比”组织起来，然后“五比”为“一闾”，“四闾”为“一族”，“五族”为“一党”，“五党”为“一州”，“五州”为“一乡”……以此类推，即能将整个社会都纳入封建统治的网罗之中。“民无一人无系属”[②]。这样即使“有不测之变”，也可以“相保”、“相受”、“相葬”、“相救”、“相赒”、“相宾”。还是因为人人“必有所系”，相互牵制，在“大患难”之时，“虽有奸雄豪杰，亦俯首而不敢倡”[③]。吕祖谦以为从此即可杜绝“民无所附着，游手机巧遍天下”的混乱局面，这也是除灭“盗贼”最有效的方法。在自给自足的经济结构中，土地是最重要也是最基本的生产资料和物质财富，再也没有比它更能拴住人心了。“联保甲”虽然是理想的“除盗之策”，但必须以不发生人口“转徙而之四方”为基础。“均田”的全部政治意义即在于此。

由此，吕祖谦还极为简略地论述了“寓兵于农”的思想。

南宋时期，外患严重。边境时有战事发生。为了防御异族的军事侵扰，南宋小朝廷曾有意开拓兵源，增加军队编制，这尽管在一定程度上充实了国防力量，但也使本来就相当严

① 《文集》卷16《周礼说》。
② 同上。
③ 同上。

重的兵冗之患更为加剧。非但增加了国家军费开支,“帑藏耗于军屯而未免于怨嗟”[①],而且也容易形成尾大不掉之患。吕祖谦认为要克服这一矛盾,只有实行“兵农为一”。

> 《比》卦当与《师》相表里,始见三代兵农井田之所起,《师》除九二,一阳而五阴即五人为伍之象也。《比》除九五,一阳而五阴,即五家为邻之象也。此是兵农为一。当天下有事,出则权专在将,更无牵制之患;天下无事,入则权便归君,更无尾大不掉之患。[②]

以相邻的五家组成“一比”,以五人而成“一伍”,暇时进行军事训练,一旦发生战争,这些训练有素的农民立刻成为有一定战斗力的士兵,而由朝廷命官率其冲锋陷阵,这就省了平时养兵之费用,减少了财政开支。战争一结束,这些奔驰疆场的士兵即还原为农,力耕疾作。这样,既保证了国家的赋税收入,所谓“寓兵于农,赋税方始定”[③]。同时又避免了那些怀有不臣之心的将领拥兵自重,形成“尾大不掉之患”。

“兵农为一”、“寓兵于农”之说由来已久,且已付诸实践过。例如三国时期,曹操就推行过屯田制。而在南宋提倡“寓兵于农”的,亦非只吕祖谦一家。当时功利学派的主要代表人物叶适曾说:“唐人自天宝一时仓猝,不知以田养兵,而以税养兵,流害相承今日。”[④]“以田养兵”,也就是“寓兵于

---

① 《文集》卷1《淳熙四年轮对札子二首》。
② 《文集》卷12《易说·比师》。
③ 《历代制度详说》卷3。
④ 《宋元学案·水心学案》。

农”。二者词异而意通。薛士龙也曾具体实施过“寓兵于农”，结果效果不错。“赋役省而功坚，度可支数十年”，一旦“有警，……则西道有屏蔽”[①]。吕祖谦对薛氏此举深为赞赏，认为其“措意深远矣”[②]。其实，这也是吕祖谦提倡“寓兵于农”之说的“措意”。

第三节 “富恤贫”论

贫富相差悬殊，这是封建经济结构的必然产物，也是社会动荡不定的基本因素。有宋一代，最高统治者为求得大官僚、大地主政治上的支持，对他们优容礼加，经济上听任他们对广大民众的掠夺和侵占。“朱门酒肉臭，路有冻死骨”，这不是唐代专有的社会现象，也是宋代社会的真实写照。建炎四年爆发的钟相、杨么农民起义就是针对这一残酷的社会现实，提出“均贫富”战斗口号的。吕祖谦当然不会赞成反映农民革命要求的“均贫富”。但是他却不能无视农民阶级对贫富悬殊的社会现实所作的火与剑的批判。为了避免再次引起农民革命的武器批判，吕祖谦开设的基本对策之一，就是通过“富恤贫”，达到“人人均足”。

人的生存是要有一定的物质生活资料维持的。“且如布帛粟菽，人人所须，泉货金贝，人人欲用”[③]。而天地产生“布帛粟菽”、“泉货金贝”正是为了满足天下之人需求的，对于它们的占有，必须体现人人均足的原则。吕祖谦说：

---

① 《文集》卷7《薛常州墓志铭》。

② 同上。

③ 《文集》卷19《史说》。

> 大凡天生万物将欲留于天地间,人同用,须使人人均足,方是两间正理,一或不均,便是暴殄天物。①

然而现在的情况却是富者将"人人所须"的"布帛粟菽"、"人人欲用"的"泉货金贝"大量地占为己有,"封之仓库,至于腐坏贯朽。"②而穷者所需不得,欲用而无。这就违背了"天生万物"、"人同用"的正理,属于"闭天之惠"、"暴殄天物"的行为,必须亟待纠正。

为了使天之惠不被封闭,"天物"不被暴殄糟蹋,吕祖谦要求富者自觉地把多余的钱财用于社会慈善之事业。"恩鳏寡、逮困疾,旁及棺槥、飧药、桥梁、井泉之属。"③这就是说富者不仅应该救济那些生活贫困,无依无靠的鳏夫寡妇及残疾者,而且还应该无偿地为他们提供棺木、食药、修建桥梁,掘井开渠等等。吕祖谦对于那些能够主动赈贫济穷的富者总是赞叹不已的。沅州(今湖南黔阳)通判刘邦光在"知湖州长兴县"时,正好遇上荒年,他"发圭田之粟为民先",其夫人"亦脱簪珥为粥,以食饿者"④。吕祖谦将此事记入刘邦光的墓志铭中,予以颂扬。潘敏修在"流殍交道,里民穷空"之际,毅然"益市官粟,舟相衔下,以平贵籴"使"此间不复知有艰岁"。在旱情严重、"天不雨"的情况下,主动开放自

---

① 《文集》卷 19《史说》。

② 同上。

③ 《文集》卷 7《朝散潘公墓志铭》。

④ 《文集》卷 8《通判沅州刘公墓志铭》。

家陂塘之水，“独听民取之不禁”，这种“乡邻安则吾安矣”[1]的见识也很得吕祖谦的推崇。金华大姓汪灌庆因“役之病民”，于是召集乡里富者商量，采取“仰给于众”之法，解民之困。“定著役之差次于籍，众裒金以畀当役者，役之先后视其籍，金之多寡视其等。……名虽役而实仰给于众。”[2]吕祖谦认为汪氏这一办法既保证了国家徭役的完成，又融洽了宗族关系。“上不违县官律令，而下以全其族党之欢。”[3]可谓“其意美甚”。

在此同时，吕祖谦对那些只顾自己享乐，而不考虑“肩赪腹枵”、鳏寡孤独者困苦死活的人，则提出规劝，希望他们及时改弦更张。他曾就横山吴珉为自娱而晚年精心营建别室之事发表过以下之评论：

> 畏峤登舆，身闲心慄，厌市筑墉，目静耳喧，君虽善自佚，逾阛以往，肩赪腹枵者，踵相接，岁或不升，尪瘠、困惫、呻吟交于大逵，专一室之佚，乐乎哉？[4]

吕祖谦对吴珉“专一室之佚”，颇不以为然。主张对“尪瘠困惫”者“愒劳赈乏”，以同佚于乡中，这要比“专一室之佚”要高明得多。“君(指吴珉)，里中望也。盍劝相族党，愒劳赈乏，以

① 《文集》卷 7《朝散潘公墓志铭》。
② 《文集》卷 7《金华汪君将仕墓志铭》。
③ 同上。
④ 《文集》卷 6《横山吴君佚老庵记》。

责纾逋，同其佚于是乡，则尽横山表里，皆君佚老庵也。”①

为达到“人人均足”，吕祖谦不惜向富者的钱袋和慈善心求助，但却不允许贫者对富者采取任何暴力行动。薛士龙在出守湖州时严厉镇压过抗租抗税的农民运动。吕祖谦认为薛氏此举值得推广，并详细记载了此事始末：

> 俗小民悍强，甚者数十人为朋，私为约无得输主户租，前为政者或纵臾之。公（薛士龙）叹曰：郡国幸无事，而鼠辈颉颃已尔。缓急之际将何若？取其首恶黥窜远方，民始知有奴主之分。②

农民群众自发地组织起来，拒绝向地主交纳租税，这实际上是对封建剥削关系的大胆否定。吕祖谦认为这些农民均属于“不知奴主之分”的“鼠辈”，应该受到“黥窜远方”的惩罚，从而暴露了极端仇视农民反抗运动的地主阶级本性。

由此，我们认为吕祖谦提出的“富恤贫”、“人人均足”的理论，与农民革命口号“均贫富”有着本质的不同。后者是要力摧封建等级制度，铲除经济不平等的根源；前者则是企图通过“富者”的慈悲和同情，使贫者自动消除越轨之行，“知奴主之分”，达到巩固封建等级制度的目的。吕祖谦并不懂得封建等级制度本身就是贫富不均的根源。他既然要贫者“知奴主之分”，又怎么可能使贫者和富者一样的“均足”呢？这就不能不使其理论陷入自我矛盾之中。

---

① 《文集》卷6《横山吴君佚老庵记》。

② 《文集》卷7《薛常州墓志铭》。

第四章　政治思想

吕祖谦处于这样一个时代：农民起义此起彼伏，金兵骚扰前接后踵，内患外祸交织在一起，潜伏着巨大的社会危机，南宋小朝廷如置身于积薪之上，稍不留意，就会招致灭顶之灾，形势确实严峻。

怎样才能使南宋朝廷化险为夷，转危为安呢？这是吕祖谦政治思想所要解决的重点问题之一。它包括这样几方面的内容。

——封建等级制度凛然不可侵犯，要严明上下界限，尊卑贵贱各安其位；

——乾纲独断，君权高于一切。决不允许有任何削弱君权的现象产生；

——谏议是言路畅通的体现，下情上达的重要渠道。人君虚心纳谏，人臣敢于进谏，乃政治清明的标志；

——君明臣贤是理想的政治局面，尚贤礼士与否关系着政权的兴衰存亡；

——治理民众刑德并举，恩威兼施。刑与威是让民畏惧雌伏于封建统治，德与恩则是争取民心归附的手段，二者不可偏废；

——整饬吏治，严肃纲纪。清廉、谨慎、正直乃为官为吏之基本要求；

——抗击金兵，要有所为，有所不为；谋定而后动，才能稳操胜券。

作为封建主义思想家，吕祖谦当然希望南宋朝廷孔武有力，发皇不衰，这就决定了吕祖谦政治思想的基本格调，一切命题的提出，都是基于巩固和维系封建统治秩序，封建糟粕充斥其间。而在其具体论述过程中，亦掺杂某些有一定借鉴意义的观点。

第一节 “君臣之典叙于天”

在中国封建社会中，君主不仅是封建地主阶级的总代表，而且也是封建专制制度的象征和灵魂，国不可一日无君，无君不成其国。因此，要维护封建专制统治，首先要尊君，维系君主至高无上的地位。对此，吕祖谦深信不疑。他旁征博引，反复论证，形成了较有系统的尊君理论。

一 “全天子之尊”

君权来自何方？早在殷周之际，已滥觞天命之说。汉代大儒董仲舒在继承殷周以来人格化“天”的基础上，撷取战国末年神秘的阴阳五行说，精心编织了君权神授理论，以强化君主专制。尔后，历代正统封建主义思想家基本上都服膺董氏之说，吕祖谦亦不例外。他说：

> 以一人而制六合，下至众而上至寡也，群天下之所乐，萃天下之所贵而集有之，虽悍强狼暴，屈首尊戴，无敢不驯者，以君臣之典叙于天，而儒者实品节扶持之也。①
>
> 噫！至贵之无敌，至富之无伦，染指垂涎者至众也。使勇者守之，遇勇之倍者则夺之矣。使智者守之，遇智之尤者则夺之矣。守以盟誓，则有时而渝；守以法度，则有时而废；守以城郭则有时而隳，守以甲兵则有时而衄；惟守之以天，然后人莫敢与之较。②

由于君主至贵至富，无与伦比，故而天下时刻想"染指垂涎"九五之尊的人实在太多了。而在这些人中间，不乏比君主"勇之倍者"、"智之尤者"。然而君主却能以一人之力箝制天下，穷极天下之乐，萃集天下之富贵，就是连那些最精明强悍，凶狠、残暴的人也只好俯首帖耳，不敢不唯君命是从，关键就在于君权来自于天。天在帮助君主捍卫自己的地位。至于儒者在其间所起的作用只不过是"品节扶持"而已。吕祖谦的这种说法，应视为是对董仲舒君权神授理论的发挥。

中国封建社会进入宋代以后，理学家们除了一再重复董

---

① 《文集》卷 2《馆职策》。

② 《东莱博议》卷 1《晋封曲沃并晋》。

氏之说外，又给君权至尊织编了“理”之华衮。程颐说：“父子君臣，天下之定理，无所逃于天地之间。”[①]作为南宋时期的重要理学家，吕祖谦亦持与二程同样的观点。他说：

> 大哉乾元，至哉坤元。然无两大之理。然于此又可以见天高地下，君尊臣卑，上下之分，自然如此。[②]
>
> 君尊而臣卑，夫倡而妇和，上天下地，理之常也。[③]

吕祖谦的这些议论并不新鲜，而是差不多所有理学家在这个问题上所持的看法。天在上，地在下，纯属自然理象，而君尊臣卑则是特定的社会经济结构和政治体制的产物。二者毫无内在联系，根本不可混为一谈。然而吕祖谦硬是采取无类比附之手法，将不相关联的自然现象与社会产物勾挂起来。断定这是“理之常”，无非是要人们相信君权至上，自然合理。谁要是不尊君，也就是违犯了理。

尊君必须循“礼”。因为“礼”体现了君尊臣卑之理。循“礼”，即能在思想上、行动上自觉维护君主至尊之地位。他指出：

> 圣人欲上全天子之尊，必先下谨士庶人之分。守其下所以卫其上也。……吾观儒者之议礼，每力

---

① 《二程遗书》卷 5。

② 《文集》卷 12《易说·坤》。

③ 《文集》卷 13《易说·离》。

争于毫厘尺寸之间，非特校公侯璧马多寡也。如天子之席五重，诸侯之席三重，所争者才再重耳。天子之堂九尺，诸侯之堂七尺，所争者才二尺耳。由庸人而观，天子诸侯之分岂再重之席，二尺之堂所能抑扬，何儒者之迂耶？……然则儒者力争于毫厘尺寸之间，非迂也，势也。①

按照吕祖谦的设想，如果天下人人都能遵循“礼”的规定，诸多僭越动乱之事就不会发生，君权也不会受到任何威胁，因而“礼”是“卫其上”、“全天子之尊”的最好手段。儒者之所以严格天子、诸侯之间“再重之席，二尺之堂”之区分，“力争于毫厘尺寸之间”，其目的就是为了不使“全天子之尊”的“礼”受到任何形式的破坏。这不是什么迂腐之举，而是客观形势的需要。吕祖谦接着又以大堤洪水之譬进一步论证说：

大堤云横，屹如山岳，其视尺寸之上，若不能为堤之损益也。然水潦暴至，势与堤平，苟犹有尺寸之土未设，则濒水之人可恃无恐。当是时百万生灵之命系于尺寸之土焉。尺寸之上可以遏昏垫之害，尺寸之礼可以遏僭乱之源。②

大堤是为防止洪水泛滥，保护生灵所设。在一般情况下，“尺寸之土”对于“屹如山岳”的大堤似乎无关紧要。但是当洪水暴涨，呼啸而来之际，有无“尺寸之土”就大不一样。假如大

① 《东莱博议》卷2《王赐虢公晋侯玉马》。
② 同上。

堤还有高出水面的“尺寸之土”，“濒水之人”则可有恃无恐，安然无恙；少了这“尺寸之土”，后果则不堪设想。因此，“百万生灵之命系于尺寸之土”，绝非耸人听闻之词。同样的道理，“尺寸之礼”所起的作用在天下太平时期往往被人忽视，而在多事之秋，有无“尺寸之礼”则不可等闲视之，“可以遏僭乱之源”。这也就是儒者于礼“力争于毫厘尺寸之间”的原因所在。

西周时期，周成王为表彰周公匡扶王室之功，特“以天子之礼乐祀周公”。周公之子伯禽坦然受之，遂成鲁祭礼之定例。对此，吕祖谦发了如下之评论：

> 周公制礼作乐，以致太平。天子八佾，诸侯六佾，是乃周公所作之乐也。周公制是乐舞之数，盖欲行之天下，传之万世也。周公在诸侯之位而荐天子之乐，岂非欲尊周公之身而废周公之乐耶？周公欲行之天下而子孙已乱之，欲传之万世而身后已违之，使周公而有知，吾知其不享鲁祭矣。①

周礼规定“乐舞之数”，天子八佾、诸侯六佾。尽管周公有大功于周室，但其身份只是一名诸侯，而享六佾之祭，不能以八佾祭之。周成王、伯禽原为尊重周公而“荐天子之乐”，而实际上是辜负了周公生前制定礼乐的一番苦心，乃是“欲尊周公之身而废周公之乐”之举。原指望自己制定的礼乐“行之天下、传之万世”的周公，如地下有知，一定会对自己子孙

① 《东莱博议》卷1《隐公问羽数》。

违礼之行深为不满,“不享鲁祭”的。吕祖谦还专门为此事引了孔子关于“鲁之郊禘非礼也,周公其衰矣”之说,断定谁认识到这个问题的严重性,谁就“必入圣人之域”,把握了维系“天子之尊”的关键。

“礼”的核心是名分。孔子有一段广为流传的论述:“必也正名乎。……名不正则言不顺,言不顺则事不成,事不成则礼乐不兴。”[①]吕祖谦奉此为万古不易之至理名言。他认为尊君则必须正名分。“正天下之大分,明君臣之大闲。”[②]吕祖谦认为正名分是保证君权至尊至上的不可缺乏的措施。他指出和君权一样,名分亦渊源于天,而君主不过是为天守之。

> 为天守名分者,君也。天未尝以名分与人君。天特寄人君俾守之耳。舆地广轮之博,版籍生齿之繁,甲兵乘卒之雄,皆君之有。独名分者非君之有也。……天秩有礼,多多寡寡,不可乱也。假天之秩以为私惠,则天之所以寄我者乱矣。[③]

这就是说君主可以拥有广博的土地疆域,众多的户籍人口,雄厚强壮的军事武装,唯独不能拥有名分。名分是为天所有的,只有天才具有对名分的支配权。如果君主认为自己可以随意支配名分,这就是“假天之秩以为私惠”,乱了“天秩”,非坏事不可。

隐公三年,周平王与郑武公为了换取对方之信任而相互

① 《论语·子路》。

② 《文集》卷13《易说·离》。

③ 《东莱博议》卷2《王赐虢公晋侯玉马》。

以子为质。不久双方交恶。对于这一历史事件，吕祖谦也有过一段评论。

> 乌可以君臣并称而乱其分乎？周，天子也；郑，诸侯也。……交质，邻国之事也。今周降其尊而下质于郑，郑忘其卑而上质于周，势均体敌。尊卑之分荡然矣。未交质之前，周为天子，郑为诸侯，既交质之后，周、郑等耳，亦何所惮哉！……向若平王始恶郑伯而亟黜之，郑虽跋扈，不过一叛臣耳。天子之尊犹自若也。苟与之质，是自处以列国而不敢以天子自处矣。岁改月移，岂知周之为君哉？一旦用兵而不忌，非诸侯之叛天子也，是诸侯之攻诸侯也。使周素以天子自处至尊严之分，郑岂敢犯乎？①

东周时期，交换人质时有发生，但这是诸侯与诸侯之间的事情，而不应该发生在天子与诸侯之间。吕祖谦认为周平王虽弱，但毕竟是位天子；郑武公虽强，却不过是位诸侯。周平王与郑武公"君臣之分犹在"。现在，平王与武公相互质子，这就意味着周平王"不敢以天子自处"，而把自己降至诸侯之列，辱没了"至尊至严之分"，模糊了"尊卑之分"。此例一开，久而久之，天下"岂知周之为君"，周室的衰落就是从这里开始的。如果周平王不是与郑武公交换质子，而是"素以天子自处"，保持自己"至尊至严之分"，对于自己不再信任的武

① 《东莱博议》卷1《周郑交恶》。

公"亟黜之"，其结果就会大不一样。纵然郑伯敢冒天下之不韪，向周室挑衅，"不过是一叛臣"，肯定形成不了气候，不至于出现后来君臣不分，尊卑不辨的局面。论古是为了说今。吕祖谦发表上述的两段评论，决不只是发思古之幽情，而是为了强化南宋小朝廷的权威，要求人们臣顺于南宋皇帝。

为了严格君臣名分，强化君权独尊的地位，吕祖谦提出了一系列设想：

> 大凡居君位者，当使我裁制于人，不可受人裁制。①
>
> 上刚而下柔。上刚则果决而有行，下柔则易使，如此而治蛊，则元善大亨，而天下治矣。若是上柔下刚，君弱臣强，安能治天下之事？②
>
> 天下之事所以不治者，在上常患主宰不定，在下常患人各有心，若上之止如山岳之定，下之顺如水之从，何蛊之不可治？③
>
> 人君致危亡之道非一，而以豫为多。若以豫自处则权必移于下，既逸豫，虽云久不死，亦终亡而已。如人之气血耗散，而肤革仅存，亦终于死而已。④
>
> 六五，乾健也。天以刚为德。五居尊位，所

① 《文集》卷13《易说·贲》。
② 《文集》卷12《易说·蛊》。
③ 同上。
④ 同上《易说·豫》。

> 谓居天下之广居，立天下之正位，宜发强刚毅以为尚，今反以柔居上……又安足以济事，故在天子则凶。①

要维护君主至尊至贵之位，大权必须牢牢地掌握在君主自己手中，而又不能使之旁落下移。这样，君主就可以藉此箝制天下臣民，而不受其他人的控制。君主必须刚强、果决，一旦拿定主意就要山岳般地坚定，而不能犹豫不决，“柔懦巽弱”。臣民们则应该齐心忠于君主，对于君主要像流水般地顺从，决不允许有敢于违抗君命之人存在。吕祖谦认为只要实现了上述目标，君主至上之地位就算是基本上巩固了。

二 君降志尚贤，臣尽道辅君

吕祖谦认为封建社会最理想的政治局面应该是“上厚于下，下厚于上，上下相应，固尽善矣”②。封建统治集团内部融洽无间，相互尊重，配合默契。其谓：

> 君降志而应乎刚明之臣，臣尽道以辅乎柔顺之君。君臣之间尽道相与，于睽乖之时，虽不能大有所为，亦可以小吉。大抵天下之治，患君臣之不相与。③
>
> 大抵君臣之间，惟降志以相接，则治可日彰，德可日明，若在下者方命，在上者骄亢，则治与德

---

① 《文集》卷13《易说·恒》。
② 同上卷12《易说·临》。
③ 同上卷14《易说·睽》。

俱退矣。惟是上柔顺以接下，下柔顺以辅上，则为晋盛。[①]

然而君臣“降志以相接”、“尽道相与”，古来少有。更多的是在上者骄亢暴虐，刚愎自用，在下者唯命是从，曲意奉承，抑或是在下者方命专权，桀骜不驯，在上者受制于臣，失去控制全局的能力。无论是前者还是后者，都相对削弱了封建统治，不利于封建秩序的稳定。有鉴于此，吕祖谦探究了君臣关系，对君与臣分别提出了要求。现先评述其君道观。

与“全天子之尊”的思想相一致，吕祖谦认为君主无论在什么情况下，都要总揽“国家治乱兴衰之大纲”。但决不是说事无巨细，都必须由君主亲自过问，一一动手。恰恰相反，君主如果在具体政务上纠缠不清，过多地耗费精力，则非出纰漏不可。他指出：

既得尊位……但恐用明太过，虑事太详，恤其失得而凡事迟疑。故圣人教之曰：以尔所见一，无可悔，不须更顾虑得失。但据所见而往，则吉，无不利也。以柔在上，能接在下之贤，而在下之贤又能顺辅，所以能亡其悔。大抵人君之体，若屑屑亲细务而恤其得失，以此为明察，安能无不利？惟夫俨然在上，总其大纲，委任大臣而得失勿问，使在下者得尽心力为之，则无往而不利。[②]

① 《文集》卷14《易说·晋》。
② 同上。

吕祖谦认为君主之患是“用明太过，虑事太详”。往往有这样的情况，因为害怕有失误，便遇事犹豫彷徨，迟迟不能委决，这不仅有失为君应有之“刚明”，而且会贻误时机，造成混乱。君主要自己“不须更顾虑得失”，唯一的办法是充分信任“在下之贤”。如果君主以为只有“屑屑亲细务而恤其得失”，才算“明察”的话，这就“用明太过，虑事太详”了，不能不发生差错，因此，真正的贤明之君总是俨然在上，总其大纲，具体的事件则放手让大臣们去处理，而不作过多的干预，“勿问得失”。这样在下之“贤者”就会为君主尽心尽力，哪里还有什么办不好的事情呢？君主又有什么必要“顾虑得失”呢？

天下安定之时，君主不应“屑屑亲细务而恤其得失，以此为明察”；而在天下动乱之际，君主就更不应该对什么事情都追究到底，“过当穷治”。

> 刚上而柔下。当万事蛊坏之时，下巽顺而从上，上之意惟欲止乱，下既顺而上即止，不复过当穷治，此所以能治蛊也。①

君主所希望的就是在下者能“巽顺而从上”，制止动乱，而当在下者业已表示了对自己“巽顺而从”，动乱实际上也就被制止了。这时对有些事情的处理就应本着既往不咎之原则，而不必追根到底，非要弄个水落石出不可。否则就很容易因激生变，反为不美。

“天下有道，则礼乐征伐自天子出”，这是儒家的传统见

---

① 《文集》卷12《易说·蛊》。

解。吕祖谦同意是说。但是他又认为政由君出，决不意味君主可以随心所欲，无论出什么政令都行，君主所出之政令必须符合“君子之道”才行。他说：

> 九五，居人君之位。故须观我之所生德教刑政之类，事事合于君子之道，人人归于君子之域，方始无咎。……盖使天下皆为君子，是人君本分职事，才得恰好。①

何谓“君子之道”，吕祖谦没有作出具体说明。但从他的一系列论述可以推知，“君子之道”义近孟子所言的“王道”、“仁政”，而“君子之域”，则是指封建等级制度之轨道。吕祖谦以为君主所做的一切事情都合乎“君子之道”，天下一切人都变成温顺之臣民，生活在封建主义轨道之中，整个社会就会风平浪静，就不会产生掀起动摇封建统治的浪潮。

怎样才能知道“我之所生德教刑政”符合“君子之道”呢？吕祖谦提出了一条检验的标准，即要俗美时治。他说：

> 人君居尊位，最难自观，盖左右前后阿谀迎合。然却自有验得处，俗之美恶，时之治乱，此其不可掩而最可观者也。②

由于君主特殊的社会地位和权威，决定了他平时所听到的多是阿谀奉承之词。如果仅仅是征求自己“左右前后”对朝廷所

① 《文集》卷12《易说·观》。

② 同上。

颁发的“德教刑政”的看法，往往是不真实的，人们会专拣君主喜欢听的说。而要考察“我之所生德教刑政”之臧否，唯一的办法是认真考察社会风气习俗之美恶，时政之治乱得失。吕祖谦的这一观点具有很高的政治价值，其中包含了社会实践与社会效果为政纲得失检验标准之因素。

社会是复杂的，天下的事情更是千头万绪，单靠君主一人之心力是不可能将社会治理得有条不紊，也不可能将天下所有的事情办好。还必须有“道全德备”、“致君泽民”的贤者尽力辅佐才行。吕祖谦说：“人君得刚明之臣相助乃有益，苟不得刚明之人，虽有柔弱者千百辈相助，何益于事。”[①]他认为君主要能达到天下之治的目的，必须寻找“刚明之臣”辅佐自己。如果君主身边都是平庸无能之徒，人数再多，又有什么用呢！

基于这种认识，吕祖谦要求君主必须竭尽全力网罗贤者，使他们萃集在自己的周围。

> 今也为上九所止者，以其所尚者，贤而大正也。大正者，理也。天下之健，物莫能止，惟理可以止之。不家食，吉，养贤也。……圣人于象，恐人以不家食为贤者之吉，则必求所以不家食者，故又从而发明其义。夫贤者之进就，自有时命，本无可喜可忧者。若以不家食者便为吉，则非贤者之所养矣。故继之曰养贤也。言此者系国家之吉也，非贤者之吉也。以为如是之人，能使之不家食，举而在位，

① 《文集》卷12《易说·坤》。

此人君所以养贤而吉也。[①]

“上九”(君主)为“天下最健”者,如果他做出悖逆于理的事情,一般人是很难予以纠正(“止”)了。惟有以“大正”(“理”)对其晓以利害得失,使其迷途知返。“贤者”是世上真正懂得“大正”之理者,只有他们才能纠正君主的失误。有人认为拿国家之俸禄而可“不家食”是“贤者”本人之“吉”。吕祖谦不同意这个观点,他认为对“贤者”本人来说,朝廷对自己用与不用,纯属机遇,故而用而不“喜”,不用而不“忧”。然而从朝政之得失社会之治乱的角度考察,是否将贤者举而在位,加以重用,使其吃国家俸禄而“不家食”,情况就大不一样。说到底君主将“贤者”举而在位,加以重用,这是朝廷之“吉”,而非“贤者之吉”。

进而,吕祖谦强调指出,君主身边有无贤者关系着自身统治的存亡兴衰。他说:

> 诸葛亮治蜀之规模有后人不能尽知。其耕战之法,立国之纪纲,赏罚之必信,此人所共知,最是亮死后,其规模犹足以维持二十年,以刘禅之庸,黑白不分而蜀不乱,此谁能及?后之为相者,身在时尚不能无失,而亮死后犹若此。只缘亮当初收拾得人才在。故亮死后有蒋琬代之,琬之后董允代之,允之后费祎代之,皆是贤者。此亮之规模足以维持之也。[②]

---

① 《文集》卷13《易说·大畜》。
② 《文集》卷19《史说》。

三国时期，蜀国的君主刘禅昏庸之至，以致“黑白不分”，全仗诸葛亮这样的大贤维系。诸葛亮死后之所以还能维持二十年的统治，还是在于诸葛亮身前为他“收拾得人才在”，如蒋琬、董允、费祎等都是“贤者”。相反，如果满朝文武都是“浮华之士”，而无一个识得“大正”之理的贤者在位，则非坏事不可。卫懿公好鹤而轻人，最终招致亡国之惨祸，吕祖谦在评论这一历史事件时指出：

> 卫懿公以鹤亡其国，玩一禽之微，而失一国之心，人未尝不抚卷而窃笑者，吾以为懿公未易轻也，世徒见丹其顶、素其羽、二足而六翮者谓之鹤耳，抑不知浮华之士，高自标致而实无所有者，外貌虽人，其中亦何以异于鹤哉！[①]

一旦朝廷委任的全是些浮华佞幸之臣，这些人平时空耗国家俸禄而“不家食”，只会“高自标致”，视君主好恶行事，而当天下危难之际，则固“习于骄惰，至不能跨马，束手就戮，莫敢枝梧”，“未闻有画一策杖一戈佐国家之急”[②]。这和卫懿公好鹤有什么区别呢。他的结论是：

> 所用非所养，所养非所用，使亲者处其安，而使疏者处其危；使贵者受其利，而使贱者受其害，未有不蹈懿公之祸者也。[③]

① 《东莱博议》卷2《卫懿公好鹤》。

② 同上。

③ 同上。

吕祖谦认为国家“平居暇日所尊用者”,应该是有真才实学“道全德备”的“贤者”,不应该是“玩其辞藻,望其威仪,接其议论,挹其风度可嘉、可仰、可慕、可亲,卒然临之以患难”而束手无措之废物。如果君主“所用非所养,所养非所用”,就必然会重蹈卫懿公之覆辙。

怎样才能保证君主所重用的都是一些“贤者”呢?吕祖谦说:

> 当《泰》之初,贤人汇征,人君不能遍识,必首先用一大贤,则天下之贤人,自然牵连而进。如舜之选于众,举皋陶,则八元八凯皆进,汤选于众,举伊尹,则旁招俊乂,如仲虺之徒皆进。①

君主要想自己所用的都是“贤者”,事实上又不可能遍识天下之贤,这就产生了一个矛盾。解决这个问题的办法是在天下太平时先举用一两个自己熟悉的大贤,然后通过他们去物色其他的贤者,形成贤者识贤者,互相荐举,互相牵连的局面,天下之贤就会陆续不断地聚集到朝廷中来。例如古之圣君明主舜、汤就是这样做的。舜先将大贤皋陶举而用之,不久“八元八凯”就进于朝廷;汤先用伊尹,结果仲虺之类的俊乂之士也就为汤所用了。

吕祖谦又指出,天下之贤者能否最终诚心悦服地为君主所用,关键在于君主能否礼贤下士。他说:“人处富贵荣显之地,须是得谦,故而和豫。”②天下还有谁比君主更“富贵

---

① 《文集》卷 12《易说·泰》。

② 《文集》卷 12《易说·豫》。

荣显”呢？所以君主一定要格外注意这个问题，时刻警惕自己产生骄佚、“矜胜之心”，保持谦和之态度。从名分上说，君尊臣卑当然不可变易，但君要贤臣为自己的国事政务“尽心力而为之”，就必须主动“屈己以下臣”。

以交感之道，则必在上者先感下，则在下者斯应，如君必屈己以下臣。①

这里说的“屈己”，并非真的要君主委曲自己，甚至放弃至尊至贵之分，而是指在和贤者接触过程中，要做出“谦”、“和豫”之姿态，让贤者感受自己的一片真诚。吕祖谦之所以强调君主必须“和豫”，还基于这样一种认识：

非常之材类，皆不肯舍规矩准绳而徇人，惟忘势尽礼，有宾友之义；推诚笃信，有父子之亲而后可致。②

这是说贤者与一般人不同之处在于，他们有独立的见解和独立的人格，不愿“舍规矩而徇人”，即不肯为捞一官半职而出卖自己的学识，辱没自己的志向，这就要求君主“推诚笃信”、“忘势尽礼”，使贤者们觉得自己值得“尽心力”而辅佐。吕祖谦的这种说法既是统治者拉拢部属的一种权谋，同时亦是“收拾”“非常之材类”的经验之谈，不可轻易加以否定。

吕祖谦对君主的要求大致就是这样，似嫌简略。这与当

① 《文集》卷13《易说·咸》。
② 《文集》卷1《淳熙四年轮对札子二首》。

时的社会政治气候有关。在君主专制的社会中，对君主又怎能提出比此更多的希望！即使上述的这些，要求至高无上的君主身体力行，又谈何容易。说穿了不过是吕祖谦的天真幻想罢了。

从维护君权至上的角度出发，吕祖谦特别强调臣对君的巽顺与忠诚。他认为君臣关系是上下尊卑的关系，是发号施令和绝对顺从的关系，二者之间不存在是非曲直的辨别。“所谓君臣无狱者，固可以为万世训。”①君臣之间有了龃龉，臣不管有多少理由，都无权诉说君主的不是。

桓公十年，虢公与其大夫詹夫发生冲突，詹父力诉虢公之非。对此，吕祖谦发表过一段议论。

> 臣之诉君者，先有诉君之曲，不必复问其所诉之辞也。当詹夫……未诉君之时，其理固直，既启诉君之口，则已陷于滔天之恶矣。是詹父之直因诉虢公而曲也。②

天下无不是之君，这是君主专制社会中基本的政治准则。这也是吕祖谦评划君臣之间龃龉的唯一标准。在他看来臣只要一开口议论君之非与过，即使原先“其理固直”，也变得毫无道理。犯有“诉君之曲”而“陷于滔天之恶”。与诉君之曲的詹父形成鲜明对照的是“不洁其名”的乐毅。燕国名将乐毅受燕王无端猜忌而被迫亡走他乡，在其给燕王的信中说：“古之君子交绝不出恶声，闻忠臣之去也，不洁其名，臣虽不佞，

① 《东莱博议》卷1《詹父以王师伐虢》。
② 同上。

数奉教于君子矣。”吕祖谦将乐毅这段话原文抄录，收进《择善》篇，其用心就是人们应仿效乐毅，而以詹夫为鉴。

在君为臣纲的封建社会，臣弑君被视为大逆不道，万世不赦。吕祖谦是这一观点的虔诚信徒和积极倡导者。他以桓公弑隐公为例，说：

> 臣弑君，凡在官者，杀无赦。子弑父，凡在官者杀无赦。桓公以弟弑兄，以臣弑君，凡在鲁国者，虽牧圉厮养之贱，皆可剧刃以戮之。况哀伯，鲁之世卿，有禄于国，有赋于君，有职于祭，宁忍坐视而不救乎？力能讨则诛之可也，力不能讨则去之可也。今乃低首下心，日趋于朝，又发忠言以补其阙，其于桓公信无负矣，独不负于隐公耶？……桓公亲为弑逆而不忌，况可责其取乱人之一鼎乎。①

史载桓公二年，宋督弑殇公，而以郜鼎赂桓公，桓公取之纳于大庙。为此，鲁大夫臧哀伯谏桓公，认为纳之非礼。吕祖谦对此事颇为感叹。他认为桓公接受宋之贿赂将郜鼎纳于大庙，固然是非礼之举，但这与桓公弑其兄隐公而篡君位之行径相比，只不过是一“微罪”而已，根本不值得哀伯之谏。因为这好比“斩关之盗，人不责其穿窬；杀人之囚，不责其斗殴。以斩关而概穿窬余事也，以杀人而概斗殴微罪也”②。臧哀伯原为鲁之世卿，与鲁隐公有君臣之分，他面对桓公的篡弑行为是不可“坐视不救”的。对于哀伯来说，能诛戮桓公则诛

① 《东莱博议》卷1《臧哀伯谏郜鼎》。
② 同上。

戮，不能诛戮则应迅速离桓公而去，这才是为臣之职分。然而哀伯竟置弑君之大仇于不顾，对桓公“低首下心，日趋其朝”，还“发忠言以补其阙”。论其罪实在不亚于直接挑唆桓公弑隐父的羽父之下。因此，他不同意《左传》作者关于“哀伯为贤”的评价。

君因民而王天下，无民拥戴则为“独夫”。民心的向背决定着君是王天下还是为“独夫”的问题。这就要求臣千万不可与君争民心之归附。

> 九四，天下皆随于已当危疑之地，虽正亦凶。惟至诚于道，自然无咎。所以至诚无咎者为其自诚而明故也。伊川所以引伊尹、周公、孔明，皆以其明哲而诚，故可处危疑之地。……居人臣之位、处多惧之地，若有心于得民之说(悦)，此固奸臣所为，不可论。至如中正之大臣，为民心所随，虽贞犹凶，要必有处之之道，有孚在道以明，何咎是也。有孚在道此一句最好看。盖有孚诚于中，即为合道，见善又明，则何咎之有？何咎与无咎不同，乃伊尹、周公、孔明事也。有孚在道以明。董仲舒曰：为人臣而不知春秋，必陷篡弑之祸，为人君而不知春秋，必被首恶之名。其始莫不自以为善而不知其罪，自以为善则似有孚而不知其非，则不能在道以明。①

从道理上说应该是上刚下柔，君强臣弱，君当有恩于民，民

---

①《文集》卷12《易说·随》。

应归附于君。然而在实际生活中，往往有这样的情况，上柔而下刚，君弱而臣强。居于至尊之位的君主不能总揽天下大局，治理天下的重担不得不由刚明之臣承担，结果造成“天下皆随于己”而不随于君的局面。吕祖谦认为天下只知有己而不知有君是很不正常的现象，其后果也比较险恶（“凶”）。这就要求刚明之臣对柔弱之君怀有满腔之“至诚”，严格遵循“君尊臣卑”之道。这样既可使万民信服而又不威震其君，避免陷于“篡弑之祸”，自然是“何咎之有”了。从理论渊源上看，吕祖谦的这一观点是对程颐之说的继承。因为程颐不止一次地提伊尹、周公、孔明之贤辅佐其君之事。如他说：

> 古之人有行之者，伊尹、周公、孔明是也，皆德及于民，而民随之。其得民之随，所以成其君之功，致其国之安，其至诚存乎中，是有孚也。其所施为无不中道，在道也。①
>
> 臣贤于君，则辅君以所不能，伊尹之于太甲，周公之于成王，孔明之于刘禅是也。②

伊尹、周公、孔明这三人都是中国历史上有名的贤相，他们所辅佐的君主如太甲、周成王、刘后主都不过是“中常之主”，并不具备总天下之纲，专天下之势的刚阳之才能。在这三对君臣关系中，都是“臣贤于君”，但是伊尹、周公、孔明等人对其君莫不忠诚，以己之贤能，“辅君以所不能”，从不居功自傲。故而虽然“天下皆随于己”，却不威摄其君，不仅“何

---

① 《周易程氏传·随》。
② 《二程粹言·君臣篇》。

咎之有”，而且亦使自己的业绩彪炳于史册，光照后世。吕祖谦在这里要求人们注意程颐的这些论述，无非是希望人臣们始终坚持臣节，维护君主独尊之地位。

吕祖谦认为人臣之所以不能居功自傲，是因为人臣们能建功立业，受天下之称赞，究其根源乃是君主对自己的任用。假如没有君主“巽顺以求之”，哪里还有功可建，有誉可称呢。他说：

> 九二，虽有刚阳之才，若非六五之君巽顺以求之，安能委曲承之而用誉也。①

因此，对于真正的忠臣来说，不管自己建立了多大的功劳却不能贪君功而为己有，必须将之归于其君的信任和重用。

> 君臣之地不同也。损，君也。以人君而受天下之益可也。益，臣也。以人臣而受天下之益，其地至难居。故须长守正而归功于君，不可私其善于己。故虽受众人之善，合众善而守之确然不移。然众善本非我有，又当听人君所用以治天职，岂可认为己有哉。②

君主居天下至尊之位，故而人君可以“受天下之益”，而处于卑位的人臣是无资格“受天下之益”的。否则就是贪为己有，属于不“守正”的表现，必须亟待纠正。

① 《文集》卷12《易说·蛊》。
② 《文集》卷14《易说·损益》。

吕祖谦在君臣关系上所持的这些观点，完全着眼于维护君王专制制度，他所强调的是人臣必须死心塌地做君主的温顺奴才和忠实鹰犬，其间浸透着封建主义毒素，必须加以认真的剔除。

第二节　辨别上下、各正其位

封建社会最基本的特征是等级森严、名分严格。吕祖谦极力为这种极不合理的社会制度编造了合“理”之依据。

首先，吕祖谦开宗明义地宣称封建等级名分本身就是“理”。他说：

> 屈天下之理以信天下之分，非善持名者也。世之持名分者皆曰分可胜理，理不可胜分。不幸而听上下交争之讼，宁使下受抑，勿使上受陵。所屈者一夫之理，所信者万世之分，亦何为而不可哉！呜呼，分固不可屈也，理其可屈乎？宜人之滋不服也。……有所谓理，又有所谓分，是理与分判然为二物也。君子言分必及理，言理必及分，分不独立，理不虚行，得则俱得，失则俱失，岂有既犯分而不犯理者乎？①

吕祖谦之所以不同意“屈天下之理，以信天下之分”的说法，是认为这种说法将“理”与“分”判然为二物，割断了二者内在

---

① 《东莱博议》卷1《詹夫以王师伐虢公》。

的联系，容易使人产生误解。以为犯分并不犯理，造成不利于维系等级名分的后果。在他看来“分”是“理”的体现，“理”是“分”的依据。二者称谓不同，而本质则是完全一致的。触犯了名分，也就违背“理”。因此“善持名分者”总是将“分”与“理”合二而一，“得则俱得”。吕祖谦接着指出：

> 后之为治者，非合分与理为一，亦安能洗犯上之习而还于古哉！①

这里，吕祖谦明白无误地点明了其“言分必及理，言理必及分”命题的政治目的，即彻底杜绝“犯上之习”，保证等级名分不受侵犯。

在此基础上，吕祖谦提出了“辨上下”的思想。他说：

> 象曰：上天下泽，履，君子以辨上下，定民志。天处上，泽处下，尊卑各得其分。大抵尊卑贵贱本皆有定位。为尊者处尊，为卑者处卑，虽万钟之禄不自以为多，抱关击柝不自以为寡。若是上下无辨，宜贱者处贵，宜卑者处尊，民志便不定。何者？才能相若，德业相若，而一贵一贱安得不生叛乱之心乎？君子之辨上下，本非强以私意安排，上天下泽，物各付物，各随尊卑之分而已。②

以自然现象比附社会现象这是理学家所常用的手法之一，也

① 《东莱博议》卷1《詹夫以王师伐虢公》。
② 《文集》卷12《易说·履》。

是吕祖谦论证尊卑贵贱等级制度自然合理的重要方法。他认为如果说天在上泽处下是自然如此的话，那么社会上尊贵者处上卑贱者在下，也是自然如此，而非人为之安排。所谓“天下自有定分，不必用人安置”①。尊贵者应该养尊处优，他们享受万钟之禄不算过分。至于那些击木巡夜的更夫和看门人社会地位低微卑贱，则活该吃苦受罪，挨冻受饿。对于这种不公平的社会现象用不着愤愤不平，因为这一切是名分所规定好的。全体社会成员也只有遵循这种名分规定，社会才能秩然有序。假若上下无别，贵贱不分，或是贱者处贵位，卑者享尊禄，这就势必要引起混乱。那些社会地位低下，生活贫苦的民众不免产生这样的疑问：大家道德才能差不多，何以有贵有贱、有尊有卑呢？从而人心就再也安定不下来了。为了改变自己卑贱困苦的处境，难免要对统治者产生叛离之心，甚至会采取更为暴烈的实际行动。所以一定要严格上下的等级名分，使每一个人都在原来就属于自己的社会位置上安顿下来。

> 然正位二字最当看，天下事如器用，若去安顿处安顿，便无一事，所以乖争陵乱，缘于不合安顿处安顿。②

“正位”，就是要求所有的社会成员都按照等级名分的规定，安心于自己所处的社会地位。吕祖谦这些喋喋不休的说教，无非是要广大民众甘心处于被剥削被压迫的卑贱地位。如其

① 《文集》卷12《易说·蛊》。
② 《文集》卷14《易说·明夷》。

不然，就是于“不安顿处安顿”，这是“天下乖争陵乱”的根源，必须坚决制止，从而暴露了吕祖谦封建主义卫道士的基本政治立场。

其实，“辨上下、定民志”的观点，并不是吕祖谦所特有的观点，而是所有正统封建思想家共同的主张。远的且不论，即以北宋程颐而言，就发表过和吕祖谦极为相似的议论，现引摘如下：

> 天在上，泽在下，上下之正理也。……君子观履之象，以辨别上下之分，以定其民志。夫上下之分明，然后民志有定，民志定，然后可以言治。民志不定，天下不可得而治也。古之时，公卿大夫而下，位各称其德，终身居之，得其分也。……士修其学，学至而君求之，皆非有预于己也。农工商贾勤其事，而所享有限，故皆有定志而天下之心可一。后世之庶士至于公卿，日志于尊荣，农工商贾日志于富侈，亿兆之心，交骛于利，天下纷然，如之何其可一也？欲其不乱，难矣。此由上下无定志也。君子观履之象而分辨上下，使各当其分，以定民之心志也。①

由此可以清楚地看出，吕祖谦关于“辨上下，定民志”之说，几近抄袭之作，其所贩卖的完全是程颐的观点。

然而哪里有剥削，哪里就有反剥削；哪里有压迫，哪里就有反压迫，这是古今通例。不管吕祖谦，还是程颐怎样说

---

① 《程氏周易传》卷1《履》。

教，人民群众反抗封建主义的剥削和压迫的斗争，从来就没有停止过。面对这一严峻的现实，吕祖谦继续欺骗说：

> 天命所在，自有定分，初无一毫加损，君子达其理，则知求胜者徒然耳。①

这是说名分由天命所决定，容不得有半点损益。知道了这个道理，就知道名分是不可违反的，也是改变不了的。卑贱者们要想改变自己的政治地位和经济境遇所作的种种努力，非但是徒劳的，而且会为自己招致更大的灾祸。

> 居贱恶劳，居贫恶困，居难恶辱，皆祸之招也。天下之理，贱不与劳期，劳而自至；贫不与困期，而困自至。难不与辱期，而辱自至。不知其不可离而欲离之，此自投于祸也。君子以为劳者贱之常，困者贫之常，辱者难之常。彼其所以冒于祸者，特不能处其常而已。自处于劳则在贱而安矣，自处于困则在贫而安矣，自处于辱则在难而安矣。②

吕祖谦的逻辑是卑贱者注定是辛劳的，贫穷者则必然困苦不堪，艰难者肯定要受到凌辱。其依据是“贱”与“劳”、“贫”与“困”、“难”与“辱”是不可分离的，这就是“理”，所以处于卑贱地位的厌恶辛劳，处于贫穷地位的害怕困苦，处于艰难地位的不愿受侮辱，就是悖逆于“理”，故而不能不受到更大的

① 《文集》卷12《易说·谦》。
② 《东莱博议》卷1《息侯伐郑》。

惩罚。而要避免更大的祸患，卑贱者则要主动甘心于辛劳，贫穷者自觉安心于困苦，艰难者则要能忍受百般凌辱。按照这一逻辑，吕祖谦又进一步推衍：贵者受人之侍奉，如同卑贱者受人凌辱一样，是再自然不过的事了。

> 当贵盛之时，人之奉我者，非奉我也，奉贵者也；当贫贱之时，人之陵我者，非陵我也，陵贱者也。奚以知其然耶？使我先贵而后贱，我之为我，自若也，而奉我者遂变而见陵，则回视前日之奉我者，岂真奉我乎？使我先贱而后贵，而陵我者遂变而见奉，则回视前日之陵我者，岂真陵我乎？彼自奉贵耳，我何为而喜；彼自陵贱耳，我何为而怒，心者我之心，固将治我之事也，何暇助贵者之喜，助贱者之怒哉。①

人在贵盛富贵之时，应该受人的侍养奉承；而在卑贱贫困之际，则必然受人之凌辱欺侮，这就是吕祖谦的理论。他希望人们奉我不喜，凌我不怒。其理由是人们奉的是“贵”、凌的是“贱”，而这与奉或陵的当事人无关。吕祖谦在这里以诡辩的手法将“贵”与“贱”与具体人分剖开来，从而要求被凌辱的劳苦大众对于社会强加于自身的“陵”无动于衷，默然受之。他的这一手法类似被马克思无情嘲笑过的资产阶级的无赖口吻：金钱是应该受到尊敬的，而我是金钱的主人，所以我也应该受到尊敬。所谓“贵盛”当奉、卑贱当陵的理论，活脱脱

---

① 《东莱博议》卷1《息侯伐郑》。

地表现了处于“贵盛”境际的封建阶级飞扬跋扈的嘴脸。

作为明智而富有同情心的思想家，吕祖谦在其官宦生涯中表现了对劳动群众悲惨遭遇的一定同情，并且也反映到了其思想之中，但是他竭力反对突破封建等级名分的亲亲仁爱。他不止一次地强调在讲究亲亲仁爱的过程中，一定要突出“礼”，即要贯彻尊卑贵贱之原则。他说：“若无礼以行之，便是释氏。”[①]基于此，他对传统的“不独亲其亲、子其子”的大同论，提出质疑：

> 比看胡文定《春秋传》，多拈出《礼运》天下为公意思。蜡宾之叹，自昔前辈共疑之，以为非孔子语。盖不独亲其亲，子其子，而以尧、舜、禹、汤为小康，真是老聃、墨氏之论。[②]

西汉初期问世的《礼记·礼运》篇的作者曾经通过孔子之口向人们讲述了一个令人向往的大同之世。

> 大道之行也，天下为公。选贤与能，讲信修睦。故人不独亲其亲，不独子其子，使老有所终，壮有所用，幼有所长，矜寡孤独废疾者皆有所养。[③]

而和“大道之行”的大同之世相比，所谓的尧舜禹三代不过是“小康”而已。这番话是否真出自孔子之口，历来是见仁见智，

① 《文集》卷16《礼记说》。
② 《文集》卷3《与朱元晦》。
③ 《礼记·礼运》。

莫衷一是。吕祖谦认为这种大同说不可能出自孔子之口，它只能是后人之假托。因为“以尧舜禹汤为小康”之说有悖于儒家以三代为理想境界的传统观点。儒家讲究的是“人人亲其亲、长其长而天下太平”，推己及人，从不提倡不分等级品名的大同主义。因此，“不独亲其亲、子其子”与其说是出自孔子之口，倒不如说是力倡“兼爱”的墨家之观点。吕祖谦怀疑大同说出自孔子之口，确有道理，反映了其治学严谨之作风。但吕祖谦之所以断然否定“不独亲其亲、子其子”，非孔子之语，最根本的原因在于它直接与尊卑贵贱的等级制度相忤悖。尊者不可能去亲卑者之长，卑者也不要奢望得到和尊者一样的礼遇。严格上下之分的框框容纳不了“不独亲其亲、子其子”的内容。关于这一点，亦可以从他对“孝悌”的解释中看出：

> 年长以倍则父事之。……此固止是逊悌之事。然学者至于有所得，多要流入异端，就逊悌中须要理会得等差节文，故致广大又须尽精微。①

吕祖谦认为，对年长一倍的老人如果要当作父亲一样尊敬和侍奉的话，则必须置于“等差节文”的前提下，即不能超越封建等级的规定，否则就流入墨家“兼爱”之邪说中去了。由此可以再一次看出吕祖谦对于维护等级品分是不遗余力的。

① 《文集》卷16《礼记说》。

第三节 谏议论

何为君主专制,一言蔽之曰君主个人独裁。在这种社会政治结构中,君主昏庸无能,天下自然是混乱不堪,各种弊端层出不穷,即使君主贤明能干,要其日理万机而不出一点差错,也是不可能的,为了弥补君主专制的弊端,这就需要谏议作为其补充。

在封建统治集团政治生活中,谏议是经常发生的。能不能开展正常的谏议不仅直接影响到言路是否通畅,而且还往往关系到某一封建王朝的盛衰存亡。故而绝大多数较有远见的封建思想家都十分重视谏议对于巩固封建统治所起的作用。吕祖谦极为重视谏议。他将“纳谏诤”作为君主“固结人心,维持国势”[①]的“大纲目”,并指出:

> 譬夫人之身,使血气一日而不运,则人之生也止于今日。武公之德一日不假于规谏,则其德也亦止于此而已耳。是则德之进无止法,非不自足其德也。[②]

人活在世上一天,其全身之血气无时不在运行之中,一旦什么时候停止了血气的运行,其生命亦到了尽头。同样的道理,君主也必须时时借助于规谏,才能不断地增进君德,要想做一个人人称颂的圣君明主,则应该时时借助于规谏,如果君

① 《文集》卷 20《杂说》。
② 《文集》卷 15《诗说拾遗》。

主一旦拒绝规谏，其君德也就终止了。

吕祖谦认为世界上无论是谁，即使是圣君明主，都不可能无错。君主有错误并不可怕，麻烦的是有错而不改。“君道莫大于改过复善，一过不改，则非君道矣。”①显然，吕祖谦是将改正过失列为君道最主要内容的。在他看来，只要有一过而不改，就不能算是尽美尽善的“君道”，而虚心纳谏正是君主“改过复善”的最佳途径。吕祖谦说：

> 上九，为恶之大，一至于此，为桀纣，为盗跖，皆以不能听人之言也。②

对于君主来说最大的危险是“不能听人之言”。这是因为不听人之言，有了错误则得不到及时纠正，发展下去就会沦为“桀纣”、“盗跖”之类的人物。因此，能“听人之言”是君主必须具备的政治素质。由此，他提出了一条衡量、检验君德的重要标准。

> 人主进德之验，他未即见，惟于谏者之言先见之。言之委曲迁就，是君德未信于人，而犹有所畏也。言之剀切侵讦，是君德已信于人，而既无所畏也。委曲迁就、剀切侵讦，在言者之得失则二，在人主为进德之验则一。③

---

① 《文集》卷13《易说·复》。

② 《文集》卷12《易说·噬嗑》。

③ 《文集》卷2《馆职策》。

这是说进言者言词激烈，“剀切侵讦”，而无所顾忌畏惧，这就说明君主平时能够虚心纳谏，不以进言者言辞“剀切侵讦”为忤，所以臣在向君主进谏时才会慷慨陈词、直抒己见，而不必担心祸从口出，招致不测。相反，进言者处处“委曲迁就”，闪烁其词，不能尽陈所见，这就从反面说明了君德不能取信于臣，才会导致臣不敢直言规谏，惟恐君主听不得逆耳之言而加罪于己，身罹大祸。吕祖谦未必懂得让人讲话天不会塌下来的道理，但是他将人臣敢不敢向君主无所顾忌地进谏，作为“人主进德之验”，则是很有见地的，可见他对“防口甚于防川”这样有名的历史教训是深有体会。

吕祖谦指出，“言路通塞”，为君主“切身利害”之所在。一般说来，谏议正常，言路就会通畅，反之就会堵塞言路。

> 实以言路通塞，乃人主切身之利害也。侈心邪念，阙政舛令，出于我而恬不自觉者，夫岂一端？而乱萌祸机，群情众议，隐匿壅遏而不得上闻者，亦何可胜数哉！待言者之饬正宣达，不啻疹之待砭，躄之待杖也。①

君主出于“侈心邪念”而颁发了错误的政令，而本人又不能及时认识到这种“阙政舛令”所造成的“乱萌祸机”实在太多了。民众激愤之情和激怒之言，被“隐匿壅遏”而不能及时上达于君主的事情也是数不胜数。要使君主及时认识到自己所出的“阙政舛令”之危害，准确掌握“群情众论”而不“隐匿壅遏”，

① 《文集》卷2《馆职策》。

就需要人臣的“饬正宣达”。从这个意义上说，谏议对君主纠正“阙政舛令”、洞悉“群情众论”所起的作用，好比治病的针灸、跛足者的拐杖一样重要。吕祖谦的这一看法，实际上否定了君主全智全能的神话。如果没有对封建政治生活的大量观察和认真反思，是绝不会说出这番颇有启迪意义的话的。

但是在封建社会中，谏议不是一件容易之事。昏君庸主固然听不进逆耳之言，即使是贤君明主也不是在任何时候、任何问题上都能虚心纳谏的，对于那些敢于庭争面折之言者也不会总是优容礼加。以善于纳谏而著称的唐太宗而论，就不止一次地对直言诤谏的魏征恼怒异常，甚至想对其施之极刑以泄心中之忿恨。在中国历史上因直言诤谏而丢了官位甚至掉了脑袋的言者“亦何可胜数”？所以始终敢于“剀切侵讦”的言者不啻是凤毛麟角，极为罕见。对于谏议之难，吕祖谦是有相当程度的认识，他感叹地说：

> 谏之道难矣哉！诚之不至，未善也；理之不明，未善也；辞之不达，未善也；气之不平，未善也；行之不足于取重于君，未善也。言之不足以取信于君，未善也。①

在这里，吕祖谦以五个“未善”，极力渲染了谏道之难。他认为进谏者要使君主纳谏，必须做到诚至、理明、辞达、气平；且要行取重于君，言取信于君。唯有这样，才具备了进谏的资格和水准。吕祖谦的这一看法，可能受到了韩非的影响。

---

① 《东莱博议》卷2《鬻拳兵谏》。

韩非曾在《说难》中历举了谏说者足以危及自家性命的十五事，指出进说者一定要事先了解君主的心理变化，投其所好，方能收到谏说的效果。所谓"在知所说之心，可以吾说当之"。必须说明，吕祖谦和韩非虽然都认为进谏君主很困难，但是二者之间还是有重大差异的。在韩非那里，君臣关系是赤裸裸的利害关系，其论谏说之道多掺杂权谋机诈，具有明显的个人功利主义倾向；而吕祖谦则认为君臣即父子，有骨肉之情，谏议者应该不计个人得失，透过利害关系，其立足点是强调谏说者自身的学识水准和道德素养。吕祖谦指出以臣之职分而言，绝对不能因为进谏之难就放弃对君主的规谏。

> 大抵讲论治道，不当言主意难移，当思臣道未尽，不当言邪说难胜，但当思正学未明。盖工夫如此，则必有此应，原不在外也。①

认为臣不应该抱怨君主的意见很难改变，而要多考虑自己是否尽了规谏之职责；也不应强调异端邪说难以克服，而要反躬自问自己有没有讲清治国安民的道理。如果确实尽到了臣子的规谏之责，又把话说清楚了，在一般情况下，总是会收到效果的。所以，对于进谏者来说，不要老是担心是否会从谏，而是要在谏议之道上下功夫。他说：

> 人臣之忧，在于谏之未善，不在于君之未从。……其所忧者惟恐吾未尽谏之之道，亦何暇忧其从

① 《文集》卷五《答潘叔度》。

> 否乎？不忧术之未精，而徒忧病之难治，天下之拙医也；不忧算之不多而徒忧敌之难胜，天下之庸将也。臣之纳谏也，苟尤君而不尤己，不能导君使自从而欲强君使必从，其流弊终至于鬻拳胁君而止耳。鬻拳岂欲胁君哉！告而不听，故出于强，强而不听，故出于胁，君愈不听而愈求之于君，曾不知反求吾纳谏之道尽欤否欤。谏，吾职也；听，非吾职也；吾未能尽其职，乃欲越其职以必君之听，可乎？①

庄公十八年，楚鬻拳对其君实行兵谏，胁迫楚君从谏。上引的这番话就是吕祖谦对这一历史事件所作的评论。吕祖谦认为臣的职责是规谏，而纳谏则是君之事。因此对于臣来说不能要求君一定要从己之谏，否则就是“越其职”。楚鬻拳兵谏就是犯了“欲强君使必从”的错误。而善谏者总是使君“自从”而不带任何勉强的。而要君“自从”，就要讲究谏说艺术，尽“谏之之道”。如果不是努力提高自己的进谏水平，而老是忧“君之未从”，这就好比是不想方设法提高自己的医术而一味强调顽症难治的拙医，或是不殚精竭智使自己运筹谋算准确精当，而只是惧怕对手强大的庸将，非坏事不可。

进而，吕祖谦指出在诤谏过程中，臣不仅要对君主怀有赤诚之心，不能“爱身太重，量主太浅”，而且还要因人因事选择正确的进谏方式。他认为谏议的言辞是慷慨激越还是温和委婉，必须根据君主过失大小而定，这“犹医者之用药，若是寻常疾病，和缓之药，若是病深，则不可以常药治”②。

① 《东莱博议》卷2《鬻拳兵谏》。

② 《文集》卷20《杂说》。

在一般情况下，吕祖谦不反对直言以谏，甚至主张必要时不顾自身性命犯颜直谏。孟子曾谏齐宣王说：“君之视臣如手足，则臣视君如腹心；君之视臣如犬马，则臣视君如国人；君之视臣如土芥，则臣视君如寇仇。”①在以“君虽不仁，臣不可以不忠”为信条的中国封建社会后期，孟子的这段议论，颇涉“悖逆”之嫌，然而却得到了吕祖谦的高度赞扬。他说：

> 盖战国之时，齐王正待臣之薄，故孟子以苦言药之。……观孟子之言似觉峻厉无温厚和缓之气，何也？盖孟子之言有谓而发。盖适战国之时，齐王之病已深，使孟子不苦其言则其病不瘳。譬如桔梗猪苓，虽不如参术之上品，亦视时为主。盖其病深者，其药不得不毒；其过甚者，其言不得不峻然。②

由于齐宣王待臣刻薄寡恩之至，其病已深，如果还是以温和委婉之词进说，必定达不到使其“开悟”的目的，故而对齐宣王谏议之词“不得不峻然”，非如此不足以使其幡然醒悟。

但是良药虽然可以治病，毕竟苦口而难以下咽；忠言虽然利于行，却因逆耳往往不能为当事人所接受。而是否纳谏的最终决定权又恰恰操纵在听惯了颂扬阿谀之词的君主手中，这就要求进谏者不能以能直言规谏为满足，因为这常常收不到应有的效果，因此吕祖谦更多的是主张顺谏。

---

① 《孟子·离娄下》。

② 《文集》卷18《孟子说》。

> 大抵直情径行而不失正道,为甚易;委曲宛转而不失正道,为甚难。夫当睽乖离散之时,上下志曾不相合,若以直攻曲,以正攻邪,君臣之间,相与为敌,非特有害于身,又且有害于国,惟当宛转以入之。故曰:遇主于巷,于巷者非枉道以合君,乃务引其君以当道,故曰未失道也。大抵委曲而不失其道,若处和协之时则易;若处睽乖之时,则非刚明之才不可。①

吕祖谦认为"直谏"而不失道,是比较容易做到的。但是在天下危难之际,君臣上下离心,君主误入歧途,走进死胡同("巷")而又不能自觉时,如果谏议者只知"以直攻曲,以正攻邪",方法过于简单粗暴,这很容易引起君主的反感,增加君臣双方的对立和隔膜。这对进谏者本身固然不利,而且对国家由危到安的转化也极为不利。进谏者只有"委曲宛转",但又不是以牺牲正道原则去迎合君主的侈念邪思,慢慢地引导君主改过复善,走上正道。这是一种很高明的谏议之道,要做到这一点当然要比一般的"直情径行"困难得多,"非刚明之才不可"。故而吕祖谦又说:"孰夫正之一字,而直情径行非所谓正也,须是知委曲精详之道。"②

就人臣之职而言,对君主之过失当然不能放过,必须及时规谏,始终要坚持"大正"之理,"君子之道"。但是在规谏过程中,也必须对君主讲一点恕道,即要有容忍君主一时不明事理而不能纳谏的度量。

---

① 《文集》卷 14《易说·睽》。
② 《文集》卷 12《易说·同人》。

若后世虽有直谏者，徒多至于怨怼，皆是不曾讲究恕之一字，但只责君不能容己，殊不知己不能容君。如朱云、褚遂良辈，君一有诃谴，便至于折槛、纳笏，后人看此二事，多以为君不能容臣，不知臣不能容君。君不能容臣，其失固明，臣不能容君，此亦害事。以恕字观之，则遂良亦自有可责。学者欲讲求事君之道，须是平时开廓，心中能容人乃可。①

吕祖谦认为不少人以自己能够犯颜面折为满足。而君主对自己的诤谏"一有诃谴"，便以自尽或辞职相胁，这实际上是对君没有恕心，不能容君的表现。如汉成帝时大臣朱云谏诛安昌侯张禹，成帝不允，欲斩朱云，朱氏便手攀殿槛，欲以自尽明志。后槛折，赖辛庆忌救之得免。唐太宗时褚遂良谏说太宗遭谴，而以辞职相对。在这两桩历史事件中，君主（成帝、太宗）固然有不能容臣之嫌，但如果以恕道来衡量朱云、褚遂良等人的行为，也有值得反省的地方。即必须开拓胸襟，涵养容人之心。

吕祖谦指出"君不能容臣"，不虚心纳谏确实"害事"，但臣没有对君的恕心，也不行。因为非但达不到开悟君主之目的，而且容易贻误大事。以《离骚》之作者屈原而论，他虽然有"爱君之心"，但对楚王不讲恕道，其谏议也不尽合"君子之道"，"发之不以正，自愤怨激切中来"②，故其规诤终不能使走上歧途的楚怀王幡然醒悟，于己于国都不利。

① 《文集》卷18《孟子说》。

② 同上。

为了使顺谏做到有的放矢、对症下药，进谏者还必须认真忖度君主的心理，因势利导，启发君主的“向善之心”，选择最佳时机和方式将自己的意见表达出来。

论治之说，本末诚当备举，但言之亦恐须有序。如孟子先以见牛，启发齐王之良心，至语意浃洽之后，乃条五亩百亩之说。①

孟子进说齐王，先从君子远庖厨说起，肯定齐王有“仁心”，从而取得齐王的欢悦和信任，然后再陈述自己关于井田经界的政治经济主张。由于齐王和孟子在感情上接近了，也就比较乐意接受孟子的规诤。吕祖谦认为孟子这种谏议方法值得后世谏议者仿效。

又如，魏太祖（曹操）曾一度想废文帝（曹丕）而改立临菑侯（曹植）。谋士贾诩不同意曹操这种废长立幼的想法，却不明言其态度。当曹操为此事征求他意见时，贾诩说：“（吾）思袁本初（绍）、刘景升（表）父子也。”袁绍、刘表父子不和，兄弟反目，都是由于废长立幼所引发的，贾诩这一说法，是“委曲宛转”地规谏曹操放弃废曹丕立曹植的想法，以避免袁绍、刘表父子的悲剧。但其引而不发，迂回曲折，让曹操本人去领悟其中的道理。吕祖谦十分欣赏贾诩这一规谏之法，称其“委曲拥护，可谓得其道矣”②。

吕祖谦在称赞孟子、贾诩善谏的同时，批评了宋玉谏说楚王之道。

---

① 《文集》卷 3《与朱元晦》。

② 《文集》卷 19《史说》。

> 至有虽欲开悟人君亦不得其道者，如宋玉答大王之雄风，谓之不忠则不可，谓之非正理亦不可，但只是指在楚王身上太急，故终不能有所开悟。[1]

宋玉在和楚王的一次对话中，曾把楚王比作雄风，而把天下臣民比作雌风，间接地叙述了统治者和劳动群众在生活上的天壤之别，旨在谏说楚王留意民间疾苦。吕祖谦认为宋玉这样谏说楚王很不妥当。说宋玉不忠于楚王似乎站不住脚，也不能说宋玉说的没有道理，问题在于宋玉的进谏之言不是楚王喜欢听的，态度又过于急躁，所以楚王接受不了，终究没有达到谏说的目的。

在比较了两种规谏方法和规谏效果的基础上，吕祖谦对“进谏之道”作了如下概括：

> 进谏之道，使人君畏吾之言，不若使人君信吾之言，使人君信吾言，不若使人君乐我之言。戒之以祸者，所以使人君之畏也；喻之以理者，所以使人君之信也；悟之以心者，所以使人君之乐也。[2]

吕祖谦这个概括很有道理。因为“祸固可使人畏，然遇骄慢而不畏者，则吾说穷矣；理固可使人信，然遇昏惑而不信者，则吾说穷矣”[3]。进谏者只有使君主“释然心悟”，乐意按照进

① 《文集》卷17《孟子说》。
② 《东莱博议》卷1《臧僖伯谏观鱼》。
③ 同上。

谏者说的去做，这才是最高明的啊！

但是无论是“顺谏”还是“直谏”，毕竟是在君主有了过失的前提下进行的。如果能够防患于未然，不使或少使君主发生过失，岂不更好？因此，吕祖谦极为赞成由程颐提出的“规君之过”与“养君之德”相结合的方针。他说：

> 伊川先生曰：后世知求治而不知正君，知规过而不知养德。盖后世谏诤之官，其所以匡君之恶未尝不至，若夫从容和缓以养君之德则缺焉。……一则优游容与养君之善，不使有一毫矫拂；一则秉义守正以止君之邪，不肯有一事放过，故人君既有所养，又有所畏。①

吕祖谦认为“规过”固然要紧，但相比之下，“养德”的意义更大。“养德”可以使人君“心术纯正”，少出甚至不出纰漏，故“养君之德”才是治国的根本。

由此，吕祖谦提出人臣要把“养君之德”、正君之心作为首要问题来对待。即使面对奸佞小人也不要舍本求末，在一些具体问题上和他们纠缠不清，而必须在人君心术上下功夫。

> 大抵君子之攻小人，当攻其根本。苟不攻其根本，见小人在于聚敛则攻其聚敛，见小人在于谄谀则攻其谄谀，见小人在于开边则攻其开边，则终不胜夫小人。盖小人所以为根本，以其先能以

① 《文集》卷16《周礼说》。

> 左道坏人君之心术，故人君深信之而不疑。今之攻小人，若但攻其门庭而不攻其内，此君子所以常不胜而小人所以常胜。君子之攻小人，盖亦反其本矣，本者何在，正君心也。①

奸佞小人之所以能干出种种邪恶之秽行，如“聚敛”、“谄谀”、“开边”，而得不到应有的制裁，主要是由于昏君庸主对他们深信不疑，而对他们百般纵容和包庇。小人的可怕之处也就在于他们“先能以左道坏人君之心术”，因此君子们要想求天下之大治，当务之急是“正君心”，而不是制止小人的奸佞行为。君心一正，小人们自然再也不敢“聚敛”、“谄谀”、“开边”了。这里说的“正君心”就是用理学思想熏陶君主。如果摈弃“正”的具体内容，单从加强思想教育的重要性而言，吕祖谦的这一观点，还是有一定借鉴意义的。虽然这里有夸大个人意志在历史活动中所起的作用的因素。

第四节　法治与德治

法是伴随着国家一起出现的。如果说国家是阶级压迫工具，而法则体现着统治阶级的意志。有国则有法，无法则不成其国，此乃古今通例。和法一样，德也属于上层建筑的范畴，其所体现的首先也是统治阶级的愿望和利益。对于统治阶级来说，法与德是相辅相成的，两者不可偏废。

---

① 《文集》卷 14《易说·明夷》。

一　以深刻之刑，制强暴之恶

和当时一般理学家有所不同，吕祖谦并不讳言法对封建的政权所起的维系作用。他说：

> 人多言不可用法。法是申（不害）韩（非）深刻之书，此殊未然。人之法便是人情物理所在。若会看得仁义之气蔼然在其中，但续降者有时务快，多过法耳。①

崇德轻法是儒家的传统观点。不少理学家一提到法，便把它和申不害、韩非等人联系起来。吕祖谦不同意这种观点。他认为"法"是"人情物理所在"。一部好的法令，其中包含了"仁义之气"。后世不少"续降者"为了贪图方便，凭着自己个人的喜恶办事，而不遵循"人情物理所在"之法，把事情办糟了，这并不意味着法不好，恰恰相反，这正是"过法"之缘故。

程颐在《周易程氏传·蒙卦》中说："治蒙之初，威之以刑者，所以脱去其昏蒙之桎梏，桎梏谓拘束也。不去其昏蒙之桎梏，则善教无由而入。既以刑禁率之，虽使心未能喻，亦畏威以从，不敢肆其昏蒙之欲，然后渐能知善道而革其非心，则可以移风易俗矣。"出于地主阶级的偏见，程颐一向认为老百姓生来气质昏蒙，愚昧顽劣。如果不去其昏蒙桎梏，他们就很难接受封建主义教化，"善教无由而入"。而去其昏

---

① 《文集》卷20《杂说》。

蒙的唯一办法是用严刑重罚禁止他们的邪恶思念和行动，使他们感到畏惧，而被迫顺从“刑禁”，“不敢肆其昏蒙之欲”。久而久之，老百姓的昏蒙之桎梏就会慢慢地解除，也就可以接受封建教育了。对于程颐这一思想，吕祖谦完全同意，他说：

> 初六，发蒙，利用刑人，上九击蒙，师严然后道尊。蒙，始终皆以严。①

在他看来，要对百姓启蒙，就必须先用刑罚。在此基础上才能达到“道尊”的目的。

吕祖谦进而指出，不能以“刑法”的轻重来断定它是否符合仁义之原则，而应当把“法”放到具体的社会环境中去考察。不少“法”从表面上看似乎很宽松。但也正因为它的宽松，人们就会因此而掉以轻心，视之若有还无，结果陷入重罪，所以名为“轻刑”，实则不然。“内有轻刑之名，外有杀人之实”。② 相反，有些刑罚看上去很严峻，但正因为其严峻，人望而生畏，不敢有半点触犯，从而变得循规蹈矩，减少了犯罪现象。因而这种“峻刑”，实际上是很“仁义”的。他这样分析道：

> 大抵为恶，先从发足处制之，则恶必不能长也。屦校灭趾，禁之使不得行也。既不入于恶，必自进于善矣，所以无咎也。昔周公治商之顽民，不急于

---

① 《文集》卷12《易说·蒙》。

② 《文集》卷20《杂说》。

> 他事，乃切切在于禁其群饮之愚夫，何故？商民染纣之沈酣，遂致顽而不淳。周公察其所从来，自其所以为恶之本原而制之，岂后人区区制其末流之比哉！[①]

刖刑，断人之足，灭人之趾，可谓酷刑。但刖刑目的在于制恶，使恶不能蔓延。人们害怕断足、灭趾，就不干坏事，避免陷入罪恶，而“进于善”，所以从本质上考察，它是符合仁义之道的。周公在治理商民时，其它事情可以暂时不论，首先是严厉地禁止商民“群饮”。这是因为在纣之“沈酣”的影响下，商民多喜“群饮”，不少犯罪作恶之事就是在其“群饮”之后做出的，因此周公严禁“群饮”虽然似嫌“峻厉”，但却杜绝了商民“顽而不淳”之根源。

吕祖谦认为一定要以严惩恶，哪怕是小过微罪，也不能姑且手软。他说：

> （孔子）一旦见原壤之箕踞则以杖叩其胫，见冉求之聚敛则鸣鼓而攻之。圣人以严御恶，政所谓中也。[②]

“箕踞”，傲慢无礼之貌也；“聚敛”，求富之行也。二者均为小过，而孔子一则以杖叩其胫，一则鸣鼓而攻之，似乎是罚不当罪。但是任何大恶都是从小过慢慢积淀而成的，对小过微罪以严惩之，即能防止流于大恶，故而符合“中”之原则。

---

① 《文集》卷12《易说·噬嗑》。

② 同上。

小过微罪要以严御之,而对作恶多端的"强暴者"就更要施以严刑峻法。

> 六二乘初刚,是用刑于刚强之人。刑刚强之人,必须深痛。故至灭鼻而无咎也。二居中正之位,用刑之峻如此,得非过于中乎?治刚强而用严刑,正如病深者用药猛,方得适宜,乃所谓中。……乘初九之强暴,而用刑以制之,故不得不下毒手也。人皆谓刑平国用中典,即谓君子之中道,殊不知以深刻之刑,制强暴之恶,正圣人之中也。①

有人认为刑要轻,法要宽,这才是"君子之中道",国之常典,吕祖谦对此颇不以为然。他指出"刚强"、"强暴"者是不把轻刑宽法放在心上的,因而轻刑微惩对他们来说根本不起什么作用。对于他们只有施以"深刻之刑",予以"深痛",才会有震慑之力。这如同对生重病者用猛烈之药治之的道理一样。从这个意义上说"以深刻之刑,制强暴之恶",本身就是"中道",决不会因此而招致过咎的。

吕祖谦在这里说的"强暴"、"刚强"者,主要有这样两部分人:

一、"蠹国害民"的"权倖之臣"。他们是封建统治集团内部的"干胇干肉"。他们的所作所为危及封建统治的根本利益。只有将他们绳之以法,惩之以刑,才能巩固封建统治集团内部的团结。

---

① 《文集》卷12《易说·噬嗑》。

譬如人固是被私意间隔处，各不同。苟不察见间隔所在则枉用力。噬嗑，缘有物间隔，故须用明与威治之，然后无间。①

大凡噬干胏干肉，皆去间之理也。……为间既大，须用力深，则所得亦大。大抵人情当患难未平之时，则克艰其事，及患难既平之后，则忘其艰贞。故圣人特于此致戒。后汉董卓为汉大间，王允诛之，至其终而不能艰贞，汉遂复乱，正此爻之所戒也。②

吕祖谦认为封建统治集团内部本来是亲亲爱爱、和睦融洽，但由于“权幸大臣”从中作梗，他们如同“间隔”之物，使得上下离心，左右失和。如东汉末年之董卓就是这样的“权幸之臣”。治理天下，首先要将他们剔除，直至“诛之”。王允的悲剧不在于他诛戮董卓，而是因为他在杀了董卓之后，骄傲自满，“忘其艰贞”之故。

二、“伺机窃变”的“豪猾之民”。这些人一有机会就会破坏封建秩序，企图推翻封建政权，故而对他们亦不能仁慈，必须坚决镇压之。

吕祖谦指出，要重振封建纲纪，就应拿这两部分人开刀。这样，既铲除了封建统治集团内部的“痈疽”，又扑灭了外部的农民革命势力，天下之大治岂有不至之理。遗憾的是“衰世之君”并不懂得这个道理，只会抱残守缺，一味姑息养奸，以致于“权幸之臣，有罪不坐，豪猾之民，犯法不诛，仁恩

① 《文集》卷12《易说·噬嗑》。

② 同上。

所施，止于目前，奸宄得志，纲纪不立”①。吕祖谦这番话决非一般的泛泛之论，而是有感而发，颇切时弊。两宋时期，最高统治者对于犯奸作科的显贵达官一直眷恩有加，徇私枉法，以致吏治腐败，贪赃狼藉，比比皆是。民众不堪忍受极端腐败黑暗的统治，反抗之火花，时时迸发。为了提醒南宋统治者大力整顿法治，吕祖谦力倡有罪必刑，决不宽贷。他说：

> 大凡仁与义本是一事。而今人作两字看，殊不知仁而无义，乃妇人之仁尔。故先王有不忍之心，行不忍之政。所赦者止于过，若有罪，则义所当刑。自汉以来皆不知此，惟知赦过为仁而不知有义。至于元恶大憝，得肆其志，而善良之民或被其害，是知仁义之道，本非两事。②
>
> 然而彼有罪恶之可诛，则当诛之，而不宥在我，亦自无咎。圣人言此真有深意存乎其间。何者？噬腊肉而遇毒，当于此知正己之道虽吝而无咎。小人有恶，从而治之在我，则实无罪，圣人不长小人之恶之意也。③

在封建社会中，常常因皇家的红白喜事而颁发赦令，以示哀矜仁爱之意。对此，吕祖谦的看法是，赦免不是绝对不允许，但赦免的对象只能是犯有小过微罪者，而对犯重罪的则一定

① 《文集》卷 6《代宰臣虞允文恭书御书崔寔政论下方》。

② 《文集》卷 14《易说·解》。

③ 同上，卷 12《噬嗑》。

要依法追究，根据情节轻重而量刑定罪。够得上杀人之罪就应开刀问斩。不如此不足以迅速扭转权奸当道、纲纪败坏、百姓“被其害”的局面。

应该指出，吕祖谦重视法治作用，强调依罪量刑，其目的在于巩固封建统治。他提倡对“豪猾之民”即反抗封建统治的革命人民坚决诛戮，尤为歹毒。但他反对对“权幸之臣，有罪不坐”，则有利于封建纲纪之整饬，从而亦使其“以深刻之刑，制强暴之恶”的命题而附带了些积极的内容。

二　深恩固结法制之外

吕祖谦重视法治，但更重视德治。他认为任何法令都不可能订得尽善尽美，总有事前虑及不到之处。例如“秦法辄升殿者，夷三族”[①]。恪于此法，大臣武士不敢升殿半步，这虽然可以防止外人带剑上殿行刺，但一遇到将匕首藏于图册，以献图为名而以行刺为实的荆轲，其弊端立现：“匕首窃发，始皇骇惧，莫有拒者。”[②]这倒不是秦之大臣武士坐视不救，而是害怕“辄升殿者夷三族”的法令，故而也就没有人在这危急关头上殿，替秦始皇解围拒敌了。又如曹操立法严峻，曾规定“京城有变，九卿各居其府”。后来严才造反作乱，带领了部下数千人攻左掖门，“魏武登铜雀台远望，无敢救者”[③]。幸亏当时奉常官王修所到消息后，及时率众相救，才平息严才之乱。由此，吕祖谦议论说：“王修察变知机，违法赴难，

① 《文集》卷19《史说》。

② 同上。

③ 同上。

使各守法必成其祸，故王者设法敷化，不可太急。”[①]他的结论是：

> 观此，则知申、韩之害于后世不少。然申、韩之言且曰使人不忍欺，不若使人不敢欺。不忍欺在人，不敢欺在我，所以立法用刑皆严峻，殊不知以法服人，其外若密，其中实疏，以德结人，其外虽疏，其中实密。[②]

申不害、韩非等人主张“立法用刑”一定要深刻严峻，其目的是为了让民众畏惧而不敢背叛统治者，这样就将治理天下的主动权紧紧地操纵在自己的手中。吕祖谦不同意这一观点。尽管他亦倡“以深刻之刑，制强暴之恶”。但是他认为与其想尽办法“使人不敢欺”，何不“使人不忍欺”，即让人们自觉服从于封建统治，效果岂不更好。因为前者是被迫的，后者则是主动的。在吕祖谦看来，如果仅仅是用“法”来降服人，外表看上去似乎很缜密周到。然而百虑而有一失，一旦碰到意外情况的发生，法之疏漏就会暴露无遗。如荆轲行刺，“莫有拒者”；严才作乱，“无敢救者”。这就要求平时注意“以德结人”，争取民心归附，从根本上清除犯上作乱的可能。这也就是治德“其外虽疏，其中实密”的原因。

吕祖谦指出，法治和德治的这种差异平时尚不明显，一旦到了紧急关头，就可分出高低、疏密来了。

---

① 《文集》卷19《史说》。

② 同上。

马之不敢肆足者，衔辔束之也。民之不敢肆意者，法制束之也。衔辔败，然后见马之真性，法制弛，然后见民之真情，困之不敢怨，虐之不敢叛者，劫之于法制耳。大敌在前，抢攘骇惧，平日之所谓法制者，至是皆涣然解散矣。法制既散，真情乃见，食马之恩，羊羹之怨，恩恩怨怨，各以其情而报上，苟非豫暇之时深恩固结于法制之外亦危矣哉。①

马不敢放开脚步奔驰，是由于衔辔约束；百姓不敢恣意行动，是由于法令制约。衔辔一坏，马肆足奔驰的真性就出来了。同样，法制荡涤无存，老百姓的真实思想和感情就会流露出来。平时百姓不敢因困苦而对统治者怨恨，不敢因其暴虐而背叛，主要是法制在起强迫作用。一旦强敌压境，平时使百姓骇惧的法制不复存在，老百姓就会对统治者有恩则报恩，有怨则报怨。所以统治者一定要在太平无事之际结“深恩于法制之外”，否则一遇到意外事件的发生，处境就十分危险了。

怎样才算“深恩固结于法制之外”呢？吕祖谦赞成孟子提出的“乐民之乐，忧民之忧”的观点。他说：

大凡人君不与民同忧同乐，寻常无事固不见其祸福，及一旦有不测之祸，如卫懿公伐狄，兵有使鹤之怨，其失方见。②

吕祖谦认为统治者只有乐民之乐、忧民之忧，民才会乐君之

① 《东莱博议》卷2《齐鲁战长勺》。
② 《文集》卷17《孟子说》。

乐，忧君之忧。”平时受君之恩惠，届时就会“赴死地以答其赐”①；如果置百姓之忧乐于不顾，君主有难，百姓就会坐视不救，如卫懿公荒淫昏庸，厚待其鹤而暴虐其民，这个问题在天下晏然之时尚不严重，而有了战祸，士兵们就不会为之拼命，卫懿公立即变成孤家寡人，只好束手待擒，沦为阶下之囚。

有鉴于此，吕祖谦一再提醒统治者一定要记取这个历史教训，在做任何事情时，都要时刻考虑到“为民”着想。

> 大抵人君非特是坐庙堂临政事便是为民，凡一颦一笑，无非为民。②
>
> 天子凡一出一入……无非为民事也。如省耕省敛是也。……三代之时，君民相信，君有出入必为民，民见君之出入亦知其为己，故幸其来。③

当然在吕祖谦时代，统治者是不可能真正为民着想的；更不要说“一颦一笑”、“一出一入”全是为关心民间疾苦而为。然而他要求统治者广施仁德，留意民间疾苦，争取劳动群众的拥护，却是不应否定的。吕祖谦这个思想的意义，决不只是限于封建社会，似无疑义。

第五节 为官之道

吏治的清浊得失，直接关系着国计民生，吕祖谦十分清

① 《东莱博议》卷2《齐鲁战长勺》。

② 《文集》卷17《孟子说》。

③ 同上。

楚其中的利害关系。因此，尽管他一生所出任的均是秘书、编修、太学博士等闲职，从未身居要津、手握重柄，但是对吏治却表现了异乎寻常的重视。在其著述中常常提及这个问题。积自身将近二十年的官场生涯，取其先人累世官宦之沉浮，吕祖谦潜心总结了一套颇具特色的"当官之法"。

一　"公平观理所在"

当官者究竟为何"出仕"？是为了封妻荫子、荣华富贵、光耀门庭呢？还是"欲济世务"，协助君主将天下之事办好？吕祖谦赞成后一种观点。他认为，"出仕者"和君主好比同乘一条船而渡江涉海，"一事不牢，即俱受其败"①。为了保证封建制度不受其败，吕祖谦强调："凡出仕者不问官职大小"，都要身体力行地遵循体现封建统治阶级根本利益的"法令"。在执法过程中，要"透得利害祸福关"，做到"公平观理所在"。

> 苟其不计人主之喜怒者，自然尽其平允。缘不曾透得利害祸福关，缓急如何作得主宰？②

吕祖谦认为当官的老是计较个人的"利害祸福"、升降沉浮，就不能执法平允，而只能窥视君主的喜怒好恶而"曲法"。西汉酷吏张汤审案断讼，总是秉承汉武帝的旨意行事，当有人提出批评时，他竟振振有词地说："三尺法安出，非人主之意乎？"对此，吕祖谦有着完全不同的看法。他指出虽然赏罚

---

① 《文集》卷10《择善·三国史》。
② 《文集》卷20《杂说》。

取予的大权是由君主操纵，但是君主也不过是在执行“天”即“人情物理”的决定，而不可置反映“人情物理”的法于不顾，而自行其事。

> 大抵赏罚皆出于天而寄之人君。《书》曰：“天讨有罪”，天命有德，则赏罚虽在君，实天寄之，而人君亦何尝可自专哉？①

因此官员们执法不能以君主个人的喜怒好恶、恩恩怨怨为依据，而只能遵循“人情物理”之法。即使事涉权贵，也必须“平心看理之所在”。他说：

> 凡治事有涉权贵，须平心看理之所在。若其有理，固不可避嫌，故使之无理。若其无理，亦不可畏祸，曲使之有理。直须平心看，若有一毫畏祸自恕之心，则五分有理，便看作十分有理。政使见得无理，只须作寻常公事看，断过后不须拈出说。寻常犯权贵取祸者，多是张大其事，邀不畏强御之名，所以彼不能平。若处得平稳妥贴，彼虽不乐，视前则有闲矣。然所以不欲拈出者，本非以避祸，盖乃职分之常，若特然看做一件事，则发处已自不是矣。②

在执法时，如某一案件涉及权贵，执法者不能为了获得铲暴

① 《文集》卷 19《史说》。
② 《文集》卷 10《官箴》。

御强之名声，而故意使本来有理的权贵变成无理，也不能为了怕得罪权贵，连累自己的前程，而曲法使之无理变得有理。这里的标准只有一个，即唯“理之所在”。针对某些执法者“畏祸自恕之心”，吕祖谦认为不要把处理权贵无理之案讼看成了不得的大事。只要执法平允，结案后不张扬，就可以太平无事。如果为了“邀不畏强御之名”，特地将这类案例拣出来，“张大其事”，到处宣扬，这才是办案人自取其祸的根源。因为这样一来，就会激怒无理之权贵而促使其寻机报复。吕祖谦之所以不主张将涉及权贵案件“特然看做一件事”，还基于这样一种认识，公正办案乃是“出仕者”的“职分之常”，故而没有必要将“职分之常”“拈出说”。否则就把本来正常的变成不正常，其出发点已属“不是”，岂能不自取其辱。为此，他特地引其伯祖吕本中《舍人官箴》说：

> 当官大要直不犯祸，和不害义，在人消详斟酌之尔，然求合于道理，本非私心专为己也。[①]

这也是吕祖谦对待事涉权贵案件的基本立场，既要坚持“合于道理”，又要顾及权贵的脸皮，可谓老到世故。

狱讼的审理，是吏治的重要内容之一。因为它涉及是非曲直，甚至人命关天，故而一定要认真对待，尽一切可能弄清事情的来龙去脉，他说：“狱者，察其情也。”[②]做到慎重其事。

---

① 《文集》卷 10。

② 《文集》卷 12《易说 · 噬嗑》。

> 人多恃聪明以折狱，颇失之于过。君子虽聪明而不敢自恃其聪明，故于狱无敢折。大抵无敢折狱者，非谓淹延退缩也，乃周密详审，常若不明者所为。故曰无敢折狱。①

吕祖谦的这个说法颇有道理。在实际生活中，不是所有案件的案情都是一目了然的。要透过扑朔迷离的现象，把握真实的案情，单凭一己之小聪明，想当然地“折狱”，往往是靠不住的，难免“失之于过”。这就要求办案人对案情反复推敲，“周密详审”，切不可“自恃聪明”，草率结案。案情一时不明，不忙先下结论，不妨反复阅读宗卷，从中找到有关的线索，“吏人不怕严，只怕读。盖当官者详读公案，则情伪自见，不待严明也”②。对于一些难以决断的案子，切忌急躁、暴怒。这里需要的是冷静思考。他非常同意吕本中以下这一议论：

> 当官者先以暴怒为戒。事有不可，当详处之，必无不中。若先暴怒，只能自害，岂能害人？前辈尝言凡事只怕待。待者，详处之谓也。盖详处之则思虑自出，不能中伤也。尝见前辈作州县或狱官，每一公事难决者，必沉思静虑累日，忽然若有得者，则是非判矣。是道也，唯不苟者能之。③

案情的正确审理，来源于周密而冷静的思虑以及一丝不苟的

① 《文集》卷13《易说·贲》。
② 《文集》卷10《舍人官箴》。
③ 同上。

认真负责精神,这一观点无疑包含着合理因素。

先入为主的成见是办案之大忌。吕祖谦竭力反对那种"先有所主"的听讼。他说:

> 凡听讼者,不可以先有所主。以此心听讼,必有所蔽,若平心去看,便不偏于一,曲直自见。①

吕祖谦认为事先带一定成见,就很难做到心平气静地分析是非曲直,因而也就难免"有所蔽",妨碍作出准确的判断,只有"平心去看",才能曲直自见。

死人是不会说话的,被害身亡者根本不可能自行诉讼自己被害的真情,因此对于横死者进行必要的验尸成为审理决断这类凶杀案的主要手段。当时有一位名叫黄兑的地方官员坚持不避臭秽,亲自验尸。吕祖谦表示欣赏。

> 黄兑刚中尝为予言,顷为县尉,更遇验尸,虽盛暑亦必先饮少酒,捉鼻亲视。人命至重,不可避少臭秽,使人横死无所申诉也。②

吕祖谦将此载入《官箴》,目的是要狱官们仿效,同时也反映了他在这个问题上的态度。

必须指出,吕祖谦虽然主张执法严明,罪当诛者决不宽赦,并提出以"深刻之刑,制强暴之恶"的命题,但是却反对"严刻过当",即不能轻罪重罚,罚过于罪。如果办案人遇到

---

① 《文集》卷 20《杂说》。

② 《文集》卷 10《官箴》。

“监司、郡守严刻过当者，须平心定气与之委曲详尽，使之相从而后已”①。只要“严刻过当”的问题没有得到纠正，就必须一直与“监司、郡守”们“委曲详尽”下去。

吕祖谦认为对罪犯一定要绳之以法，但不能进行人格上的侮辱。因为“官有正法，何至于此”②。对犯人亦要有“哀矜之意”。他说：“人在缧绁之中，锱铢之惠有若钧石”，这时只要对他们有一点“哀矜”的表示，“如夏月取罪人，早间在西廊，晚间在东廊，以避日色之类”；犯人们就会感激不尽，这也是“德结于人”的好机会。吕祖谦的这一观点掺杂着几分拉拢人心的权谋，但也有几分人道主义的因素。

二　清、慎、勤，“所以持身矣”

吕本中曾说：“当官之法唯有三事：曰清、曰慎、曰勤。知此三者，则知所以持身矣。”③对于伯祖这一庭训，吕祖谦铭记在心，奉为万世不易之言。曾书以相赠初仕之门人相勉，“清”、“慎”、“勤”构成了吕祖谦为官之道的重要内容。

吕祖谦认为“出仕者”廉洁而不“嗜利”、“贪财”，这是“持身”于充满倾轧漩涡的封建官场的要求。吕祖谦为自己及初仕之门人订立《官箴》凡二十五条，其中有关清廉居多。诸如：

法外受俸；

多量俸米；

① 《文集》卷10《舍人官箴》。

② 《文集》卷10《择善·三国史》。

③ 《文集》卷10《舍人官箴》。

置造什物；

买非日用物；

不依实数请盘家送还钱；

托外邑官买物；

荐人于管下买物；

亲知雇船脚用官钱(须令自出钱)。

凡“出仕者”均可领取到国家规定的俸禄，以此资生，因而“法外受俸”，“多量俸米”是违犯朝廷定例的，当属贪污之列，必须自行禁止。一般说来，当官的不论官职大小，手中总有一部分权力，可以在实际生活中给他人以方便。正因为如此，也总有人会千方百计地讨好自己以谋求更大的私利。比如“托外邑官买物”，自己能付多少钱？“荐人于管下买物”，怎么能不便宜？所以这类事情千万不能干。宋朝开国之初，赵匡胤为了让石守信等拥立有功的大臣交出兵权，公开鼓励他们广置产业，为子孙谋。在最高统治者的直接鼓励下，官员们大多利用出仕机会，巧夺豪取，大捞一把。对此陋习，吕祖谦深恶痛绝。他认为当官的要看淡一点家产，因为这毕竟是身外之物。在出仕期间不要“置造什物”，除了添置一些日常生活用品如“饮食及合用衣服”外，不买“非日用物”。“生产收藏以待他日之用，及为相识置买之类皆当深戒。”[①]公私一定要分明。“不以私事差人出界”，凡属应自己支的费用，如“雇船脚”之类，不“用官钱”，而“自出钱”。他认为“当官取庸钱、般家钱之类，多为之程而过受其值，所得至微，而所丧多矣。殊不知此数亦吾分外物也。”[②]

① 《文集》卷 10《官箴》。

② 同上《舍人官箴》。

上述的这些禁条，吕祖谦本人是否完全严格遵循，已不可详考。但有一点可以肯定，吕祖谦本人确实是官场上少见的廉洁之吏。当时吕祖谦家道已经衰落，年成不丰之时往往要靠相知友好的接济才能免于窘迫。“方此歉岁，得数斛粟，在困厄中殊有所济。”[①]当然，吕祖谦的实际经济状况可能要比他本人所说的要好一点，但已不很殷富，大概不会距事实太远。以至于像他这样身份的人不得不亲自过问家庭生活的日常开支，“不以仓庾氏为惮矣”。在三年清知府，十万雪花银的封建社会中，吕祖谦出仕将近二十年，如果稍有贪鄙，其经济境遇决不会如此清贫。

吕祖谦为官清廉，故而力主对那些贪赃之官吏绳之以法，他指出：“凡法令所载赃罪皆为不廉”，不得徇私枉法，只是在具体处理的方法问题可以灵活一些。“当明轻重，事若可以周旋复护，须是隐蔽，以全故旧之情，若事不可隐蔽，亦当矜哀惩创，使之去职。”[②]他以北魏时人源怀为例，具体说明了这个问题。源怀奉朝廷之命巡视北边，与源怀有旧的北边镇将元尼须为人“贪秽狼藉”。元尼须为源怀接风。源怀说：“今是源怀与故人饮酒之坐，非鞫狱之所也。明日公庭始为使人检镇将罪状之处耳。”既而表劾元尼须。吕祖谦认为源怀先与元尼须是全故旧之情，后表劾尼须是为公执法。今天看来源怀此举也许不足为训，但在当时人们的眼光中，却是公私两全的楷模，所以吕祖谦称赞源怀乃是“公不败事，私不伤义”[③]，大有“忠厚底气象”。

---

① 《文集》卷 4《与赵丞相》。

② 《文集》卷 19《史说》。

③ 同上。

吕祖谦廉洁品质的形成，可能与吕门家风的熏陶有关。他的六世祖吕公著"尝市缣帛，欲制造衣服，召当行者取缣帛，使缝匠就坐中裁取之，并还所值钱与所剩帛，就坐中还之"①。五世祖吕希哲知单州期间，"凡每月所用杂物，悉书之库门，买物民间，未尝过此数，民皆悦服"②。吕祖谦为自己有这些"至为廉洁"的先人而自得，并经常向自己的门徒们谈起这些事情，希望他们效法。

吕祖谦还一直告诫自己初仕之门人，要时刻警惕手下一些"猾吏"所设下的香饵，否则就会为其所卖，遗恨终身。他说：

> 后生少年乍到官守，多为猾吏所饵，不自省察。所得毫末而一任之间不复敢举动。大抵作官，嗜利所得甚少，而吏人所盗不赀矣，以此被重谴，可惜也。③

说得极是。"猾吏"们要想"所盗不赀"，总想寻找保护伞，而挖空心思拖顶头上司下水是他们所惯用的手法。如果当官的"不自省察"，受其贿赂，吞下他们的钓饵，就只能听任其摆布，而不能对他们的犯罪行为采取断然措施，将他们绳之以法，发展下去则必然会为其所累而被"重谴"，真可谓得不偿失。吕祖谦说的这种"猾吏"，决不只是封建社会的特产，至于那些"不自省察"的官员也从未绝迹过，总要引起警惕才

---

① 《文集》卷10《舍人官箴》。
② 同上。
③ 同上。

好啊！

针对“贪财”、“嗜利”者的侥幸心理，吕祖谦指出：

> 临财当事，不能自克，常自以为不必败。持不必败之意，则无不为矣。然事常至于败而不能自已。故设心处事，戒之在初，不可不察。借使役用权智，百端补治，幸而得免，所损已多，不若初不为之为愈也。①

一般说来贪赃者开始总是存在人不知鬼不晓而“不必败”的侥幸之心，而不克制自己贪婪之欲念，结果胆子愈来愈大，无所不为，在罪恶的泥潭中不能自拔，以“至于败”。对这类事情一定要“戒之在初”。如果等到贪赃后害怕事情败露而“役用权智”，竭精殚智地加以遮掩蒙混，即使有幸得免，又怎么可以能和“初不为之”相比呢？吕祖谦的这些观点，不仅是混迹于封建官场的“持身”要求，而且其中含有更为深刻的社会意义。在整顿治理经济环境，加强廉政建设的今天，它仍然闪烁着明哲之异彩，给人以有益的启迪。

“慎”，谨慎小心之谓。封建官场人情险恶，稍不留意，就会招致不测，故而要“持身”于祸福变幻不定的封建官场，不仅要廉洁，而且要谨慎处世，小心从事。吕祖谦曾告诫其门人戴衍：“当官既自廉洁，又须关防小人。……以防中伤。不可不至谨，不可不详知也。”②“慎”归纳起来有四点要求。

（一）处理公务要尽心尽力。“处事者不以聪明为先，

---

① 《文集》卷10《舍人官箴》。

② 同上。

而以尽心为急。”[1]不管大事小事都要认真对待。“事无巨细，皆详考。”在非原则问题的处理上，不要固执己见，而以遵从或采纳上司、同僚意见为好。至于有些事情碍于情理，实在无法执行他们的意图时，必须立即向他们解释清楚，以免产生误会，造成仇隙。“遇事不可从，不当时说明，误人指拟，以致生怨。”[2]

（二）公文严谨清楚，不能任意涂改。他说：

> 当官处事但务着实。如涂擦文书，追改日月，重易押字，万一败露，得罪反重。亦非所以养诚心事君不欺之道也。百种奸伪，不如一实；反复变诈，不如慎始，防人疑众，不如自慎；智数周密，不如省事不易之道。[3]

为官事君应该“诚心”、“不欺”。而“涂擦文书，追改日月，重易押字”，一则与此道相悖；二则可能给别人中伤自己的可乘之机；万一张扬出去，于己极为不利。因此与其后来“百种奸伪”，“反复变诈”、“防人疑众”、“智数周密”，倒不如一开始就慎重其事，“文字历引之类”都清清楚楚。

（三）避嫌。在官场上走动，同僚、部属相互赠馈之事，时有发生。对这类涉及人情世故之事的处理也要慎重。如果为了邀清廉之名，对于他人的赠馈，一律拒绝，未免不近人情，也容易因此得罪同僚和部属。例如水果食品之类的馈赠，不妨接受下来，但要立即回赠他物，以尽礼尚往来之意，除

①② 《文集》卷 10《官箴》。

③ 同上《舍人官箴》。

此之外,“余物不可受”。在接受一些有包装的礼物时,为防人生疑,可以“当厅对众开合子,厅子置簿抄上”,这样既照顾了赠馈人的情面,又避免了人的误会。如果是身为掌管钱财物品的官员,更应处处小心,时时关防。切忌“点检仓库不先与长官商量”,以免桃李之下的嫌疑。范育在作库务官时,为防备别人的怀疑和诽谤,而将随行的箱笼都放在官厅上,对此,吕祖谦极为赞赏,他说:“凡若此类,皆守官所宜详知也。”要求其门人出仕者以此为榜样。

(四)不要接非其人。为官总免不了要与人打交道,但千万不要接触“巫祝尼媪之类”的人物。他说:“当官者凡异色人,皆不宜与之相接,巫祝尼媪之类尤宜疏绝。”更不能“容尼媪之类入家”。在封建社会中,出仕者皆为男性,要避免好色之嫌,则不宜与异性接触,而“尼媪之类”乃无夫之妇,故而“尤宜疏绝”,不能让她们往家里走,授人以攻讦的口实。

如果将吕祖谦的这些官箴全部付之实践,未免有些做作,但是在充满勾心斗角、互相猜忌成风的封建官场中,进行必要的自我保护,乃是非常必要的。

勤。吕祖谦认为无论是京官还是外任,都应该做到“职分之内,不可惰媮”,尽一切可能将本职工作做好,否则即为“旷职”。对待官事要像对待家事一样,“如有毫末不至,皆吾心有所不尽也”。吕祖谦这样说:

> 前辈尝言小人之性专务苟且。明日有事,今日得休且休。当官者不可徇其私意,忽而不治。谚曰:劳心不如劳力,此实要言也。①

---

① 《文集》卷10《舍人官箴》。

“劳心”者是指坐而论道,只说不干,或是脱离实际的闭门苦思冥索。而“劳力”则是亲自动手去做。吕祖谦这个观点不仅是较为正确的为官之道,而且还附有更广泛的意义。它是处理其他事务都必须遵循的原则。至于他所说的“明日有事今日得休且休”的拖拉疲沓恶习,也不只是为官之忌,而且也是所有欲有所成就者的大忌。因为吾生待明日,万事成蹉跎,乃千古不易之“要言”。

三　曲从尊长、思不出位

官阶,不仅是官员们政治身分的标志,领取俸禄的依据,同时也是尊卑贵贱等级名分的直接体现。故而官场中的人特别看重官阶的区分,界限严格,标志明显。官阶高低上下,使得“出仕者”的服装、车马迥异,甚至连坐向也有上首末座之讲究。身为官宦世家之子弟,本人又亲身长期沉浮于官场,吕祖谦是深知其中三味的。他认为维护官阶就是整饬封建纲纪。提倡对“尊长听命”,只要不与封建主义原则严重悖忤,下属就要“曲从”,而不能有所违背。吕祖谦指出如果容忍“豪猾玩官府,郡县忽省部,掾属凌长吏,贱人轻柄臣”的局面长期存在,势必要形成下不服上,贱不尊贵的严重后果,一旦天下发生不测,封建国家机器就不能正常运转,君主也就失去“长吏”、“柄臣”的强有力的支持。君主至尊的政治体制就失去了坚实而庞大的基础力量。因此,吕祖谦强调:

> 寻常丞、薄、尉,视长官为等辈差定验之类,往往多玩习慢易,殊不知此事乃国事,非长

官事。[1]

他认为部属（“丞”、“薄”、“尉”）与上司（“长官”）的官阶是有严格等差的，不能对这一等差采取“玩习慢易”的态度。部属对上司的“曲从”、敬服，并非只是对长官个人的尊重，而是对封建纲纪的维护。故而他将小吏或品级较低的官员“与监当、巡检”等长官在一起议事“坐不依官序”[2]作为禁条之一，要求出仕者遵从。

由于官阶的不同，产生了同是封建官场中人的尊卑之分。吕祖谦认为这个界限是不可逾越的，故而位卑势微的下级官吏必须安分守己，不能要求显官达贵的礼遇与相知。

> 初六相应而相亲者此常理也。恒之初（小官吏）与四（朝廷重臣）时位不同，则不可以常理论。何者？初在下而贱，四在上而贵。而又有二三间于中，当自安分可也。初六不达夫势利之分，区区责人之应己而以常理待人。四又以尊贵居上而不与之应，此其所以凶也。交游亦然。始也，相亲相应亦固其常。自夫一贵一贱之分而势位异矣。苟不知势之异，劳精神以求其应，则亦有求深之凶。然始字最当玩味。大抵人心责己轻，责人深，不知势位之既分，而以始交之心求之，故言始求深也。[3]

---

① 《文集》卷10《官箴》。

② 同上。

③ 《文集》卷13《易说·恒》。

同为一朝之臣,彼此“相应而相亲”,这是常理。但也有例外。它不适用于品级极高的柄臣与品级很低的初仕者的交往中,这是因为“一贵一贱”,双方的权势和地位不可同日而语,中间官阶相隔许多。即使两人开始关系殊深也不行。“在上而贵”者多以“尊贵”自处。他们不屑与“在下而贱”的初仕者交游。故而彼此不能“相应而相亲”。如果“在下而贱”者费精劳神,以“常理”或以以往关系甚深为由,要求那些高高在上的权臣显贵与己“相应而相亲”,这就是“不达夫势利之分”,只能自讨没趣。

同时,在下者由于位卑势微,也不要指望在政治上有什么大的作为,有作为是在上者的事。

> 大抵在上之人,有势有位,犹可以有为,既处卑下,居贫贱而恃其强壮,躁于求进,信乎其凶也。①

依照官阶和除命,每个官员都有属于自己的管辖范围和权限。吕祖谦认为凡属自己职分之内的事,哪怕这一职务是暂时性的,也必须尽心尽力去做好,不得有半点的“惰媮”。

> 人一时权职,不宜引嫌,便当以正官自处。且如宰相作知州,承务郎作通判,时暂权州,便当以知州自处,但不可妄有支用耳。②

① 《文集》卷13《易说 · 大壮》。
② 《文集》卷20《杂说》。

出仕者的势位和权限不是一成不变的，随着势位和权职的变迁，出仕者的政治地位等也随之更改。如果有时担任临时职务，不要引以为嫌。比如以前虽然是宰相，现在只是知州，就只能以“知州自处”。或只是承务郎而任通判，临时任权知州，也必须以“知州自处”，做好知州职务内的事。但不能“妄有支用”，即只能使用通判的公用钱，不能因临时代理便按知州标准使用公用钱等。

与此同时，吕祖谦明确地提出了“思不出位”的命题。

> 君子思不出其位。此位随在随有。如对客时只是对客底位。舍而他思，即是出其位也。①

眼下处于什么地位，就考虑与此地位相应的问题。如果思考的问题超越自己的权职范围，就是思出其位，反为不美。

> 盖君子思不出其位，一出其位而唯务点检他人之得失利害，则于本位必不子(仔)细。何者？心无二用故也。盖君子所以思不出其位，非固不敢出位，乃不暇也。②

各人都有各人的权职范围。所谓“思不出其位”，就是要以自身全付心思和精力考虑自己的权职，把公事办好。一旦思出其位，就会议论他人对政事处理的长短得失，而“点检他人之得失利害”，这正是封建官场之大忌。

---

① 《文集》卷 20《杂说》。

② 《文集》卷 19《史说》。

《后汉书·党锢列传序》载:"初桓帝为蠡吾侯,受学于甘陵周福,及即帝位,擢福为尚书,时同郡河南尹房植有名当朝,乡人为之谣曰:天下规矩房伯武,因师获印周仲进。二家宾客,互相讥揣,遂各树朋徒,渐成尤隙。由是甘陵有南北部,党人之议,由此始矣。"吕祖谦就这一历史事件发表评论说:

> 天下之事最是互相讥揣,妄分清浊为祸最大。……且如房周宾客初时说此二句(指"天下规矩房伯武,因师获印周仲进"),实学舍中相讥诮戏笑,亦岂知自此致天下之大祸。大抵此等语相传,一人传二人,自二人传之,至于一州一县。夫以一人而当一州之怨,自然必致杀身,又推而广之,岂不大可畏哉![1]

为了避免上司、同僚们的猜忌和怨谤,吕祖谦竭力主张出仕者只可潜心于自己的职分,"思当其位",不可对不属自己职分范围之内的事务,直抒己见,"妄分清浊"。对于那些"下而贱"者,尤其应该记取"卑不谋尊"的古训,以防不测。

从思想渊源上看,吕祖谦的这些理论当导源于孔子"不在其位,不谋其政"的命题,尽管其中有强调尽力于本职的成分,但其着眼点却是"持身",过于圆滑世故。它与位卑不敢忘国忧的进取精神是不相容的。

必须指出:吕祖谦出于维护尊卑贵贱的等级名分的政治

---

① 《文集》卷19《史说》。

需要，而重“势位之分”，但是他却又认为出仕者本人则不宜计较自己势位的高低。在他看来，出仕者的势位高低、权职大小、俸禄多寡、礼遇厚薄都应由君主决定。出仕者对于这一切要做到得之不喜，去之不悲。居尊位不以尊贵自处，处卑位而怡然自得。《荥阳公家塾广记》：

> 文靖公尹京，时梁丞相适为掾属。公语诸子曰：梁君异日必为辅相。问：何以知之，曰：府掾皆京官，他人方拜于庭下，皆有自耻之色，独适容貌自若，是以知之。①

吕祖谦特地将这一记载抄录下来，书赠初仕者戴衍，其目的是相当明确的，即要求其仿此而行，身居卑位而不“自耻”。如果嫌位卑权轻，而对高位重权孜孜以求，则属于“躁动”、“谄谀冒进”，非但其行可鄙，而且会为自己招致灾难祸患。

> 颐，养。违理而求养，故三爻皆凶。是知躁动以求富贵利禄，无时而不凶也。②
>
> 若不待五(君主)求而先自动，则不能安分，谄谀冒进。惟能居守而不好动，则可以吉。③

鉴于这一认识，吕祖谦严饬出仕门徒决不可为谋高就而投机钻营，在其订立的《官箴》中，将“觅举”即巴结权贵请求保荐

---

① 《文集》卷10。
② 《文集》卷13《易说·颐》。
③ 同上《易说·咸》。

列为首条，严加禁止。同时也不能“求权要书保庇”，“投献上官文书”，以保持在官场中卓然自立的形象。

吕祖谦曾说“仕宦得脱小规模”[①]，而“仰羡官职”则是“小规模”的重点内容，要求出仕者加以克服。他认为出仕者在其他问题或可迁就些，但在去就之际，则一定要介洁自重，不为高官厚禄所动。他引六世祖吕公著之事说：

> 正献公每事持重近厚。然去就之际极于介洁。其在朝廷小不合，便脱然无留意，故历事四朝，无一年不自列求去。[②]

可以看出，吕公著对于仕途的态度，吕祖谦是完全信服的。吕祖谦一生从未出仕过要津显职，多是闲职且官阶不高。这并不是说他没有升迁的门路和机会。作为世宦子弟，本人交游又广，但他从来没有以此作为飞黄腾达的敲门砖。在其出仕期间，曾不止一次地放弃加官进爵的机会，如前所说在淳熙五年因编修《皇朝文海》而得孝宗赏识，拟授其两浙路安抚司参议官，就因为吕祖谦多次婉然谢绝，而收回成命的。吕祖谦这样做固然是生性淡泊使然，同时也是为了避免被官场倾轧的浊浪所吞没。

第六节　“君子小人无两立之理”的朋党论

在封建官场上，向有“君子”和“小人”的分野。“君子”和

---

① 《文集》卷 20《杂说》。

② 《文集》卷 10《荥阳公家塾广记》。

“小人”这两个对立概念，其内涵具有不确定性。因为官场中人，不管是谁都是以“君子”自况，而斥政敌异己为“小人”的。吕祖谦是理学家，他所说的“君子”是以理学为标准的，至于那些反理学的仕宦者则被列为“小人”之列。

吕祖谦认为“君子”和“小人”是绝对对立的，两者不容并立。他说：

> 得小人之心，必失君子之心，得君子之心，必失小人之心。①
>
> 君子进则小人必消，小人进则君子必消。……君子、小人无两立之理。②

物以类聚，人以群分，古今皆然。取悦小人必然得罪君子，而与君子相亲，则必定要开罪小人，一般地说，君子所亲近的必定是君子，反对和疏远的必定是小人。同样小人所亲近的必定是小人，他们反对和仇视的必定是君子。如果君子进于朝廷，天下之君子就会由此萃集于中央政府，相反，小人得势，宵小群奸就会弹冠相庆。君子和小人如同水火，二者不能相安无事地同居于朝廷之中。

基于这种认识，吕祖谦指出在小人得势之时，君子们应该含晦引退，以示界限壁垒。他说：

> 遁，本不可谓之亨。然屈于道而自附小人之列，身虽亨，而道则未尝亨也。全道以自遁，身虽遁

---

① 《文集》卷13《易说·剥》。

② 同上《易说·遁》。

> 而道未尝不亨也。故当小人方盛之时，亨吾道者莫如遁。故曰遁而亨。盖君子之所谓通塞与世俗之所谓通塞异也。四阳在上，非不强盛，二阴在下亦自微弱，君子何故便遁？君子见几察微，知小人浸长，必消君子，于此而退乃君子之亨。遁亨者，身退则道亨也。①

小人强盛之时，其所行的全是小人之道。君子们如果仍贪恋禄位，不能毅然逃遁引退，而厕身于“小人之列”，必定要以牺牲君子之道为代价。因此，君子要想伸张君子之道，就只能主动隐遁身退。这样做尽管有些“屈己”而“身未亨”，但赢得了君子之道亨。从长远的观点看还是值得的。常常有这样的情况，君子虽然仍居于高位，但小人之势浸长而不可抑制，君子要具备“见几察微”的洞察力，及早隐遁。否则形势一旦明朗，“众贤皆去”，自己再思归去就来不及了。

> 初六一爻，如兽之遁，则尾在后。众贤皆去而己不去，遁之尾也。大抵君子见几而作。当小人道长之时，固当奉身而退，若群臣既遁之后，方欲去则不可去矣，故有灾。正如蔡邕当献帝时，董卓擅权，君子皆去，独邕未能远遁，其后卒为卓所用，竟不能免。②

东汉末年名士蔡邕在吕祖谦眼中当属君子之列，而一代奸雄

① 《文集》卷 13《易说·遁》。
② 同上。

董卓则是小人。蔡邕在董卓擅权之际,“君子皆去”,而不能及时“奉身而退”,反被先辟为祭酒,后迁为侍中,“自附于小人之列”,终于落得下狱身死之悲惨结局。

这里就产生了一个问题。吕祖谦的仕宦原则是爱君忧民,如果所有的君子都在“小人方盛之时”奉身而退,尽管可以保全自家性命于乱世,但将君、民置于何地呢?为此,吕祖谦解释说:

> 俯就则屈己道,急退则忘天下。故虽二阴浸长,君子爱民之深、忧民之切,惓惓有不忍忘之意,尚欲有为以安生民、定社稷,虽不可大用而犹可以小用也。刚当位而应与时行也。……二阴在下固小人也,四阳在上固君子也,此以势论。五为君子、二为小人,本不相应。以爻言之,五居中而适当其位而应于二,二虽小人至得九五乃反应助于五,此以理论。二居中是辅九五为善之臣也,故度时观理犹可小有所行。君子爱君深、忧民切,故其处位未尝敢遽去。虽小人方盛,理之所不可不遁。然必尽己之道,资二之辅而思有以拯其难,见于小有所为。如孟子三宿出昼,犹不忍去亦是意也。君子之所为,众人固不识,时未可去,君子固不遽去,时可去,君子亦岂强留?然岂如洁己好名节者知不可为,遂恝然忘情于天下乎?[1]

① 《文集》卷13《易说·遁》。

这段颇为冗长的解释，表达了这样一个思想：当君主一时虑事不明而重用了小人，遂使小人得势。这时君子既不能为了“身亨”而迁就小人，致使君子之道湮没无闻，也决不可一见己道不行，事不可为，就决然离君而去，“忘情天下”。作为一个“爱君深、忧民切”的君子在任何时候都不能放弃自己“安生民、定社稷”的职责，只要情况允许，就应该继续留在君主身边，以“尽己之道”，寻求“拯其难”的机会。这样做虽不能大用于天下，亦可以于事有所小补，故而吕祖谦又说：

> 九五象曰：以正志也。正之一字须当详看。常人多言求进须理会邪正。若退避则虽有不正，亦不害。殊不知大抵人臣之进固不可不正，遁亦不可不正。贪位慕禄而不知退，固是不正之行，若轻世绝俗而亟于退，亦非正矣。差之毫厘，谬以千里。凡有一毫之不正，皆不正也。①

仕宦之“进”与“退”都有一个“正”与“不正”的分野。“贪位慕禄而不退”，固然属于“不正之行”，假若仅仅是为了个人之名节，图个人之“洁身自好”而“轻世绝俗”急流勇退也是“不正之行”。故而对于人臣来说，“奉身而退”是一个慎之又慎的问题，不能轻易付诸行动。

吕祖谦之所以不主张君子在“小人浸盛”之际，不到万不得已而不能决然引退，还基于这样的考虑：即以君子之道去感化小人，使之“归于善”。

---

① 《文集》卷13《易说·遁》。

> 当睽乖之时，小人浸盛，本不当见。惟九以刚阳之才，其所以见之者，非有所求望于己，盖欲化之而使归于善，故才如初九见恶人，方可无咎。若他人见之则必有求望。象曰：见恶人以辟咎也。辟咎两字最当深看。①

具有刚阳之才的君子不忍离君决然而去，留在朝廷周旋于小人之间，主要是使君子之道有所小行，而将小人当政所造成的损失减少到最小程度，并相机以“己道”改造小人，而不是“贪位慕禄”，存有个人企望，故而不能将他们“见恶人”看成是苟合之举，这实际上是在特殊政治环境下努力推行君子之道，保全自己避免伤害的一种斗争策略。

吕祖谦指出，在小人势盛时，君子自保不一定都要“奉身而退”，继续留在朝廷亦未尝不可，只是不能怀有趁机显用于天下的个人企图，如其不然则会对自身的身家性命构成很大的威胁。

> 然君子当遁之际，虽无所往，亦有道以处之，居卑下而为禄隐可也。易云：何灾而蔡邕卒被戮者，以其为卓显用，不能居下故也。初爻，阴居下，乃在微下者也，不当柄用。②

蔡邕被杀，没有及时“奉身而退”虽然是一个重要的诱发因素，但关键是他不肯“居卑下而为禄隐”，接受董卓委以的重任，

① 《文集》卷14《易说·睽》。

② 《文集》卷13《易说·遁》。

而求“柄用”。

小人得势，君子蛰伏“居下”，这只是含晦待时保存实力的一种方式，而不是说束手待毙，无所事事。要改变这种状况，君子内部必须放弃个人成见，加强团结，待时而动。

盖皆处于患难之地，譬如有两君子当患难之时而相与也。夫睽乖之时与小人相处则未免于祸。惟初与四之九皆是君子相与，此悔之所以亡。马者，行之物也。君子未尝不欲行道于世，所以取马而为比。夫处睽乖之始而无应，是不得行其道，故曰丧马。虽不得行其道，若区区求以自试，则在我者愈丧矣。惟安静以处之，则终得九四之应，向之不行者，今自然而行矣。此所以言“勿逐自复”，此四字最当玩。①

小人专权之际，君子不审时度势，各自为战，“区区求以自试”，肯定要吃大亏。如果众君子同仇敌忾，齐心协力，后果则大不一样。吕祖谦举例说：

且如陈平、周勃为汉相，居当诸吕擅权之时，可谓睽孤矣。当是时平、勃虽为二君子，初未尝相协，后因陆贾之言，始交欢合谋，将相和而士豫附，故能取诸吕定汉室。使平、勃不因陆贾之言以交欢，则二人虽皆是君子未见其能济。是故定汉室之乱，

① 《文集》卷14《易说·睽》。

必在平、勃之交孚。[1]

西汉初年，陈平为相，周勃为太尉，二人素无交往。及刘邦死后，诸吕擅权，危及汉室。陈平“力不能争，恐祸及己，常燕居深念”[2]。后来采纳陆贾“交欢太尉”之建议，主动接近周勃，勃亦作出相应的反应。“两人深相结”。故而在吕后归西之际，一举而平定了诸吕之乱而“定汉室”。吕祖谦认为这就是“君子相与”共渡难关的典型。故而他又说：

九四当睽之时，以刚阳处二阴之间，君子道消，小人道长，可谓孤矣。然四与九为相应之位，九四以刚阳而处上卦之下，初九又以刚阳处下卦之下，其德同、其志应。故曰遇元。夫谓初九以刚阳之才故谓之元。夫当睽乖之时，又处群小之中不能自立，必有同心同德之贤相与共立，则消者必复，孤者必众。苟二贤不相孚，乌足以合天下之睽？……盖四处群阴之中，苟惑于小人则不能以诚信交相孚感，何以能济？惟是上下交孚，无毫发可间，则虽危，可以无咎。[3]

吕祖谦认为无论是已经“奉身而退”的君子，还是因“爱君忧民”而不忍去的君子，彼此之间应该相互信任，携起手来共同对付小人，这样就可以削弱小人的势力，壮大君子阵营的

① 《文集》卷14《易说·睽》。
② 《史记·郦生陆贾列传》。
③ 《文集》卷14《易说·睽》。

力量。一旦时机成熟，即可从根本上扭转小人当道的局势，而使君子之道得到伸张。

小人得势，君子应含晦待时，那么君子得势以后应该做些什么呢？吕祖谦认为首先铲除小人势力。

> 九二在解之时，与六五之君相应，是君子处贤君之右。君子辅人君之道，去小人最当先。大抵去小人须当尽除其根本。如去之不尽，则必流衍复盛，以害正道。……凡人之情皆以尽去小人为失之过。殊不知尽去小人乃中道也。昔元祐君子在朝，至元祐末，小人之大者如章惇、吕惠卿之徒固已远窜，不在朝廷，然尚有未尽去者，至绍圣之后，君子之道不明，黄矢之道不行，盖缘去小人不尽。①

在这里，吕祖谦将黜斥、除尽小人作为君子辅佐君主的第一要务，认为如果不乘“君子之势盛”的大好时机，“尽去小人”，万一“君子之道不行，黄矢之道不行”，小人之势又会衰而复盛，再次沉渣泛起，妨碍“君子之道”。吕祖谦将王安石的新党人物一概斥为小人，这是理学家的偏见。绍圣党锢之祸，殃及吕祖谦之先人，吕希哲、吕好问流窜远方，“例不得叙用”，对此，吕祖谦是一直引以为恨的。故而旧话重提，掺杂着强烈的个人恩恩怨怨，不足为训，但是他认为必须“尽去小人”，包含着除恶务尽的因素，却是值得重视的。

针对“君子已盛，小人已衰，事不可做尽”的观点，吕祖

① 《文集》卷14《易说·解》。

谦指出：

> 夫五阳决一阴之时，君子之势盛，小人之势衰。常人当此时多欲极力诛锄小人，绝其本根。其间有识者谓君子已盛，小人已衰，事不可做尽，不如且止。殊不知恃君子众多，便欲诛锄小人以即戎穷兵者，固非矣；若徒知不利即戎，便以为事不可尽止而不为者，亦非也。小人固不可穷治无已。至于在我之德教，政事愈进，则向上愈有事，岂可止而不往乎？此所谓利有攸往也。①

这就是说虽然凡"事不可做尽"，必须留有余地。例如对小人之琐碎之事自然不必"穷治无已"，但是加强君子之道的教化，扩大其影响，肃清小人之道的流毒，则是不可有半点松懈的，在这个问题上不存在将事做尽的可能。所谓诛锄小人不是将他们赶尽杀绝，从肉体上加以彻底消灭，而是将他们赶出朝廷，利用其急功好利的特点，让他们掌管一些具体事务，以发挥他们在这方面的才能。

> 内阳外阴，内健外顺则两得其处。使阳在外则迫阴在内则暗弱矣。内君子外小人则小人趋事赴功，反为君子所役，初不必去小人也。②

吕祖谦认为只要将朝政紧紧地掌握在君子贤臣手中，朝中要

① 《文集》卷14《易说·夬》。
② 同上《易说·泰》。

害部门不留小人，使小人全部外任，小人就会听命于君子，为君子所用。这样做既可达到除尽小人的目的，又给小人以发挥自己一技之长的机会，而不至于因激生变。有时，吕祖谦亦将这种方法称之为“兼容善恶”。

> 大抵兼容善恶，有为身计者，有为国计者。为身计者，善者吾用之，恶者亦用之。不过朋党众盛，更相辅助，亦不过持禄保位之小人，不足论也。若为国计，则善者使居于内，当陈力就列之任，恶者因其才出居于外，或使效一小官，守一小职处之，各当其任，如此乃是通达治体之君子。……故谓之兼容非必白黑不分，贤愚混杂，始可为兼容也。①

“兼容善恶”，不是良莠不分，忠奸不辨，而是根据各人之德、才，使“各当其任”。要达到这一境界，方可称得上是洞察治理国家大纲目的君子。这也是着眼于国家利益的有效措施之一。

在吕祖谦的这些论述中，散发着朋党的气息。但有些观点仍有一定的合理之处，当不可全部否定。

第七节　“有所为有所不为”的抗金主张

南宋时期民族矛盾异常尖锐，外患严重之至。北方女真贵族军事集团不时对南宋进行军事讹诈和骚扰掠夺。这不仅

① 《文集》卷19《史说》。

给南方广大人民带来了深重的苦难，同时，也严重威胁着南宋小朝廷的生存。

吕祖谦为南宋政权深深担忧，唯恐它重蹈北宋之覆辙。他认为如再不加强南宋的军事力量，进行认真而有效的防御与抗击，后果不堪设想。但是他又痛切地感到当时的南宋小朝廷正处于"百弊俱极之时"，尚不具备一举而收复中原失地的力量，要抗击金兵，则必须大力改革弊政，这就使他的抗金思想含有要求改革弊政的特点。

在对待金兵入侵的问题上，南宋统治集团内部一直存在着主和派和主战派的争论。以南宋高宗、秦桧、汤思退等为代表的实权派或是出于对自己九五之尊和高官厚禄的卑鄙考虑，或是被金兵的侵略凶焰吓破胆，他们一味屈辱求和，厚颜无耻地向女真贵族军事集团纳贡称臣，乞求苟延残喘。而以张浚等为代表的一批高级官员和将领则力主抗战，"誓不言和"，但是又不注意进行抗战的准备工作，而怀侥幸之念仓促开战，结果接仗辄败，大伤元气。

吕祖谦不同意主和。他在《家传》中曾引其曾祖吕好问劝谏宋钦宗的话说：

> 所谓讲和不进兵者，彼当顿兵境上不敢相侵。然后朝廷勿进兵可也。彼……攻我不已，今日破一城，明日破一县，朝廷犹执和议之说，不谋进兵遣将，臣恐比至得和……遍被其害矣。①

① 《文集》卷9《家传》。

吕祖谦认为尽管南宋眼下尚无兵临城下之虞，但是其境遇并不比靖康年间的北宋强多少。金兵亡南宋之心一直不死，它不断吞食南宋疆土，故而屈辱求和只是南宋小朝廷的单相思，注定不能成功。更何况金兵与宋廷有亡君亡父之深仇大恨。"国仇"当雪，"版图"当归，而不应该和金兵"讲和不进兵"，"议和之说"必须立即停止。

吕祖谦也不同意张浚等人所进行的无准备的草率出击。他认为这样做非但达不到雪"国仇"、归"版图"的目的，而且会损伤国力，自取其辱，客观上助长了"议和之说"嚣尘日上。吕祖谦指出为保证"大义可伸、大业可复"，必须对有关抗击金兵的一切准备工作"周密详审"，"精加考察"，不能有半点疏忽大意和侥幸心理。

有鉴于此，吕祖谦批判了"一切不为"和"一切亟为"的两种观点。他说："天下之患，懦者常欲一切不为；锐者常欲一切亟为。"[①]所谓"一切不为"乃是懦夫自卑猥亵的阴暗心理，亦即投降派的理论。而"一切亟为"则是轻敌急躁情绪的流露，将此付诸实践，同样是后患无穷，故而"一切不为"和"一切亟为"均为"天下之患"，都必须加以纠正。

由此，吕祖谦提出了"有所为有所不为"的抗金主张。具体地说就是在时机成熟、条件具备之时就应该大胆进攻，主动出击；而在准备尚不充分，时机尚不成熟之时则要耐心等待、静观其变。他这样论证道：

当天下之初定，患难之方解，又不可复有所往

---

① 《东莱博议》卷1《郑伯侵陈》。

> 也。如秦之并天下，而欲有所往，故筑长城、平百粤，而终不免于难。隋之兼南北而欲有所往，再伐高丽，而亦不免于难。故解贵乎无所往，然岂皆无所作为邪？……晋武帝平吴之后，固未尝兴兵生事，然而君臣之间因循苟简，清淡废务，坐视而至于弊。故二者不可一偏，一于有所往……一于无所往。①

秦始皇平定天下后，不与民休养生息，而“欲有所往”，修筑长城，平定百粤，结果劳民伤财，累年穷兵黩武，致使各种矛盾激化，加速了自身统治的崩溃。隋朝统一南北之后，不注意医治战争之创伤，隋炀帝好大喜功，在发动侵略高丽的不义战争的同时，亦为自己掘好了坟墓。因此经过长期动乱，天下初定之际，不能过于“有所往”，即不要“一切亟为”，有些事情只能慢慢来。但这决不是说可以因此而毫无作为，“一无所往”。晋武帝灭吴之后，虽然没有再兴兵生事，“欲有所往”，君臣相与“因循苟简，清淡废务”，该做的也不做，眼睁睁地看着时弊日趋加剧，终于导致天下大乱。由此看来，“有所往”，“无所往”是相辅相成的，“二者不可一偏”。在这里，吕祖谦决不是单纯地评论历史，而是借助对历史事件的评述而曲折地表达了他在抗金问题上所持的基本立场。一方面，他不甘心“仇耻未复、版图未归”，不满意南宋统治者苟安于东南一隅之地，希望宋孝宗为首的统治集团励精图治，要“有所往”，积极进行抗击金兵，收复失地的事宜。另一方

① 《文集》卷14《易说·解》。

面他又清醒地认识到南宋当时处于“民力殚尽而邦本未定，法度具存而穿穴蠹蚀，实百弊俱极”[①]窘境之中，尚不具备全面北伐中原的条件，因而不能急于求成，“一切亟为”，只能徐图行事。

吕祖谦对于当时南宋基本国情的估计和所主张的抗金方略完全符合实际。关于这一点，可以从宋孝宗与张栻的一次对话中得到佐证。受主战派的影响，宋孝宗打算趁“金国饥馑连年、盗贼四起”之际而挥师北上，并征求一向以主战而著称的张栻意见。不料却遭到张栻的明确反对。张栻认为就南宋的实际情况而言则要比金朝更糟。他说：“臣切见比年诸道多水旱，民贫日甚，而国家兵弱财匮，官吏诞谩，不足倚赖。正使彼实可图，臣惧我之未足以图彼也。”[②]张栻向孝宗建议：“今日但下哀痛之诏，明复仇之义，显绝金人，不与通使。然后修德主政，用贤养民，选将帅，练甲兵，通内修外攘，进战退守以为一事，且必治其实而不为虚文，则必胜之形隐然可见。”[③]叶适亦有类似的意见。他这样说：

> 今天下非不知请和之非义，然而不敢自言于上者，畏用兵之害也。以为一绝使罢赂，则必至于战，而吾未有以待之也。其敢自言于上者，非可以当敌也，直媒以自进也。以臣计之，和亲之决不可为审也，而战亦未易言。然虽使罢赂而犹未至于遽战者，

① 《文集》卷1《淳熙四年轮对札子二首》。

② 《宋史》卷429《本传》。

③ 同上。

盖战在敌,使之不得战在我,所当施行者有次第焉。①

由此可以清楚地看出,无论是张栻,还是叶适他们在抗金问题上所持的意见是与吕祖谦有所为、有所不为的策略思想相通的。

如何"有所为",创造切实可行北伐中原的条件呢?吕祖谦认为当时南宋是"文治可观而武绩未振,名胜相望而干略未优,虽昌炽盛大之时,此病已见"②,因此摆在南宋统治集团面前的当务之急是迅速扭转"武绩未振"、"干略未优"的局面。吕祖谦的这个意见可谓一语中的,确实抓住了问题的关键所在。

宋朝伊始,赵匡胤为防止出现五代武将骄悍,形成威胁朝廷的军事力量,故而实行崇文轻武、以文人治军的方针。这遂成"祖宗之制",代代相承。虽然这一方针有效地加强了中央政府的权威,但也带来了"武绩未振"、"干略未优"的严重后果。在对外战争中很少胜算,即使在国力昌炽盛大之时,亦复如此。吕祖谦有感于此,他指出对于一个国家来说,"文事"与"武备"犹如人之左右双臂,缺一不可。

史载,蜀中名将张飞曾慕名造访文臣刘巴,并留宿其处。刘巴嫌张飞是一个武夫而"不与语",其理由是"大丈夫处世当交四海英雄,如何与兵子共语乎?"蜀主刘备知道后勃然大怒。他说:"天下之患,在于妄分清浊,如人之一身无手则不能执,无足则不能履,又何必爱手而恶足,自古文武只一

① 《宋元学案·水心学案·附录》。
② 《文集》卷1《淳熙四年轮对札子二首》。

道。”[1]认为以文为清，以武为浊，这是文人“高自标榜”的陈腐之见，其害足以危及天下。任何国家都必须文武兼备。“文”好比人之手，无手则不能拿东西，“武”好比人之足，无足则不能走路，因此很难说“手”比“足”哪个对人的身体更重要。同样，也很难说“文”与“武”哪个对国家更重要。稍有常识的人都不会“爱手而恶足”，国家自然也不能因尚文而轻武，“文”与“武”是一个事物的两个方面，各有其特定之功能，不能相互取代，应该二者并存。刘备这一观点，很得吕祖谦的欣赏。他说：

> 尧舜三代之时，公卿大夫在内则理政事，在外则当征伐。孔子之时此理尚明，冉有用矛，有若与勇士。孔子亦自当夹谷之会，未尝以为粗。[2]

尧舜时代，公卿大夫都是能文善武，故在朝廷内部则处理政事，一旦发生战争则披坚执锐冲锋陷阵，文武之道集于一身。孔子的高足冉有使矛，而有若则与当世勇士友善相处，即使孔子本人在夹谷之会上也亲自抡枪执剑，从未尝以武士为粗，而不屑于武事。吕祖谦认为轻视武艺，视其为“粗”的看法是极端错误的。对于男子来说在空余时间从事“习射”，这是本分之内的事。吕祖谦的这种议论在理学家中是不多见的。北宋张载青年时代“喜谈兵”，曾招致二程等理学家的微词。以张载本人而论，当他成为著名理学家之后，亦曾为此深悔不已。这就说明了吕祖谦的见识高于一般理学家，且有

① 《文集》卷1《淳熙四年轮对札子二首》。

② 《文集》卷19《史说》。

匡正时弊的积极意义。

与崇文轻武的目的相同，宋时兵制分为“禁军”(中央直接控制的武装)和“厢兵”(地方武装)，且有意识削弱厢兵的军事实力，不断地将厢兵中的精锐选拔到“禁军”中去，而留在厢兵内的只是一些老弱病残。厢兵平时也不进行认真的军事训练，只是服服杂役。对此，吕祖谦颇有感触地说：“太祖作阶级法，专治禁军，而天下镇兵，通谓之厢军，教阅疏略，浸废为役卒矣。”①就在厢军失去战斗力而无力与禁军抗衡的同时，也失去了抵御外患的能力，即使连极为平常的“边隅小警”也对付不了。出现了一有战事“将士迁延而却步，涣散解弛，不相系属”的状况。

厢军衰蹶如斯，禁军的情况又怎样呢？在赵匡胤的时代，为了保证禁军的作战能力，比较注意对禁军进行较为严格的正规军事作战训练，然而赵匡胤的后继者们则远不及其祖宗的精明。他们大多沉湎于歌舞升平、天下一统的虚幻假象之中，连对禁军的训练也变成了有其虚而无其实的花架子，致使禁军的作战能力大为下降，所谓“甲兵朽，铁钺钝”即为其真实写照，成了一群只会耗费军粮不会打仗的酒囊饭袋。在外患面前“事功不竟”、“莫能平殄”。目睹这一切，吕祖谦“日夕寒心”，“甚忧之”。他迫切希望南宋统治集团对于“前代未备者”的“武绩”与“干略”“当激厉而振起”②，以期重整军威，尽早整兵北上，实现恢复大业。

必须指出，吕祖谦并没有把自己的目光仅仅停留在此。他认为要报靖康之耻，收复大批沦陷的国土，只是于“武绩”、

① 《文集》卷20《杂说》。

② 《文集》卷1《淳熙四年轮对札子二首》。

“干略”等方面的努力是远远不够的，尤其重要的是必须与改革当时的社会弊政紧紧地结合起来。作为官场中人，吕祖谦比一般人更清楚南宋统治集团的黑暗内幕。他揭露说：

官寺充满，而媮惰苟且，无庶绩咸熙之效；降附布于郡县，而未允于疑沮，帑藏耗于军屯，而未免于怨嗟。①

养痈护疽，媮取爵秩，各饱其欲，而日朘月削之患，独归国家，是滔滔者既不可胜诛，号为有意斯世者，又复不审前后，不量彼己而轻发之，终无于是。②

但近世职无大小，多以趣过目前为俗，眇然为国家深计大虑。③

认为南宋统治集团内部官员冗繁，但多是些贪鄙无耻的“痈疽”。他们尸耽禄位，毫无政绩可言。平日所考虑的只是如何媮取爵位，坐享俸禄，中饱私囊，关心的是自己的身家性命，个人的荣辱升迁，而根本不把国家“日朘月削之患”放在心上。虽然其中也有几个“有意斯世”，想干出一番事业的官员，但志大而才疏。在有关国家兴衰存亡的问题上“不审前后”，“不量彼己”，轻举妄动，“终无所是”。更有一些善于钻营的无耻之徒，为了谋就高位，享受重禄，故意慷慨陈词，装出一付爱国忧民的恣态，俨然以刚直干练之吏自居。然而

① 《文集》卷1《淳熙四年轮对札子二首》。

② 《文集》卷2《馆职策》。

③ 《文集》卷4《与周子元》。

"高爵重禄，一得所欲，畏缩求全，惟欲脱去，无复始来之慷慨。"[①]官场之所以如此腐败混乱，根子就在于最高统治者"媮惰苟且"，"养痈护疽"。正因为这是一个极端腐败和无能的统治集团，所以面对金兵的侵略，表现得那么软弱无力，惊慌失措。往往一听到金兵的进攻便"错愕而顾私"，无所适从，拿不出半点切实可行的抗金之策，而一旦金兵撤退，又立即醉生梦死，"错把杭州当汴州"了。

为了唤醒南宋统治集团，吕祖谦沉痛地指出，当时的形势是："仇耻未复，版图未归，风俗未正，国用未充，民力未厚，军政未核。"[②]认为南宋当局如再不彻底地改弦更张，进行"大经划、大黜陟、大因革"[③]，而把主宰自己的命运拱手交给强敌，后果不堪设想。他这样说：

> 当险难之时，必有动作施设，然后可以出于险。苟无所为面坐视其弊，则终于险而已，尚能免于险乎？[④]

国家面临"险难"并不可怕，只要采取积极措施，实行变革，就一定能出于险，而无所作为，安于现状，"坐视其弊"，才是真正可怕的，最终难免于"险"。

接着，吕祖谦又以气候与疾病的关系，进一步论证了这个问题。

---

① 《文集》卷 1《乾道六年轮对札子二首》。
②③ 《文集》卷 2《馆职策》。
④ 《文集》卷 14《易说·解》。

> 阴阳风雨晦明，天之六气也。阴淫寒疾，阳淫热疾，风淫末疾，雨淫腹疾，晦淫惑疾，明淫心疾。有医语之谓：六气者致疾之原，必使无阴阳风雨晦明，而疾可除，世宁有是理耶？不咎人而咎天，此天下之拙医也。守身在我而疾不在于六气，守国在我而患不在于四邻，端汝视履，啬汝精神，时汝饮食，审汝药石，六气虽沴，于汝身何有哉？丰汝德泽，明汝政刑，固汝封疆，训汝师旅，四邻虽暴，于汝国何有哉。①

天的“阴阳风雨晦明”这六种气候，在一定程度上都是致疾的因素，如果为了不生病，而要除尽“六气”，这无疑是痴人说梦，世上决无此理。吕祖谦认为问题不在于有无致疾的“阴阳风雨晦明”，关键在于要保证自己的饮食起居作息有一定规律，养成良好的生活习惯，造就强壮的体魄，“阴阳风雨晦明”这“六气”之淫就不能构成对人身体的威胁。如果自己生活无规律，不善于爱护身体，体魄羸弱，而只是指望无致疾的“六气”之淫，只能使多种疾病集于一身。同样，四邻之强敌是会构成本国安全的威胁，但是只要自己政治修明，加强军事设防，使四邻之强敌无隙可乘，这种威胁也就不存在了。相反，本国政治混乱，国库空虚，军事力量单薄，就会时时处于敌人的威胁之中。吕祖谦明确宣称：“国之存亡，系于我之治乱”②，而不在四邻之敌的强弱。他举例说：

① 《东莱博议》卷2《邓三甥请杀楚子》。
② 同上。

> 秦不亡于六国未灭之前，而亡于六国既灭之后。隋不亡于南北未一之前，而亡于南北既一之后。亡国之衅，夫岂在于邻敌耶？①

秦国在六国未灭之前怵惕自强，而在灭六国之后骄侈无道，致使民不聊生，天怒人怨，一夫振臂，万夫响应，这才终止了秦之国祚。隋朝在南北未统一之前政治修明，纪纲肃整，而南北统一后穷兵黩武，横征暴敛，故而重蹈秦之覆辙，为农民起义的浪潮所吞没。秦、隋两朝的教训说明了什么呢？即亡国之祸根乃是自身的腐败啊。

进而吕祖谦提出应该把国家兴盛的主动权紧紧操纵在自己手中。他说：

> 为国者当使人依己，不当使己依人。己不能自立，而依人以为重，未有不穷者也。所依者不能常盛，有时而衰，不能常存，有时而亡，一旦骤失所依，将何所恃乎？②

吕祖谦这段议论的用心很明确，即希望南宋统治者不要把国之安危寄予金兵是否恪守和议之上。只有依靠自己的励精图治，才能立于不败之地。这种依己不依人的观点直到今天，仍在闪烁着明智的火花。

吕祖谦分析了南宋统治者“依人不依己”的猥亵委琐心理。他认为南宋统治者之所以心甘情愿地将自己的命运拱手

---

① 《东莱博议》卷2《邓三甥请杀楚子》。

② 同上卷1《郑忽辞昏》。

让给金兵去主宰，乃是“安于弱”、“安于愚”的思想在作祟。为了取消南宋统治者“安于弱”、“安于愚”的卑鄙之虑，吕祖谦指出，虽然“大胜小、强胜弱，多胜寡”这是“兵家之定论”[①]，但是强与弱、大与小、多与少又是相对的，是相比较而存在的，假如通过自己的努力，则完全可以使自己从弱、小、少向强、大、多转化。如果一旦实现了这一转化，也就用不着去害怕敌人的强、大、多了。

> 君子忧我之弱而不忧敌之强，忧我之愚而不忧敌之智。强者，弱之对也。我苟不弱，则天下无强兵。智者愚之对也。我苟不愚，则天下无智术。后之为国者，终岁忧敌之强而未尝一日忧我之弱，终岁忧敌之智而未尝一日忧我之愚，使其移忧敌之心而自忧，则谁敢侮之哉！[②]

这是一段充满着军事辩证法思想光辉的议论。吕祖谦认为敌我双方，一方强大则另一方就显得弱小，一方明智则另一方也就显得愚蠢。因此不必担心敌人是多么强大，多么明智，而应该将主要精力放在担心自己的弱小和计谋欠周之上，并为扭转自己的“弱”与“愚”而乾乾自强不息。天下就不再有什么“强”与“智”的敌人，至此，谁还敢再来欺侮你呢？如其不然，“苟以龌龊自保为量力，则人则自安于弱，而终于弱矣，自安于愚，而终于愚矣”[③]。因此要使国家强盛起来，就一定

---

① 《东莱博议》卷 3《鲁卑邾不设备》。

② 同上卷 3《随伐楚》。

③ 同上。

要克服安于“愚”、“弱”的自卑心理,树立远大明确的治国目标。

> 天下之势不盛则衰,天下之治不进则退。强而止于强,必不能保其强,霸而止于霸,必不能保其霸也,驱骏马而驰峻坂中间,岂有驻足之地乎?①

天下之大势如不强盛就必然是衰弱,国家的政治如不努力向上就必然是倒退。因此,强国如果只是停留在原来“强”的水平上,就必定不能继续维持其强盛;霸主如果只想保住原有的“霸”而不思进取,就必然保不住已获得的霸主地位。这好比骑着骏马奔驰在险峻的山路上,中间是没有“驻足之地”的。对于“强”与“霸”来说,要想保住其“强”与“霸”,就要不断前进,更何况当时南宋小朝廷还远远没有资格称“强”称“霸”呢!所以更应该布仁义、行教化、振纲纪,以使国势强盛,只有这样才可雪“仇耻”、归“版图”,直至一统海内。

吕祖谦之所以要求南宋小朝廷改革弊政,不断以“强”、“霸”自勉自期,作为抗击金兵的前提条件,还有这样的考虑,即只有政治修明,才能得到人民的广泛支持,才会使抗金获得坚实的社会基础。

> 战亦死地也。……民既乐死,则陷坚、却敌特余事耳。盖尝论之,古人论战与后人之言战不同。盖有论战者,有论所以战者。军旅形势者,战也,民心者,所以战也。②

---

① 《东莱博议》卷3《葵邱之会》。

② 《东莱博议》卷2《齐鲁战长勺》。

战争免不了要死人。如果参战之民众为了报答君主平时对他们的“恩赐”,就会在战争中乐意为君主卖命。民众一不畏死,“陷坚却敌”就是小事一桩。如果“民心已离,虽甲兵之利,城池之固,皆不足恃”①。因此“民心”之向背才是战争胜负的最后依据。

吕祖谦重视“民心”在战争中的地位,并将其视为赢得战争胜利的决定因素。但是,他并没有因此而忽视“军旅形势”在战争中所起的重大作用。他说:

> 形势与德,夫岂二物耶?形势犹身也,德犹气也。人未有恃气之充而置身于易死之地者,亦未有恃德之盛而置国于易亡之地者。王者之兴,其德必有以先天下,其形势亦必有以先天下。②

吕祖谦认为形势与君主的德行是统一的,二者不可分割。它们对于国家来说好比人的身体和血气一样。如果说没有人因为自己的血气强盛充沛而将自己的身体安置于“易死之地”的话,那么也没有任何一个国家的君主认为自己的仁德足以令天下臣服而将其国安置于“易亡之地”。一个政权的兴旺,固然德行要“先天下”,而所占有的地理位置也必须是“先天下”。吕祖谦以周、秦兴衰为例,具体地论述了这个问题。

---

① 《左氏传说》卷20。

② 《东莱博议》卷3《周与晋阳樊温原欑茅之田》。

他认为周在"文武成康之世",君主之德固然是"先天下",但也不能忽视周所占据的好地势,"被山带河,四塞以为固者"。所以天下"孰能御之耶"?后来周平王东迁,轻易地放弃了"被山带河,四塞以为固"的歧丰之地。以其德行而言,固然不如其先人,而所占的地理位置也没有西周的好,因此周室遂衰落了下去。而秦原是不起眼的小国,但自从它得周之"歧丰之地",尽管其德未能"先天下",国势却也强盛了起来。吕祖谦的结论是:

> 是秦非能自强也,得周之形势而强也。……以无道处之,犹足以雄视诸侯,并吞天下。①

他对"形势"的重视程度,由此可见一斑。

鲁僖公二十五年,晋侯朝见周襄王,请以王礼规格("隧")为其先人送终,襄王以"王章也,未有代德而有二王"为由加以拒绝。为了不使晋侯过于难堪,遂割阳樊温原欑茅之田与之。对此,吕祖谦发表评论说:

> 襄王之意,以谓吾周之为周,在德而不在形势,典章文物之制,子孙当世守之,不可一毫假人,至于区区土壤,吾何爱而以犯强国之怒耶?抑不知隧固,王章也;千里之畿甸,亦王章也。襄王惜礼文不以与晋,自谓能守王章,抑不知割地自削,则畿甸之王章既不全矣。惜其一而轻其一,乌在其能守王

① 《东莱博议》卷3《周与晋阳樊温原欑茅之田》。

> 章耶？形势犹身也，德犹气也，披其肩背，断其手足，自谓能守气者，吾不信也。呜呼！周自平王捐歧丰以封秦，既失周之半矣。以破裂不全之周，兢兢自保犹虑难立，岂复有所侵削邪？奈何子孙犹不知惜，今日割虎牢畀郑，明日割酒泉畀虢，文武境土岁朘月削，至襄王之时，邻于亡矣。①

“隧”，王之葬礼。晋侯“请隧”以葬先人，违背周之典章制度，襄王不允许是对的，因为典章制度体现等级名分，应“当世守之”。吕祖谦认为周襄王的错误是轻易将大片土地割与晋。须知土地事关国家“形势”，是国家赖以存在的基础。而襄王竟将“千里之王畿”与人，而使其“形势”残缺不全，怎么能保住周之基业呢。如果说周平王“捐歧丰以封秦”，“失周之半”的话，而其后代“今日割虎牢”、“明日割酒泉”则加速了周室之衰，使“文武成康”的“境土岁朘月削”，这标志着周室已濒临灭亡之绝境了。吕祖谦这是在借古讽今。因为割地求和乃是宋代统治者苟且自安的拿手好戏。吕祖谦表面上反对的是周襄王“割地自削”，实际上是提醒南宋当局不可轻易地将大批国土畀敌，否则将“邻于亡矣”。重德而不重势，这本来是一般理学家的共同见解。他们认为只要其德“先天下”，即使以七十里之地也能最终一统海内。而吕祖谦却如此重“形势”，将其规定为“德”的基础。这就使他突破了理学家的陋见，表现了不同凡响的真知灼见。

兵者，诡道也。“兵不厌诈”历来是治兵者之格言。在这

① 《东莱博议》卷3《周与晋阳樊温原横茅之田》。

个问题上，吕祖谦持有不同的看法。他认为用兵必须遵循“诚”。他说：

> 君子之用兵，无所不用其诚。世未有诚而轻者，敌虽欲诱之，乌得而诱之？世未有诚而贪者，敌虽欲饵之，乌得而饵之？世未有诚而扰者，敌虽欲乱之，乌得而乱之？用是诚以抚御，则众皆不疑，非反间之所能惑也。用是诚以备御，则众皆不怠，非诡谋之所能误也。彼向之所以取胜者，因其轻而入焉，因其贪而入焉，因其扰而入焉，因其疑而入焉，因其怠而入焉。一诚既立，五患悉除，虽古之知兵者环而攻之，极其诈计于十百千万，君子待之一于诚而已矣。彼之诈极其万而不足，我之诚守其一而有余，彼常劳而我常逸，彼常动而我常静，以逸制劳，以静制动，岂非天下常胜之道乎！①

吕祖谦认为轻敌、贪婪、干扰、众疑、怠备这“五患”是兵家之大忌。而要克服这“五患”，最好的办法是“用其诚”，因为“一诚既立”，“轻”、“贪”、“扰”、“疑”、“怠”等现象就不会发生，从而杜绝了敌人的一切可趁之隙。尽管“极其诈计”万千，也无从下手，这样也就稳操胜券了。故而“诚”是“天下常胜之道”。吕祖谦这里说的“诚”，含有主观努力和思想高度重视的因素，乃是其对抗金大计必须“周密详审”、“精加考察”思想的延伸和发挥，有一定合理成分，而非一般理学

① 《东莱博议》卷1《用兵》。

家所主张的道德决定战争胜负之论调。

也许有人会说既然“诚”为“天下常胜之道”，为什么宋襄公、陈余等人“用其诚”反而落得丧师身死的悲惨结局而遭天下人耻笑的呢？吕祖谦申辩道：

> 宋襄、陈余之流每为天下笑，抑又何也？盖尽小人之术者，方无愧于小人之名，尽君子之道者，方无愧于君子之名，以伪君子对真小人，持一日之诚而欲破百年之诈，安得不败哉？以一杯之水而救一车薪之火，不能息焉，谓水之微则可，谓火胜水则不可也。安得以宋襄辈遂疑君子短于兵哉！[①]

吕祖谦认为宋襄公、陈余等人从来就不是“用其诚”的真君子，而是假于诚而欺世盗名的伪君子。他们平时处世做事极其诡诈，而想以一时之诚来取胜，这不啻是杯水车薪，当然要为天下人耻笑。因此不能以宋襄公、陈余等人失败为证，怀疑志诚君子不谙军事，轻易否定“诚”为“天下常胜之道”命题的正确性。

一般说来，吕祖谦对待抗金的态度虽然没有陈亮、张栻等那么鲜明，但他针对时弊所提出的一些改革主张，却不无可取之处，这种寓抗金于改革之中的思想，自有其积极的意义。

---

① 《东莱博议》卷1《用兵》。

第五章　哲学思想

南宋乾淳时期思想颇为活跃，学术空气甚为浓厚。代表着地主阶级中的不同阶层的思想家在各自提出自己的政治经济等主张的同时，在哲学上亦各自提出富有个人特点的学说。有的提倡“经世致用”，有的主张论道经邦。各学派之间发生了激烈的论争。不但唯物主义的永嘉、永康功利学派与唯心主义的理学两大阵营之间时有辩诘，争讼不息，就是在功利主义学派中，永嘉学派和永康学派的意见也不尽相同，彼此间时有微词。至于在唯心主义的营垒中，以朱熹为代表的“理学”和以陆九渊为巨子的“心学”更是相互攻讦，双方有时意气用事，闹得不可开交。这是一个各家争鸣、互争雄长的时代。

作为当世著名的思想家之一，吕祖谦对各家之说采取的是兼容并蓄、“委曲拥护”的方针。他百般周旋，极力调停当时各家之间的争论，“未尝倚一偏而主一说”。其目的固然是为了平息各家之意气，但更主要的是企图汲取各家学说中合理之因素，构筑自己的理论体系，从而为风雨飘摇中的南宋政权提供综合当世各家之说，“兼取其长”的理论基础，以摆脱政治、经济上的危机。

正因为是吕祖谦规定了自己的学术任务是博采众家之说，故而与同代其他思想家相比，其学术思想显得“驳杂而不纯”。为此，不仅招来了其好友朱熹的非议，而且也使自己的哲学思想被后世误认为无特色而忽视，这是需要为之辩诬的。

我们认为，说吕祖谦哲学思想“驳杂而不纯”，这是事实，但由此断定其哲学思想无鲜明的个性则未必尽然。其实“不主一说”这正是吕祖谦哲学思想的最大特色。因为吕祖谦的哲学思想体系是在对当世各家“委曲拥护”的基础上构筑起来的，故而它很少有门户之见，容纳了比其他诸家更多的思想信息，保存了其他诸家所不能保存的思想资料，从某种意义上说，吕祖谦的学术思想不啻是南宋乾淳时期的大型思想库。如果认真剖析吕祖谦的哲学思想，不但可以从总体上把握南宋中期学术思潮的脉搏和趋向，而且还可以理顺当时各家理论分歧的症结所在。仅就这一点而言，我们就不能将吕祖谦的哲学思想搁置一边，必须加以认真的研究。

现在需要探讨的是：为什么在人才荟萃，思想活跃的南宋中期，综核各家的任务独有吕祖谦承担？我们认为这种情况的出现决非偶然，有其内在的逻辑依据。

如前所说，吕祖谦祖上自吕蒙正以来，一直得到赵宋政权的信任和重用，人相封侯，位崇禄厚。吕氏一门的荣辱盛衰是与赵宋政权的安危存亡休戚与共的。因此，面对南宋小朝廷封建统治秩序岌岌可危的严重形势，吕祖谦不能不表示极大的关注和忧虑。并处心积虑地为其寻求摆脱困境的治世之方。他认为无论是朱熹的"理学",还是陆九渊的"心学",以及永嘉、永康学派的功利之学都是为巩固封建统治服务的,它们的出发点和归宿点高度一致,故而相互之间并不存在什么原则分歧,只要大家不要"意尚奇而不求其安,辩尚胜而不求其是,论尚新而不求其常,辞尚异而不求其达"①,是完全可以相互取长补短的。这就是吕祖谦构筑自己博驳的学术体系的宗旨。他主张学术思想不应"尚奇"、"尚胜"、"尚新"、"尚异",而必须求"安"、求"是"、求"常"、求"达"。在这种治学思想的指导下,吕祖谦对各家之说力求"兼取其长"、存异求同,希冀陶铸众说于一炉,为南宋封建统治集团提供万无一失、无所不包的思想武器和理论指南。

吕氏家族"学无常师"的治学风格,给吕祖谦综合各家之说以重大影响。和其先人一样,吕祖谦诚心悦服地"泛观广接"当世诸家学说,成为当时交游最广的思想家之一。吕祖谦和理学集大成者朱熹可谓莫逆之交。可以肯定地说朱熹之所以能成为理学的集大成者,固然有其所具备的诸多因素外,但和吕祖谦的通力合作则不无关系。关于这一点,本书第一章已有说明,故不赘言。和朱熹稍有区别的是吕祖谦哲学思想中含有较多的"心学"成分。正因为这个缘故,他和"心学"巨擘陆九渊保持了很深的学术友谊。不可否认,吕祖谦受陆氏心学思想影响不小。但也同样可以说,陆九渊在创立"心学"体系的过程中亦得到吕祖谦的鼎力之助。由于吕祖谦与朱熹、陆九渊两人都相知甚深,故而他能充当双方的调停者,承

① 《文集》卷2《太学策问》。

担了鹅湖之会召集和主持的任务。

南宋时期,朱熹之“理学”和陆九渊“心学”俨成水火,为什么吕祖谦却能在“理学”和“心学”之间游刃有余呢? 要弄清这一问题,则不能不追溯理学实际奠基者程颢、程颐兄弟哲学思想的异同。

二程兄弟在奠定理学体系的过程中,各自突出的侧重点有所不同,故而在细微处存在着一定差异。如程颢所强调的是“一人之心即天地之心”;“传圣人之学”就是“传圣人之心”;而“传圣人之心”则是“传已之心”,显露了心学之端倪。程颢还提出了“万物一体”的命题,认为天地万物与“我”融为一体,不可分割,主张以内外为一本,具有融客观于主观的倾向。程颢这一学说经王苹嬗递,至陆九渊而正式形成完整的体系。正因为这个原因,陆九渊尽管对程颐颇多微词,屡有批评,但对程颢则表示了应有的尊重。他说“伊川蔽锢深,明道却疏通”。一贬一褒,泾渭分明。程颐所突出的是“一物之理即万物之理”。“理”是客观的,它不依赖于人为的意志。其学说具有明显的客观唯心主义倾向。朱熹对二程“洛学”的继承,其中以汲取程颐为多。

必须说明,二程之间的这种差异,并不影响他们二人基本哲学观点的一致。程颐在程颢死后曾明确地说:“吾之道盖与明道同”。二程的门徒在记录二程思想言行时,往往不加区分。以致现在有不少语录已很难分清是程颢还是程颐所说。二程的四传弟子朱熹对二程不像陆九渊那样区别对待,而是一视同仁。在其著作中也往往只是“程子曰”,并不特别标明这个“程子”是程颢还是程颐。就是说在朱熹眼中,二程思想是一致的。产生这些现象似乎不能归结为是程颐有意避开他和其兄的分歧；也不能归结为二程门人和朱熹的粗疏无知或调和折衷。究其原因只能是程颢和程颐思想确实没有什么根本的区别。这是因为无论是主观唯心主义还是客观唯心主义，都是唯心主义，它们之间没有不可逾越的鸿沟。这就是吕祖谦在对待朱熹之"理学"和陆九渊"心学"时，能以第三者身分，平允持论，兼蓄"理"、"心"之说的原因所在。至于朱熹和陆九渊之间发生严重对立，与其说是学术分歧的不可调和，倒不如说是争南宋思想界正宗地位更为妥当。

吕祖谦自幼受"中原文献之传"的家学熏陶，史学功底颇为深厚，而为南宋其他理学家所不及。从历代王朝兴衰存亡的复杂过程中，吕祖谦隐约感到仅仅依靠"性命义理"之学尚不足以永久而巩固地维护封建统治，必须讲一点"经世致用"的学问，这就使他与永嘉、永康功利学派有不少共同语言。永嘉、永康学派中的薛士龙、陈君举、徐元德、叶适、陈亮等人对吕祖谦哲学思想的最终形成都有过程度不同的影响，而吕祖谦的哲学思想也同样对他们具有一定的感染力。就吕祖谦本意而言，他确实想调和功利之学和理学之间的矛盾，希望陈亮放弃和朱熹的论战，故而当朱熹企图通过吕祖谦说服陈亮放弃王霸并用，义利双行之说而皈依"性命义理"之学时，吕祖谦欣然应允。但是功利学派和"性命义理"之学的矛盾不同于"理学"和"心学"之间的矛盾。因为后者只是唯心主义阵营内部枝枝节节的分歧。关于这一点，黄宗羲父子看得很清楚："(朱、陆)二先生同植纲常，同扶名教，同宗孔孟，即使意见终于不合，亦不过仁者见仁，智者见智，所谓学焉而得其性之所近，原无有背于圣人。"①"二先生之立教不同，

① 《宋元学案·象山学案》。

然如诏入室者，虽东西异户，及至室中，则一也。”[1]故而吕祖谦可以“委曲”调和，有所弥合。至于功利之学和理学的分歧，则表现为唯物主义和唯心主义之间的对立，二者不能混为一谈。朱熹曾说：“陆氏之学虽是偏，尚是要去做个人。若永嘉、永康之说，大不成学问。”[2]由此可以看出朱熹宁可与陆九渊作一点妥协，而决不肯向功利学派作半点让步。这就使吕祖谦为调和二者矛盾所做的种种努力收效甚微，而且还使自己的思想体系出现前后矛盾的现象。

吕祖谦一生所出仕的都是学官和史官，和当时学术界保持着广泛接触。他为人温然随和，“至躬自厚而薄责于人”的良好士德，使他在学人中间有着很好的人缘，以致许多学术观点不同的学者都愿意与其往来。在与不同学术观点的学者接触过程中，吕祖谦博采众议，因而冲淡了自己哲学中的理学色彩，而成为当时学术界杂色相间的旗帜。因而综合各家之说之任，非吕氏莫属了。

第一节 “杂博”的唯心主义世界观

吕祖谦的世界观颇为“杂博”。他既认为“理”或“天理”是世界的本原，又规定“心”总摄万物，而使自己的哲学具有两个最高范畴。这在一般理学家那里是很少见的。之所以产生这一现象，与二程对他的分别影响不无关系。毋庸置疑，在北宋理学家中，对吕祖谦影响最大的当推二程。如果说其祖先吕希哲是“归宿于程氏”，倒不如说吕祖谦以二程学术思想

① 《宋元学案·象山学案》。
② 《朱子语类》卷122。

为"归宿"更为妥帖。吕祖谦非常推崇程颐的理学观点,对其学术代表作——《伊川易传》赞赏备至。认为它"精深稳实",要求其门徒及兄弟"不可不朝夕讽阅"[①]。说:"初学欲求义理且看……《伊川易传》,研究推索,自有听见。"[②]朱熹也说吕祖谦"教人只得伊川易,也不得致疑"[③]。这也许是他以"理"为第一本原的依据。值得注意的是吕祖谦的性格与程颢更为接近。《吕东莱先生本传》的作者清人王崇炳说:"先生之学,以涵养性情为主,大概有志于程伯子(颢)之为人。然明道本源了彻,精言粗语,皆归第一义谛。先生尚隔一间,惜乎无年,需以岁月,岂不足以入室乎?"如果此说不谬,则可以断定,吕祖谦受程颢主观唯心主义影响颇深。这是他以"心"总摄万物的理论渊源。只是由于英年早逝,他还尚未来得及像陆九渊那样对"心学"观点进行系统的发挥,也没有来得及将"心学"与"理学"完全熔铸浑然一体,从而在其哲学最高范畴上,呈现"理"、"心"并重的状况,而在认识论上则既主"明心",又重"格物穷理"。

一 天理论

"理"或"天理"作为伦理范畴,虽然早已出现,但是把它膨胀为宇宙本体,则是从二程兄弟开始的。程颢曾不无自得地说:"吾学虽有所受,天理二字却是自家体贴出来。"[④]自

① 《文集》卷5《与学者及诸弟》。

② 《文集》卷20《杂说》。

③ 《朱子全书》卷27。

④ 《二程外书》卷12。

此之后，凡为理学家者，无不规定“理”或“天理”为哲学的最高范畴。吕祖谦既曰理学家，自然也不例外。

首先，吕祖谦认为“理”是超时空的绝对。世界上其他事物都有始有终，有生有灭，唯有理是永恒的存在。

> 大抵天下道理本自相继以明……事虽不见，而理常在。①

它“与乾坤周流而不息”。既无始亦无终，既无生亦无灭。很显然，吕祖谦的这个观点，和朱熹所说的“万一山河天地都陷了，毕竟理却在这里”②的理论如出一辙。

一般理学家都认为“天理”的存在是不依人的意志为转移的。如二程曾说：“天理云者，这一个道理，更有甚穷已？不为尧存，不为桀亡，人得之者，故大行不加，穷居不损，这上头来，更怎生说得存亡加减？”③对此，吕祖谦笃信不疑。他说：

> 道初不分有无，时自有污隆，天下有道时，不说道方才有，盖元初自有道。天下治时，道便在天下。天下无道时，不说道真可绝，盖道元初不曾无，天下不治，道不见天下尔。④

① 《文集》卷13《易说·离》。

② 《朱子语类》卷1。

③ 《二程遗书》卷2上。

④ 《文集》卷18《孟子说》。

认为政治清明,天下有道,天理固然存在,所谓"元初自有道"。而政治混乱,天下无道时,天理亦照样存在,"元初不曾无"。在吕祖谦看来,"理"是不容泯灭,也是泯灭不了的。

> 天下之不容泯者,天理也。登唐虞之朝者,举目皆德政。陪洙泗之席者,入耳皆德音。纵横交错,无非此理,左顾右盼,应接不暇,其何自而窥天理之真在哉?至于居横逆淫诐之中,天理间发,岂非是理之真在欤?"我生不有命在天",人皆知纣之托辞也,然天之一言胡为而忽出于纣之口哉?"何适而无道",人皆知跖之托辞也,然道之一言,胡为而忽出于跖之口哉?纣身与天违而口忽言天;跖身与道违,而口忽言道。噫,不如是何以知是理之果不可亡欤?[1]

唐尧虞舜之世,德政流行;孔孟之旁,德音充耳。当时天理流行,谁也不会去怀疑天理的泯灭。而在商纣主政、盗跖横行之时,天下"横逆淫诐",天理似乎荡然无存。但事实上天理还是仍旧存在着。如其不然,"身与天违"的纣就不会说出"我生不有命在天"这样充满天理的话了,而"身与道违"的跖也不会说"何适而无道"了。因此,"天地生生之理,元不曾消灭得尽"[2]。

如果说世界上其他任何事物都不是一成不变的,那么"天理"却是一成不变。

---

① 《东莱博议》卷3《梁亡》。

② 《文集》卷13《易说·复》。

至极之理，不可加一毫人伪。……天理所在，损一毫则亏，增一毫则赘，无妄之极，天理纯全，虽加一毫不可矣。[1]

这就是说“理”原来是什么样就是什么样，任何时候都容不得人为地对之“增”或“损”，否则非“赘”即“亏”。

吕祖谦认为“理”或“天理”不仅是超时空的绝对存在，而且还是天地万物的总根源。当然，这个观点亦非吕氏首倡，他只是继二程之余绪。因为二程早就说过：“万事皆出于理。”[2]认为“实有是理，始实有是物。”[3]世界上的一切事物包括人类本身都是从“理”这里产生出去。吕祖谦完全同意二程这一理论。他说：

德者，天地万物所同得实然之理。圣人与天地万物同由之也。此德既茂，则天地万物自然各得其理矣。[4]

吕祖谦的这番话和二程“实有是理，始实有是物”之命题异词而同义。在他看来，因为有“实然之理”的存在，才有了“圣人与天地万物”。

基于这种认识，吕祖谦指出“天下只有一个道理”[5]。故

① 《文集》卷13《易说·无妄》。
② 《二程遗书》卷2上。
③ 《程氏经说》卷8《中庸解》。
④ 《东莱书说》卷7。
⑤ 《文集》卷20《杂说》。

而由“一个道理”产生出来的事物虽然从现象上看有千差万别，形性各异；但其本质则完全是一致的。

> 天下事有万不同，然以理观之，则未尝异。君子须当于异中而求同，则见天下之事本未尝异。①
>
> 理之在天下，犹元气之在万物也。一气之春，播于品物，根茎枝叶……名虽千万而理未尝不一也。②

唯物主义认为世界的统一性在于物质性。而吕祖谦却将世界的统一性安置在精神性的“理”之上，这就暴露了他的哲学体系的唯心主义基本倾向。

二程、朱熹等人在表叙“一理”与“万物”之间关系时，曾提出“理一分殊”的命题，而吕祖谦关于“名虽千万而理未尝不一”之说法，实际上就是“理一分殊”的翻版。在《易说》中，吕祖谦还对“理一分殊”的理论作了具体论证：

> 乾道变化，各正性命。保合太和乃利贞。易有太极，是生两仪，非谓两仪既生之后无太极也。卦卦皆有太极，非特卦卦，事事物物皆有太极。乾元者，乾之太极也，坤元者，坤之太极也。一言一动，莫不有之。③

---

① 《文集》卷 14《易说·睽》。

② 《东莱博议》卷 1《颍考叔争车》。

③ 《文集》卷 12《易说·乾》。

何谓“太极”，吕祖谦的挚友朱熹曾说：“太极只是天地万物之理。”[1]吕祖谦同意这样说。他认为在“太极”或曰“天理”的作用下，产生了“两仪”（阴阳），但不是说“太极”产生阴阳之后就不复存在了，它永远高悬在天地万物之上。因为事事物物都是从“太极”这里出去的，所以事事物物都烙印上了“太极”的标记，均有着属于自己的“太极”。比如乾有“乾之太极”，坤有“坤之太极”，推而言之，卦卦有卦卦的“太极”。易之太极是事事物物太极的总名，而事事物物的太极则是易之太极的体现。如果借用程颐的话说就是“一理摄万理”，“万理归于一理”。

吕祖谦将这一观点推广到社会领域中，得出了如下的结论：

> 夫礼者，理也。理无物不备，故礼亦无时而不足。……在山则礼足于山，在泽则礼足于泽，在贫贱则礼足于贫贱，在富贵则礼足于富贵，随处皆是而无待处。此理虽新新不息，然不曾离原来去处一步，所谓立不易方。[2]
>
> 天下之理随处皆足。……至理本无欠缺，若能取足于其中，亦自有余。[3]

“礼”就是“理”。这是所有理学家所共同持有的观点。吕祖谦在这里老调重弹，无非是要从“理无物不备”这个虚幻的前提

---

① 《朱子语类》卷 1。

② 《丽泽讲义》。

③ 《文集》卷 15《诗说拾遗》。

中，引申出“理”的体现“礼”亦无处而不备、“无时而不足”的结论。他认为在山的有在山的礼，富贵者有富贵者的礼。所谓“随处皆足而无待处”，只要“取足于其中，亦自有余”。尽管“在山”、“在泽”、“贫贱者”、“富贵者”之礼各不相同，但它们都是同一“理”的体现，因此说“不曾离原来去处一步”。其政治意图是要人们相信，在现实社会中，每个人的社会地位和经济生活境遇虽然相差悬殊，然而均是天理使然，因而是不容改变，也是改变不了的。

在此基础上，吕祖谦强调指出，“理”的范畴虽然极其广泛，但是其核心是封建等级品名——“惇典庸礼”。

> 所谓理虽无穷，然有本有原，有伦有要者，既得穷理之大旨矣。窃意惇典庸礼秩然而不可废者，此其伦欤？①
>
> 理在天下，遇亲则为孝，遇君则为忠，遇兄弟则为友，遇朋友则为义，遇宗庙则为敬，遇军旅则为肃，随一事而得一名。②

这就是说封建主义的“惇典庸礼”是“理”之“本”、“原”、“伦”、“要”，而与“惇典庸礼”相适应的伦理观念“忠”、“孝”、“友”、“义”、“敬”、“肃”等则是“理”的具体表现形式。这样，吕祖谦就将封建等级品名及其伦理纲常上升为宇宙本体而规定为永恒的存在。这也是所有理学家所通用的手法。如朱熹就曾说：“宇宙之中，一理而已。……其张之为三纲，其纪之为

① 《文集》卷5《答方教授》。

② 《东莱博议》卷1《颍考叔争车》。

五常，盖皆此理之流行。”[①]断然宣称“纲常万年”。两人说法稍异，而其理论主张则完全相同。

吕祖谦认为“理”不仅是天地万物的总根源，而且也是自然界和人类社会的最高原则。

> 大凡天生万物，不无善恶，要之欲各得其所。如城邑市井则人居之，山林薮泽虎狼居之，江海沮洳鱼龙居之，而各得其所，故谓之兼容。[②]
>
> 鹍鹏不以大自夸，蜩鷃不以小自慊，冥灵不以久自喜，蟪蛄不以短自忧。[③]

吕祖谦认为“各得其所”与“兼容”都是天理的重要原则。因为要使天地万物“各得其所”，所以规定人住在城邑市井，虎狼居于山林薮泽；鱼龙安游于江海沮洳之中。鹍鹏体格长大，蜩鷃身体微小；灵龟长寿，蟪蛄短夭。唯有这样，天地万物才能相安无事，共居于同一世界之中。如其不然，而让人与虎狼，鱼龙居所颠倒或混杂而居，或使鹍鹏为小、蜩鷃为大，冥灵短夭、蟪蛄长寿，那将会产生什么情景和后果呢？世界也就不成其为世界了。因为“兼容”，所以不必将虎狼，鱼龙这些异类消灭殆尽，可以保留其在自然界的一席之地。因此“各得其所”是“兼容”的前提，“兼容”是“各得其所”的延伸。

吕祖谦在论述了自然界的“各得其所”之后，进而论述了人类社会的“各得其分”。

---

① 《朱文公文集》卷 74。
② 《文集》卷 19《史说》。
③ 《东莱博议》卷 4《长狄》。

> 日、月、星、辰，云汉之章，天之文也；父子、兄弟、君臣、朋友，人之文也。此理之在天人，常昭然未尝灭没。人惟不加考究，则不见其为文耳。……唯能观察此理，则在天者可以知时变，在人者可以化成天下也。[①]

天因为有日、月、星、辰、云汉的区别，非但显得绚丽多彩，而且还可以从日、月、星、辰、云汉的运行变化中，知道时令气候的变化，这就是“天之文”。人因为有父子、兄弟、君臣、朋友之分，而使得社会昌盛和谐，人人各守其分，就可以达到天下之大治，这就是“人之文”。吕祖谦以为天理昭示于人之处即此，必须精加考察，洞悉底蕴。吕祖谦接着说：

> 如天同一天，而日、月、星辰自了然不可乱；地同一地，而山川原隰自秩然不可乱；道同一道，而君臣父子自了然不可乱。[②]

日月星辰同处中天而有其固定的空间位置和运行轨道；山川原隰共居大地而各占据属于自己的地盘；它们之间是不能相互更换或改变的。同样，在同一天理的支配下，君臣父子亦各有其分，也“了然不可乱”。自然界和人类社会虽然不能截然分开，但是二者之间是有严格区别的。吕祖谦以自然现象比附社会现象，其要害是为了论证“君臣父子”的等级名分“了然不可乱”，从逻辑上说这是犯了无类比附的错误。尽管这

① 《文集》卷13《易说·贲》。
② 《文集》卷12《易说·同人》。

是所有理学家和其他大多数封建正统思想家都曾犯过的错误。

值得注意的是吕祖谦有时还将“天理”与“天命”勾挂起来立论。如：

> 命者，正理也。禀于天而正理不可易者，所谓命也。使太甲循正理而行，安有覆亡之患哉！①

在这里，“天命”与“正理”是合二而一的东西，如果“循正理而行”，就是依据天命办事，自然不会产生天命改易的现象。可是太甲不懂得这个道理，不“循正理而行”，有违“天命”，只能招致“覆亡之患”。由此，吕祖谦提出了神秘主义的“天理感应”说。

> 夏之先后懋德如此，宜可以凭扶持固亿万年之基本，子孙才尔不率天，遂降之以灾，天理感应之速反覆手间耳。……伐夏非汤之本意，实迫于天命之不得已耳。②

很清楚，这种“天理感应”论实际上就是董仲舒的“天人感应”说。吕祖谦用“天理感应”代替“天人感应”的高明之处在于：既使略嫌粗糙浅露的“天命”披上精致的“天理”之外衣，又将颇具思辨色彩的“天理”归结为至高无上，不可抗拒的“天命”，从而增强了“循正理而行”命题的神学权威。从理论上说“天

① 《东莱书说》卷7。
② 同上。

理感应"论要比"天人感应"显得圆滑,从实际社会效果看,对劳动人民更具有诱惑力。

但必须指出,吕祖谦虽然有时以"天理感应"代替"天人感应",而他本人却也不忌讳对"天人感应"的宣扬。他这样说:

> 卫宣公之无礼,昏纵悖乱,腥闻于天,乖戾之气所召者,宜为凶、为逆、为奸、为恶。①

从这段话中亦可看出,"天理感应"与"天人感应",从本质上说是一脉相承,二者并无多大的区别。

在天人关系上,历来有天人相分和天人相合之争,吕祖谦赞成天人相合说。

> 天者,人之所不能外也。世之论天者,何其小耶?日月星辰之运则付之天,灾祥妖孽之变则付之天,丰歉疠疫之数则付之天。若是者皆非人之所能为,吾知崇吾德,修吾政而已。彼苍苍者吾乌知之哉!以汤之时而天旱,天与汤未尝相参也。当是时天乱而汤治。以秦之暴而天稔,天与秦未尝相参也,当是时天治而秦乱。天自旱之,汤自养之;天自稔之,秦自暴之。天与人曷尝相预耶?自世俗之说行,天人始离而不合矣。鲁僖遇旱而欲焚巫尪,其陋已甚,赖从文仲之谏,亟修旱备,是岁饥而不害,详

① 《东莱博议》卷1《盗杀伋寿》。

> 考左氏所载，殆未免世俗之见也。[①]

鲁僖公二十一年，鲁国发生大旱，僖公想以焚巫尪而求雨。其大夫臧文仲力谏此举不妥。其理由是焚巫尪是求不来雨的，故而非防旱之良策。唯一可行的是“修城廓、贬食用、务穑劝分”，流露了天人相分的思想，而得到了《左传》作者的夸奖。吕祖谦上述的这番议论即由此而发。他认为天人“离而不合”是“世俗之见”，而不合于“天理”。在他看来，“日月星辰之运”、“灾祥妖孽之变”、“丰歉疫疠之数”固然是“天”之所为，而“崇吾德、修吾治”、“汤治”、“秦暴”等一切人为的活动也都是在“天”的范围中进行的。无论是“文仲之谏”、“僖公之悔”都只是依天理而行事，不能说天人“离而不合”。正确的看法是天人相合。吕祖谦接着说：

> 抑不知天大无外，人或顺或逆，或向或背，徒为纷纷，实未尝有出于天之外者也。顺中有天，违中有天，向中有天，背中有天，果何适而非天耶？……人事之修即天道之修也，无动非天，而反谓无预于天，可不为太息耶？[②]

吕祖谦的看法是人无论处于什么环境中，从事什么活动，都必须受“天”或“理”的约束和支配。“汤治”是顺天向理之举，“秦暴”则是违天背理之行。在他那里，人事就是天道。人的所有活动都“实未尝有出于天之外者”。所谓“一理流通，天

① 《东莱博议》卷3《鲁饥而不害》。
② 同上。

与圣人本无间”①。圣人与天相通无间，其他人也应该是与天合而为一的。

由此，吕祖谦提出了“循其天理，自然无妄”的命题：认为要“顺理而行”，就必须听从命运的安排。“大凡天下自有定分，不必用人安置。”②如果有人要对“天”之“定分”稍作改变，就会扰乱了“心理”，这将会引起天下动荡不安。好比山上之草木，自生自灭，本来十分安静，可是一为“风所鼓”，就摇晃不止，“以致蛊坏”③。

吕祖谦认为世上君子和小人的分野就在于能否依命而行，“顺理而动”。他说：

> 君子坦荡荡，作德心逸日休，此顺动之谓也。小人长戚戚，作伪心劳日拙，此不顺动之谓也。④
>
> 常人之济危难必用私意小智以求济也；圣人则不然，顺天理之自然而已，汤武是也。若涉难而不顺天意，是取败之道也。⑤

他断定处于贫贱忧患的人们，想通过自己的人为努力对自己的命运和处境稍作改变，即为不明理，实属至难之举，也是“不受命”的越轨行动，这实在是“心劳日拙”，必定是“取败之道”。吕祖谦认为天下其他事情经过人为的努力或许能够

① 《东莱书说》卷12。
② 《文集》卷12《易说·蛊》。
③ 同上。
④ 同上，《易说·豫》。
⑤ 同上卷13《易说·大畜》。

办到，唯独“不顺天意”而企图改变命运的种种努力则是无济于事的。

> 天下之理，既如渴饮饥食，昼作夜息，理甚明白，初无难知，惟人自见不明，往往求之至难，不可率晓之处，故多辛苦憔悴而无成。殊不知天下本无事，所以然者，以其不善推之故也。此之谓不受命。①

吕祖谦的逻辑是只有乐天安命才是“达理”的君子。换句话说，谁要是“明理”，就应该在“涉难”之际，放弃任何主观努力，无条件地听从命运的摆布。无须辩解，吕祖谦在这里充当的是封建主义牧师的角色，这也几乎是所有封建主义正统思想家、理学家所扮演的角色。

还应该说明的是，从总的倾向看，吕祖谦的天理本体论是唯心主义的，但在个别地方也多少掺杂了一丝微弱的唯物主义气息。如他曾说：“有是事则有是理，无是事则无是理。”②以“事”为“理”的基础。这和二程所说的“实有是理，故实有是物”命题有着原则区别。又如在理气关系上，他曾说：“然物得气之偏，故其理亦偏，人得气之全，故其理亦全。”③认为“理”之“偏”与“全”乃是由“气”决定的。这和朱熹所说的“有是理，便有是气，但理是本”④的观点截然对立。吕祖

① 《文集》卷12《易说·随》。
② 《东莱博议》卷1《祭仲杀雍纠楚杀子南》。
③ 同上《颍考叔争车》。
④ 《朱子语类》卷1。

谦还把人的生死与“气”联系起来立论：“两人同受病，然一人元气盛，其死必缓；一人元气弱，其死必速。”[①]他的这种说法与“死生有命”的儒家传统见解显然是对立的，也与其所主张的由“天命”、“天理”决定一切的观点相矛盾，而与叶适关于“万物皆气之所役”的观点相接近。之所以产生这些现象，也许正是受永嘉、永康学派唯物主义观点影响所致吧。

二 万物“皆吾心之发见”论

吕祖谦虽然没有像陆九渊那样有系统地建立了心学体系，但其哲学思想中的心学倾向却是非常明显的。这里既有陆九渊的影响，同时还由于他崇尚程颢之为人和学识，受其主观唯心主义思想熏陶有关。吕祖谦在将“理”膨胀为哲学最高范畴的同时，又将“心”上升为世界的本原，从而使其本体论呈现“理”、“心”并重的二元论。

在中国哲学史上，孟子率先提出了“万物皆备于我”的主观唯心主义观点。当然，所谓“万物皆备于我”，并不是说“我”真能把世界的一切集于一己之身，也不是说天地万物以及人类社会的一切都是由于“我”的作用而派生出来的，而是主张取消主观和客观的界限，融客观于主观之中。吕祖谦接过孟子这一命题，作了这样的发挥：

> 圣人之心，万物皆备，不见其外。史，心史也，记，心记也。[②]

---

① 《左氏传说》卷 20。

② 《东莱博议》卷 2《齐桓公辞太子华》。

在这里,吕祖谦尽管对孟子原命题稍作了改动,以“心”代替了“我”,但丝毫没有改变孟子“万物皆备于我”所提倡的主观唯心主义实质,其所强调的仍是取消主客观界限,融客观于主观之中,断定“圣人之心”与宇宙万物包括人类社会在内浑然一体。世界上没有任何东西存在于“圣人之心”之外,故而人类社会的历史以及对人类社会历史的记载均可视为是“心史”、“心记”。

从“圣人之心万物皆备”这一主观唯心主义命题出发,吕祖谦又作了如下推衍:

> 圣人备万物于一身。上下四方之宇,古往今来之宙,聚散惨舒、吉凶哀乐,犹疾痛苛痒之于我身,触之即觉,干之即知,清明在躬,志气如神,嗜欲将至,有开必先。仰而观之,荧惑德星,搀枪枉矢,皆吾心之发见也;俯而察之,醴泉瑞石,川沸山鸣,亦吾心之发见也。①

认为“圣人之心”具有通天彻地之能。自然界的一切变化都掌握在圣人之心中。对于圣人来说,客观世界的“聚散惨舒、吉凶哀乐”,犹如自己身上的“疾痛苛痒”一样,“触之即觉,干之即知”。天象的变异,如德星和妖星的更迭;地下的运动,如山鸣川沸都不过是圣人之心的“发见”。不惟自然界时刻处于“圣人之心”的作用之下:“一念之毒,流金铄石,一念之驶,奔电走霆”②,而且人类社会的治乱祸福亦控制于“圣人之心”。

① 《东莱博议》卷 2《卜筮》。
② 同上卷 3《用人祀神》。

> 玩而占之，方功义弓，老少奇耦，亦吾心之发见也。未灼之前，三兆已具；未揲之前，三易已彰，龟既灼矣，蓍既揲矣，是兆之吉，乃吾心之吉。是易之变，乃吾心之变。心问、心答、心叩、心酬、名为龟卜，实为心卜，名为蓍筮，实为心筮。……蓍龟之心，即圣人之心也。……是心之外，岂复有所谓蓍龟者耶！噫，桑林之见妄也，偻句之应，僭也，实沈台骀之崇，妖也，彼蓍龟之中，曷尝真有是耶？妄者见其妄，僭者见其僭，妖者见其妖，皆心之所自发见耳。①

按：方功义弓，四兆之名。方兆，占行四方之事；功兆，占立功之事；义兆，占行义之事；弓兆，占射箭之事。老少奇耦，指卦象。阳卦曰奇，阴卦曰耦。老少奇耦，乃老阳、老阴、少阳、少阴之统称。吕祖谦不反对卜筮。因为在他看来占兆之吉，“乃吾心之吉”；卦象之变，“乃吾心之变”。无论是“龟卜”还是“蓍筮”都只是外在形式，而其本质是心之“卜筮”。他认为除“心之外”，龟筮之卜就没有什么灵验可言。如果不相信“心卜”、“心筮”，而迷信于“龟卜”、“蓍筮”，那就本末倒置了，只能是“妄者见其妄，僭者见其僭，妖者见其妖”，其兆卦根本靠不住。从这个意义上说，一切卜筮，都只不过是对“自断于心”的参验而已。

① 《东莱博议》卷2《卜筮》。

> 未占之先，自断于心，而后命之元龟。我志既先定矣，以次而谋之人，谋之鬼，谋之卜筮。圣人占卜，非泛然无主于中，委占卜以为定论也。……其所以谋之幽明者，参之以为证论也。①

吕祖谦认为圣人在占卜之前，对所要占卜之事，则已“自断于心”了，而且形成了一定的见解。然后再进行“龟卜”、“蓍筮”的。这只不过是为了坚定“自断于心”的一种手段。由此，吕祖谦对“泛然无主于中”的卜筮进行猛烈的抨击：

> 后世求吉凶于心外，心愈疑而说愈凿，说愈凿而验愈疏，传之以瞽史之习，杂之以巫觋之妄，……失之于心，而求之于事，殆见心劳而日拙矣。②

吕祖谦的这一观点尽管有反对卜筮迷信的成分，但他所要说明的就是“圣人之心”无所不知。“所谓心者，神明之舍，昧此神明，求彼之神明，是以甲可乙否，终无定议。”③使用的批判武器乃是主观唯心主义，故而不宜评价过高。

程颢曾在其《识仁篇》中提出了一个为后世理学家广为传诵的著名命题：“仁者，浑然与物同体。”指出：“若夫至仁，则天地为一体，而天地之间，品形万物为四肢百体，夫人岂有视四肢百体而不爱者哉！”④认为真正达到“仁”之境界的

---

①② 《东莱博议》卷 2《卜筮》。

③ 《东莱书说》卷 3。

④ 《二程遗书》卷 2 上。

人是“仁者”，而“仁者”则和天地万物，封建道德浑然一体，毫无间隔。在仁者这里，天地犹如一身，“品物万形”好比自己的四肢百体，世界上的一切，“莫非己也”。因而就会对天地万物充满爱怜之心。如果“不仁”，尽管天地万物“莫非己也”，也会觉得“不与己相干”。这种情况类似人的手脚患了萎痹症。本来手脚是自己身体的有机组成部分，完全可以听凭自己的意志行动而运用自如，然而一旦手脚萎痹以后，就会摆动失灵。这时尽管手脚还在自己身上，但又有什么用呢？程颢这一思想，在吕祖谦这里得到了继承。他说：

> 大凡天下之至理，浑浑乎在天地万物之间，人自以私意小智阻隔蔽障。……天地万物一体。人既受七尺之躯，舍己最难。唯到无我地方能舍己，方能闻一善言，见一善行，若决之江河，莫之能御。①

在前一节我们已经说过，吕祖谦以“理”为万物之本原，万物均为“理”之派生之物。同时又是“一理”之搭挂安顿之处。因此站在“理”之高度考察，不难发现“我”与万物同出一源，这也就是“天地万物一体”命题的理论依据。吕祖谦认为“我”与天地万物之间本来是没有隔阂的，现在的问题是人一旦有了“七尺之躯”，凡事都喜欢从自家躯壳上起意，而以“私意小智”妄分物我，将本来浑然一体的天地万物人为地间隔开来。因此要达到己与万物浑然一体的境界，必须“无我”、“舍己”。应该说明的吕祖谦所主张的“无我”、“舍己”，并不是要取消

① 《文集》卷17《孟子说》。

主观，而是主张从思想上取消主观与客观的区别，将客观纳入主观之中。他的意思是一旦客观也变成了主观，主观之“我”、“己”就失去了对立面，因而也就丧失了自身存在的必要性。

关于这一点，吕祖谦在《东莱博议》卷3《用人祀神》中，有着更为详细的说明。引摘如次：

> 无间则仁，有间则暴。无间则天下皆吾体，乌得而不仁？有间则独私其身，乌得而不暴？幽明也，物我也，混混同流而无间者。喜同一喜，喜触于心，则幽明物我不约而皆喜；怒同一怒，怒触于心，则幽明物我不约而皆怒。判而为惨舒、休戚、爱憎、哀乐之情，别而为盈虚、予夺、是非、损益之理，散而为祸福、利害、安危、死生之变。彼动则此应，彼发则此知，未尝有间也。昔之仁人，所以视民如伤者，岂以冥冥之不可欺，昭昭之不可犯哉？幽明物我通为一体，不见其有可伤之地也。既伤于民，亦伤于身，既伤于身，复伤于神。噫，知此者，其知仁之方乎。不仁则不觉，不觉则不合，幽明不合而有人与神之间焉。物我不合，而有人与己之间焉。遂以为苟便于身何耻乎媚神，苟媚于神何恤乎害人？……天下之理有通有塞，其通耶，八荒之外，六合之内，幽明物我，不见其间，孰非吾仁？其塞耶，虽汲汲以爱人利物为念，然毫芒之差，藩离限焉，发于其心，害于其事，发于其事，害于其政，民有不得其死者矣。……通者，仁之门也，塞者，

暴之门也。是故欲仁者不于其仁于其通，去暴者不于其暴于其塞。

这段冗长的议论所表达的中心意思是“我”与天地万物的“无间”和“有间”是“仁”与“暴”的分水岭。其内在逻辑是这样的：“我”与天地万物如没有间隔，主、客观的分界随之消失，“幽明物我通为一体”，无论做什么事情都不会从自家躯壳上起意，只为自己打算，而是遵循“天下至理”行事。这样普天之下就不会有不同的喜怒哀乐，惨舒爱憎，予夺是非，祸福利害。当喜则皆喜，当怒则皆怒，“彼动则此应，彼发则此知”，“我”与万物相互响应唱和，休戚与共，荣辱与共。以往那些圣人仁者之所以爱惜万物、善待他人，并不是因为“冥冥之不可欺，昭昭之不可犯”，害怕报应才故意或被迫做出这些表示的，而是他们与万物通为一体了。与外物无间，与他人无间。在他们看来，整个世界犹如一身，伤人伤物不啻是伤害本人。天地之大，无一处可以加害，他人众多，无一人可以加害；因此明白了这个道理，也就知道了为“仁之方”，“幽明物我通为一体”，乃是进入仁者的必由之径。谁要想成为“仁者”，谁就应该与万物做到“无间”。

反之，如不能“幽明物我通为一体”，就会“独私其身”。为了“便于身”和一己之私利，则不耻于媚神，不恤于害人害物。以致出现像宋襄公这样以人祀神的残暴行为。尽管有些人主观上也想“汲汲以爱人利物为念”，但一旦当社会和他人与自己发生利害冲突时，由于“人与己之间”的思想作祟，则不得不改变“爱人利物”之初衷。所以要去“不仁”，只有以取消物我之间的间隔为前提。

我们认为吕祖谦主张视民如伤，反对以人祀神这是对的，含有人文主义的进步因素，但是他以取消主客观界限，融客观于主观之中为药方，这不仅使自己的主张根本无法实现，成为毫无价值的空话，而且还进一步暴露其哲学思想的主观唯心主义倾向。

在企图取消主客观界限的基础上，吕祖谦提出了“气听命于心”和“以心御气”的命题。旨在强调以主观统率、支配客观。他说：

> 气听命于心者，圣贤也；心听命于气者，众人也。①

> 圣贤君子以心御气，而不为气所御，以心移气而不为气所移。……心由气而荡，气由心而出。②

他认为客观的“气”是由主观的“心”产生出来的，故而应该由“心”统率、支配“气”，而不是由“气”移“心”。“圣贤君子”和众人的区别也就在这里。

进而，吕祖谦在主观和客观之间划上了等号，公开要求以主观吞没客观。他说：

> 心即天也。未尝有心外之天，心即神也，未尝有心外之神，乌可舍此而他求？③

---

① 《东莱博议》卷1《楚武王心荡》。

②③ 同上。

圣人之心，即天之心，圣人之所推，即天所命也。故舜之命禹，天之历数已在汝躬矣。舜谓禹德懋如此，绩之丕如此，此心此理，盖纯乎天也。①

这也就是说，客观世界的“天”是离不开主观精神“心”而独立存在的。主观精神之外没有什么客观世界可言。“圣人之心”就是“天之心”，不能离开“圣人之心”再去追求什么“天之心”。因此圣人的意志就是“天命”。例如舜传天下于禹，就是代表了天的意志。吕祖谦这种观点与陆九渊所说的“宇宙便是吾心，吾心即是宇宙”命题可谓异曲同工，相互衬托。这不仅使其哲学思想的主观唯心主义倾向得到了进一步加强，而且还把“圣人”即封建统治者的主观意志直接演绎为天命，使其变得不可侵犯。这也使“圣人之心即天之心”的命题包含着巩固封建统治秩序为最终目的的政治内容。

不难发现，吕祖谦的哲学思想比较明显地偏重于心学，但是为了调和朱熹理学和陆九渊心学的矛盾，吕祖谦常常将“理”或“道”与“心”联系起来论述。他说：

心之与道，岂有彼此之可待乎？心外有道非心也，道外有心非道也。②

认为“心”与“道”（“理”）是同一概念的东西。二者之间不存在

① 《增修东莱书说》卷3。

② 《东莱博议》卷2《齐桓公辞太子华》。

任何差异的界限(“待”)。“心”就是“道”,“道”也就是“心”。如果说“心外有道”,此心就不是真正的“心”,同样“道外有心”,此道也就不是真正的“道”。吕祖谦这一理论与程颢“理与心一”[①]、“心是理,理是心”[②]之说是一脉相承,亦与陆九渊所说的“道,未有外乎心者”[③]观点高度契合。

因为“心外有道非心”,因此“人心皆有至理”[④]。而“人言之发,即天理之发也,人心之悔即天意之悔也”[⑤]。吕祖谦的这些说法巧妙地沟通了朱熹和陆九渊两人在本体论上的分歧。事实上,朱、陆之学本就沟通。因为朱熹一向认为“天理”既高悬在天空,同时又深深扎根于人之心中。所谓“心之全体,湛然虚明,万理具足”,而陆九渊则一直是将“心”与“理”等量齐观,作为同一概念使用的。他说:“万物森然于方寸之间,满心而发,充塞宇宙无非此理而已。”[⑥]“心,一心也;理,一理也。至当归一,精义无二,此心此理,实不容有二。”[⑦]因此吕祖谦关于“人心皆有至理”、“人言之发,即天理之发”之说能够为朱熹、陆九渊双方接受,这表明客观唯心主义和主观唯心主义确实不存在什么不可逾越的鸿沟,它们之间是可以握手言和的。

吕祖谦认为“人心皆有至理”,所以谁要是违理而行,欺世欺人,首先要欺已之心。而欺心是最要不得的。

---

①② 《二程遗书》卷5、卷13。

③ 《陆九渊先生全集》卷19《敬斋记》。

④ 《文集》卷20《杂说》。

⑤ 《东莱博议》卷3《鲁饥而不害》。

⑥ 《陆九渊全集》卷34《语录》。

⑦ 同上,卷1《与曾宅之》。

世欺人，首先要欺己之心。而欺心是最要不得的。

> 岌岌乎险哉！庄公之心欤。将欲欺人，必先欺其心，庄公徒喜人之受吾欺者多，而不知吾自欺其心者亦多。受欺之害身害也，欺人之害心害也。哀莫大于心死，而身死次之。受欺者身虽害而心自若，彼欺人者身虽得志，其心已斫丧无余矣，在彼者所丧甚轻，在此者所丧甚重。……吾始以庄公为天下之至险，终以庄公为天下之至拙。①

吕祖谦这番话是对郑伯克段于鄢这一历史事件所做的评议。他认为郑庄公为了一己之私利，视其弟共叔段为“寇仇”，设下种种圈套引诱其多行不义，以待其自毙。共叔段固然是顽冥不灵，受庄公之欺而身受其害。但是相比之下，庄公所受到的伤害最大。因为庄公欲陷其弟于死地，诚属不仁不义之行，而为具有“至理”的“人心”所不容，因此必须先要欺己之心。对于人来说，“心”是最宝贵的，其价值要比世界上任何东西都大。庄公陷害段的目的虽然是达到了，却也把自己的“心”害了，实在是得不偿失，而为天下“至拙”之人。

吕祖谦虽然认为“心即天”，但是他并不否定有意志的“天”的存在。他曾毫不掩饰地说他们说的“天”不是一般人所看到的有形质的“天”，而是指冥冥之中可以左右人事的“天”。他说：“善观天者观其精，不善观天者观其形。”②正是这个神秘莫测的“天”，具有非人力所能比拟企及的神奇力量：“天

① 《东莱博议》卷1《郑伯克段于鄢》。

② 同上卷3《鲁饥而不害》。

下之物有置之则不可见,动之则不可御,殆非人力之所能为也。机之发于天者然也。”[①]这个“天”实际上就是“上帝”的代名词。吕祖谦还说过这样一段话:

> 上九一爻,正如成汤,天乃锡王勇智,表正万邦,然上九以刚毅奋发之才,是天锡之勇也。以离而居上,是聪明睿智,出于天锡,以之出征,则东征西怨,南征北怨,是有嘉。[②]

在这里,吕祖谦再次露骨地宣扬天命论,这就清楚地表明唯心主义和宗教神学在一定情况下是统一的。

吕祖谦的“心学”观点,无疑,是其哲学思想中最糟糕的部分。但是,他也曾以“心学”为武器,反对对儒家经籍作支离破碎、牵强附会的解说。例如,他认为《诗经》源于民间,表达的是普通人的思想感情。

> 圣人之意将举匹夫匹妇胸中之全经以救天下破裂不全之经,使学者知所谓诗者,本发乎间巷草野之间,非可格以义例而局以训诂也。[③]

这是说儒家经典之一的《诗经》来自普通群众的“胸中”,客观上贬低了儒家经典的权威,而有利于学术的繁荣。又如在“乐”的问题上,他提出“乐者亦本诸人心”的命题。

---

① 《东莱博议》卷 2《卫侯逊位激民》。

② 《文集》卷 13《易说·离》。

③ 《东莱博议》卷 3《赋诗》。

> 地中先有雷，然后能出而发声，胸中元无乐，如何作乐。……先王体此作乐。夫乐者亦本诸人心发而寓诸金石钟鼓之间。……大凡天下事不知其理，不可便言其无有，如柳子厚言乐不能殖财，只为自不曾见此道理。①

唐人柳宗元从国计民生出发，以为“乐不能殖财”而“非之”，吕祖谦不同意柳氏这一观点，认为“乐”是人的感情自然流露，是不能加以否定的，在这里他虽然仍将作乐之功归于圣人而尚未彻底超越传统见解的窠臼，但所强调的重点乃是“乐者亦本诸人心”，从而接近于历史的真实。

一般说来，吕祖谦的心学倾向虽然严重，但尚未建立较为完整的心学体系，故而只能将其视为是介于程颢之学和陆九渊“心学”之间的一种学说。

第二节 朴素的辩证法

吕祖谦的哲学体系属于唯心主义，这是肯定的。但是如果进一步地深入研究，则不难发现，在这棵开花不结果的树上，却也有不少值得人们重视的枝枝节节，这就是它的辩证因素。

吕祖谦辩证法思想的形成，基于这样两方面的原因：一、他长期研究《周易》，受古代辩证思维影响不小，其中《伊川易传》中所阐发的辩证法思想对其启迪颇大。二、吕祖谦

① 《文集》卷12《易说·豫》。

是位思想敏锐的学者，平时颇留意复杂而矛盾的自然现象和社会现象。

这是吕祖谦哲学思想中最有价值的部分，也是一笔值得珍视的历史思想遗产，尽管它被窒息在唯心主义形而上学的体系之中。

一 “天下事必有对”

矛盾的观点是辩证法的基本观点。中国古代哲人常以“有对”一词表达对矛盾的素朴理解。吕祖谦继承了自先秦以来的“有对”论，认为世界上的一切事物都是矛盾地存在着的。他说：

> 天下之理，未尝无对也。①
>
> 大抵天下之理，有进则有退，有荣必有辱，不待进极而后有退，当进之初已有退之理；不待荣极而后有辱，当荣之初已有辱之理。②
>
> 天下事必有对。盛者衰之对，强者弱之对。③
>
> 天下之事常有对，有一病则有一治法。④
>
> 天下事有终则有始，乃天道。⑤
>
> 有聚则有散，理之常也。⑥

---

① 《文集》卷13《易说·恒》。
② 同上卷14《易说·晋》。
③ 同上《易说·大壮》。
④ 同上卷12《易说·蛊》。
⑤ 同上。
⑥ 《文集》卷20《杂说》。

类似的论述，在吕祖谦的著述中，随处可见，故不一一繁引。吕祖谦认为盛与衰、强与弱、进与退、荣与辱、始与终、聚与散、生病和治疗等等，都是相对立而存在的。世界上没有矛盾的对立面（“无对”）的事物是没有的，这是天下所有事物所呈现的总趋向，亦是“天下之理”的生动体现。

从“天下事必有对”的观点出发，吕祖谦认为对立面的双方是同时产生的，彼此没有先后之分。并以此为根据，对朱熹在《太极图说解》中提出的“道生一，为太极，太极动而阳”的宇宙生成论提出异议。他在给朱熹的一封回信中道：

> 今复有欲商榷者，谨疏于后。来谕以道生一为太极，太极动而生阳，阳恐不可指为一。既曰阳则有对矣，安得谓之一乎？①

在其《易说·损益》中又再次强调指出：“太极生两仪，所谓理必有对待也。一阴一阳谓之道。”吕祖谦之所以不同意朱熹的观点，是基于“理必有对待”的认识，而阴者，阳之对也。阴与阳是作为一对矛盾同时出现的。朱熹“太极动而阳”的说法，不仅有悖于“有对”论，而且还在于它将矛盾的对立面产生，误解为有时间的先后。

吕祖谦正确地指出：世界上任何事物都不能孤立地存在。他在论述“一”与“二”关系时说：

---

① 《文集》卷5《与朱元晦》。

> 理一而已矣。理虽一，然有乾即有坤，未尝无对也。犹有形则有影，有声则有响；一而二，二而一者也。①

“一”是指事物对立面的统一，“二”是指事物对立的两个方面。从理论渊源上看，吕祖谦这一观点当是对北宋理学家张载“一物两体”命题的铺陈。张载曾说：“两不立则一不可见，一不可见则两之可息。”②意谓没有对立就没有统一，反之，没有统一也就构成不了对立关系。十分明显，吕祖谦是赞成张载观点的，他认为事物“一”与“二”的关系是不可分割的。它们之间既对立又统一，所以是“一而二，二而一”。

“万物相对待”的观点，古来有之。如在《周易》中就屡次被提及。至于在《老子》一书中则更为普遍。如美与恶，长与短，高与下、强与弱、难与易、福与祸等矛盾之概念散见于全书各章。因此，吕祖谦关于“天下之事常有对”、“天下之理，未尝无对”等命题，应视为是对历史上“有对”论的辩证思维的继承和发挥。

矛盾同一性认为，矛盾的对立面双方是各以对方作为自己存在前提的，失去一方，另一方也就不复存在。吕祖谦对此颇有心得。他说：

> 无贤者，则不肖者不能独立，无智者，则愚者不能独存。③

① 《文集》卷12《易说·坤》。

② 《正蒙·太和》。

③ 《东莱博议》卷3《宋人围曹》。

人有智愚、贤不肖之分。但是智与愚、贤与不肖又都是相互依存的，没有智则没有愚，没有贤则无不肖。反之也一样。在《东莱博议》中，吕祖谦类似的观点还有多处，如：

> 是故隐显晦明，本无二理，隐之所藏，待显而露，晦之所蓄，待明而彰。……是知显者隐之影，明者晦之响也。①
>
> 幽明实相表里，幽邻于明，明邻于幽，初未尝孤立也。②

这是说隐与显、晦与明、幽与明是矛盾的统一体。没有“隐”便没有“显”，反之没有“显”则无以透露“隐”。没有“晦”、“幽”便没有“明”，同样无“明”则无以彰显“晦”、“幽”。为了进一步说明“隐显晦明”相互依存的关系，吕祖谦以生病为例说：

> 以近取譬乎！肝受病则目不能视，肾受病则耳不能听，脾受病则口不能食，心受病则舌不能言。受病于人之所不见，则其病必发于人之所见矣。③

人内脏生病，凭肉眼则无法直接观察得到，这是“隐”、“晦”、“幽”。但是有病则一定有可见之征兆，如肝病影响视力，肾病会使听力不聪，脾病则不能进食，心病说话困难等等。“视”、“听”、“食”、“言”，这是“显”、“明”。这也就是说无病则无

---

① 《东莱博议》卷1《盟会聘享失礼》。

② 同上卷2《妖祥》。

③ 同上卷1《盟会聘享失礼》。

兆可见，无兆则不明病源。“隐显晦明”就是这样既对立而又相互依存着。推而论之，事物对立面的相互储存关系不只限于“隐显晦明”，而是天地之间的普遍法则。吕祖谦指出：

> 使天地之于物有以生育长养之而无肃杀以终之，则万物亦不能成就。……天地之有春秋，此自然之理。①

“生育长养”与“肃杀”是对立的，但又是相互依存的，正是由于“生育长养”与“肃杀”的统一，才成就了天地万物。这表明吕祖谦对矛盾同一性的理解已达到相当深度。

吕祖谦还认为矛盾的双方是相互渗透的，不可以将它们截然分开。他说：

> 治中有乱，乱中有治。②
>
> 阳之发见，阴之伏匿。阳明阴幽，若不通及。二气和而为雨，则阳中有阴，阴中有阳，孰见其异哉！③

“治”中有“乱”的基因，“乱”中亦有“治”之成分，“阳”中包孕着“阴”，“阴”中也蕴藏着“阳”。如阴阳二气和合而能化为雨这一现象，就证明了这一点。事物矛盾对立面相互渗透这一属性不仅表现于阴阳、治乱，而且还表现在其他一切矛盾之

① 《文集》卷17《论语说》。
② 《文集》卷12《易说·观》。
③ 《东莱博议》卷2《妖祥》。

中。比如动中有静,"静中有动"①。

值得注意的是,吕祖谦不仅承认了矛盾的普遍性,而且还提出了"相反处乃是相治"的可贵命题。他说:

> 大抵天下之理,相反处乃是相治。水火相反也,而救火者必以水;冰炭相反也,而御冰者必以炭;险与平相反,而治险必以平。②
>
> 盖同之中自有异,不必求其异。……谓之同矣而未始不有辨。常人以同为同,如以刚遇刚,以柔对柔则谓之同;如以水济水,以火济火则谓之同。殊不知刚柔相应,水火相济乃为同。③
>
> 所谓相反者,无如水火,而其理初未尝有异。故一动一静互为其报,一阴一阳互为其用。君子须是得同而异之理,方可以尽睽之义。然象言天地睽而其事同,男女睽而其志通,万物睽而其事类。……盖圣人使人于同之中观其异,异之中观其同,非知道者不足识此。④

吕祖谦所说的"同",不是指没有任何差异的完全一模一样的相同,而是指具有矛盾同一性的"同"。如水与火,冰与炭,险与平、刚与柔、动与静、阴与阳、男与女就是具有这种性质的"同"。而"相反处乃是相治"则义近通常所说的相反相成。

---

① 《文集》卷12《易说·坤》。
② 同上卷14《易说·蹇》。
③ 同上卷12《易说·同人》。
④ 同上卷14《易说·睽》。

吕祖谦认为矛盾的对立面是“相反”的，但同时又是“相治”的。如救火要用水，御冰寒需火炭，制动以静，破静以动，治险用平，阴阳交感化生万物，男女交欢而繁衍人类，这就是“同而异之理”。由此可以看出，吕祖谦关于“相反处乃是相治”命题的提出，不仅是对古代辩证思维的继承，而且有着自己的贡献。

吕祖谦认为矛盾的双方不是固定不变的，而是在一定条件下发生转化。他在论述“常”与“奇”关系时，有着这样一番议论：

> 殊不知道无不常，亦无不中。传贤之事，自众人视之则以为奇，以为高。自尧舜视之则见其常，不见其奇也，见其中不见其高也。扛万钧之鼎，乌获以为常，而他人以为勇。游千仞之渊，没人以为常，而他人以为神。未至尧舜，而窃效焉，是懦夫而举乌获之鼎，稚子而入没人之渊也，何往而不败哉！①

按：乌获、没人，古代传说中的大力士与善泅者。这是说尧舜实行禅让制，传贤不传子，乌获举万钧之鼎，没人游千仞之渊，在一般人眼中这是“奇”不是“常”。但在尧舜、乌获、没人看来这是“常”不是“奇”。“常”与“奇”因人之异发生了转化。

先秦时期，老子曾提出“祸兮福所倚，福兮祸所伏”之命

① 《东莱博议》卷 1《宋穆公立殇公》。

题。吕祖谦继承了老子这一观点，说："盖易盈虚消长成败常相倚伏"[1]，认为"盈虚"、"消长"、"成败"这些矛盾的对立面是常常转化的。值得注意的是老子尽管提出了"祸兮福所倚、福兮祸所伏"之命题，但并没有具体说明"祸"、"福"转化的条件，颇有无条件转化的倾向，而在吕祖谦这里则得到了补充。他说：

> 天下之事胜于惧而败于忽。惧者福之原，忽者祸之门也。陈侯以宋卫之强而惧之，以郑之弱而忽之，遂以郑何能为而不许其成。及兵连祸结，不发于所惧之宋卫，而发于所忽之郑，则忽者岂非祸之门邪？然则推郑何能为之一语，实国败家亡之本。……何能为者，万恶之所从生也。苟不探其本，则何能为之一言，虽有致乱之端，而未有致乱之形；虽有可畏之实，而未有可畏之迹。非知几之君子，孰能遏滔天之浪于涓涓之始乎。[2]

居福，常常容易忽视潜在的危险而为所欲为，以致"兵连祸结"，"国败家亡"。处祸则比较小心谨慎，时有戒备，最终化祸为福。例如春秋时，宋、卫两国强盛而郑比较衰弱，故而陈侯对宋、卫怀有警惕，而忽视了郑之潜在威胁。结果败陈者不是陈一向惧之的宋与卫，而是它所忽视的郑。在这里，吕祖谦将人的主观努力与否与思想上重视与否作为"成败常倚伏"之契机，这就使他弥补了老子关于事物转化无条件观

① 《文集》卷12《易说·蛊》。
② 《东莱博议》卷1《郑伯侵陈》。

点的缺陷，而使其辩证思维得到升华。

据此，吕祖谦提出了“逆观”之命题。认为既然矛盾的对立面经常发生转化，因此人们在观察问题时，不仅要从事物之“顺”的方面看，还要从事物之“逆”的方面看。

> 物以顺至者，必以逆观。天下之祸不生于逆而生于顺。剑楯戈戟未必能败敌，而金缯玉帛每足以灭人之国，霜雪霾雾未必能生疾，而声色畋游每足以殒人之躯。久矣夫！顺之生祸也。物方顺吾意，而吾又以顺观之，则见其吉而不见其凶，溺心纵欲，盖有陷于死亡而不悟者矣。至于拔足纷华，寓目昭旷，彼以顺至，我以逆观。停箸于大食之时，覆觞于剧饮之际，惟天下至明者能之。①

吕祖谦在这里再次铺陈了“天下之事胜于惧而败于忽”的观点。认为国家处于“剑楯戈戟”武装威胁之际，则能唤起国人“忧惕祇畏”，自强不息，从而可以粉碎“剑楯戈戟”的进攻，这也就是“剑楯戈戟”未必能够败敌的原因。人们在气候恶劣的条件下，时时注意对身体的养护调理，故而“霜雪霾雾未必能生疾”。相反，敌国奉献“金缯玉帛”以示卑顺，则容易使人“见其吉而不见其凶”，放松对敌国的戒备，这是“金缯玉帛每足以灭人之国”的依据。当处于顺境之中，人们往往会忘乎所以，“溺心纵欲”，陶醉于“声色畋游”，而不注意对自己身体的养护调理，以至于弄垮了身体而不自觉。从这个

① 《东莱博议》卷4《楚斗椒》。

意义上说，身处逆境未必就是坏事，而身处顺境未必就是好事。吕祖谦意味深长地说过这样一段话：

> 地之于车，莫仁于羊肠而莫不仁于康衢，水之于舟，莫仁于瞿塘而莫不仁于溪涧。盖戒险则全，平则覆也。①

车行于羊肠小道，因其坎坷险峻，车夫不敢有半点疏忽大意；船驶于水湍流急之瞿塘，船夫则会全神贯注，故而能避免倾覆之患，而顺利地通过。但也有这种情况，因为车行平坦大道、船驶水流平稳之河面而漫不经心，落得车翻船覆的悲惨结局。其结论是“人多在顺中坏了”②。吕祖谦的这段话决非是危言耸听，而是以众多而确凿的历史事实为依据提炼出来的警世之言，时至今日，仍不失为至理名言。

接着，吕祖谦以具体的事例，进一步论证了不少事情虽然开始时“无不如意”，但是正因为开始这种“无不如意”往往埋下了日后自食苦果的种子。他以楚人习操舟之术为例说：一楚人向舟师学习操舟之术，不久即能在舟师的指导下，于风平浪静的河面上，“投止所向，无不如意”，因而楚人“傲然自得”，以为自己完全掌握了“操舟之术”，可以不必再向舟师请教。于是辞退舟师，独自到“有吞天浴日之涛、排山倒海之风”的海洋中操舟，“乃彷徨四顾，胆落神泣，堕桨失柁，身膏鱼鳖之腹”③。吕祖谦指出楚人“今日之危”，实是一

① 《东莱博议》卷 2《管仲言宴安》。
② 《文集》卷 12《易说·豫》。
③ 《东莱博议》卷 1《楚莫敖屈暇》。

开始“无不如意”所致。认为楚人以前“小试于洲诸之间”太顺利了，因而使他产生错觉，以为操舟之术不过尔尔。不肯再向舟师学习，用心钻研，而且对于汹涌澎湃的江海也掉以轻心，贸然去“椎鼓径进，亟犯大险”，终于使自己舟覆身亡。假如楚人在“小试于洲诸之间”，就遇到风涛之变，则会知难而退，“终身不敢言舟楫矣”，当然也不会“身膏鱼鳖之腹”了。

操舟是这样，治国亦复如此。前秦苻坚在丞相王猛刚死之时，因为担心自己独自处理国事疏忽大意而贻误大计，因而处处小心，兢兢业业。后来取得西域大捷，苻坚以为“天下之事止此耳，猛虽亡，吾岂不敢独办乎”？再也听不进别人的意见，刚愎自用，一意孤行，终于导致“淝水之辱”，丧师灭国。吕祖谦设想，如果苻坚在王猛死后，“其锋芒小挫，必不敢遽轻天下”，也许不敢贸然南下取晋，自然也就没有后来的“淝水之辱”了。

鲁宣公三年，楚人见周室德衰势穷，“观兵于周疆”，“问鼎之大小轻重”，大有取周之意。后来由于周使者王孙满善于辞令，楚师为其“周德虽衰，天命未改，鼎之轻重未可问也”的话所动，放弃了原来的企图。这件事从表面上看是极为难得的好事，但吕祖谦却独持异议，认为这是“喜在今日，忧在他日”。他分析道：

> 一夫而抗强敌，一言而排大难，此众人之所喜而识者之所忧也。楚为封豕长蛇，荐食上国，陈师鞠旅，观兵周郊，问九鼎之轻重，其势岌岌若岱华嵩岳将覆而未压。王孙满独善为说辞，引天援神折其狂僭，使楚人卷甲韬戈，逡巡自却。文昭武穆，

> 钟虡不移；瀍水雒都，城阙靡改。其再造周室之功实在社稷，是固众人之所同喜也，夫何忧？忧之云者，非忧其一时之功也。喜在今日，而忧在他日也。天下之祸不可狃，而幸不可恃。问鼎，大变也。国几亡而祀几绝。王孙满持辩口以御之，所以楚子退听者，亦幸焉耳。周人遂以为强楚之凶焰如是，尚畏吾文，告而不敢前，异日复有跳梁畿甸者，政烦一辩士足矣。是狃寇难为常而其以三寸舌为可恃也。①

王孙满以辞令退楚师，纯属侥幸，实不可恃。但它却造成了周之君臣侥幸投机的心理，认为只要凭“一辩士”的“三寸舌”就可以退却强敌了，而“君臣上恬下嬉，奄奄略无立志……玩于宴安，寝以媮惰”，再也不“忧惕祗畏，怀覆之之虞”，国势日趋衰颓。一旦秦兵东出，周“辩不能屈，说不能下”，终于“无所可施”，只好“稽首归罪，甘为俘虏”。吕祖谦由此得出了一条发人深省的结论：

> 遇事之易者未足喜，遇事之难者未足忧。盖先遇其易则以易为常，是祸之源也。先遇其难则以难为常，是福之基也。世固有一胜累一国，以一能败一身者，岂不甚可畏耶？②

“难”与“易”是相对的，“以难为常”，自强不息，“难”则为“易”。“以易为常”，掉以轻心，“易”则变“难”。

---

① 《东莱博议》卷4《楚人问鼎》。

② 同上卷1《楚莫敖屈瑕》。

这就是历史的辩证法。故而吕祖谦指出凡不懂得居安思危居易思难的人，其结局是很危险的。尤其是作为国家的统治者，更应该居安思危。

> 大抵人当否之时，自然忧深思远。至泰时，人民安富，国家闲暇，所失多由虑之不远。殊不知乱每基于治，危每基于安，讵可遐遗乎。①

这是说统治者在国家多事之秋，天下动荡不定（“否”）之时，一般能够“忧深思远”，而在“人民安富、国家闲暇”（“泰”）之际，也必须虑之甚远。只有这样才能使国家始终保持强盛，立于不败之地。吕祖谦在分析秦穆公使秦强盛的原因时说道：

> 秦穆公于江之灭（楚人灭江），独怵然戒、惕然悟。避朝贬食，不胜其忧，非出于危乱之外，岂能深见可惧之真者乎？穆公信能推此惧心而充之，视天下之诸侯。国一灭则心一警，心一警则政一新，固可离危亡之门而得治安之基矣。岂止西戎之霸耶？②

认为秦穆公之所以使秦国远“离危亡之门而得治安之基”，成为“西戎之霸”，主要是由于他不以秦国自身暂无危险就放松警惕，而是冷静地“逆观”当时诸侯国之间的相互吞并，特别

① 《文集》卷12《易说·泰》。
② 《东莱博议》卷4《楚人灭江》。

是楚国灭江后，引起穆公的“戒惕”和“心警”，励精图治，革除弊政，变秦为强国。

和秦穆公相反，楚将斗椒在和晋将赵盾对垒时，不知道“逆观”自身军事上的弱点，而为赵盾故意示弱的假象所迷惑，过于自信，盲目骄傲，结果丧师辱国。吕祖谦分析道：如果斗椒善于“逆观”，识破赵盾军事上的狡诈，步步小心，其战争之结局恐怕就不是这样了。

> 椒苟意于善，则盾虽示弱而养其恶，未必不逆观其诈，悚然儆惧，而启改过之门矣。盾本将以养其恶，椒反资以养其善，殆惟恐遇盾之不早也。[1]

应该承认，吕祖谦的这些论述洋溢着新鲜活泼的辩证因素。

但是要指出的是吕祖谦虽然一再强调“天下事必有对”，“天下之理未尝无对也”，然而一旦接触到封建等级制度以及与之相应的所谓“圣学”，即孔孟儒学和理学时，则武断地宣布这是“无对”的，“非与世俗较胜负也”[2]。

> 天下之理未能无对。才立，便有物与我（指“圣学”与“圣人”）对，对则必有争，一矜其能，一伐其功，便自有一个争的道理。盖矜伐者争之对也。……禹无我也，无我则不争。[3]

---

① 《东莱博议》卷 4《楚斗椒》。
② 《文集》卷 4《与朱元晦》。
③ 《东莱书说·大禹谟》。

吕祖谦认为，要熄灭对封建等级制度及其“圣学”的争斗，就得消灭对立面。这就使得他不能将“有对”说贯彻到底。这不仅使其哲学思想前后矛盾，而且最终窒息了他本人突出的众多的辩证观点，陷进形而上学之泥潭。这种现象不只是反映在吕祖谦一人这里，而在其他理学家如二程、朱熹等那里也发生过类似的情况。因此，这应该看作是时代使然之故。

二 “日新”乃“天地之道”

发展变化是辩证法的总特征之一。吕祖谦注意到了事物的发展变化。他坚持认为“不息”(即运动)是自然界的普遍规律，说：

> 易，变易也，初无定体。①
>
> 如《书》(《尚书》)之始终惟一，时乃日新，一之内自有新，新之内自有一，有终有始，本不可谓之一，今也以为一者，是不常中自有常也。不善学者，以为一定不易而已。由是至于执而不通。……如天地之道，寒往暑来，不已不息，所以天地之常。②

吕祖谦认为世界上的事物是变化不定的，故而“初无定体”，乃为“天地之常”。由此，他断定《尚书》中所说的“始终惟一”之“一”，不是指“一定不易”。因为“一定不易”之“一”是不存在的。“一之内自有新，新之内自有一”，矛盾的统一物

① 《文集》卷12《易说·屯》。
② 同上卷13《易说·恒》。

总是在不停地运动变化（“日新”）着的。如果以为事物是“一定不易”，就会“执而不通”，这是不善于观察事物的表现。以天地而言，冬去夏来，“不已不息”，这就是“不常中自有常”。天地是如此，人类自身又何尝不是如此呢？

终则有始，正如人之一身，自少至老，爪发皮肤未尝须臾不变。若说终身不变，则失其所以为身。亦如水若止而不流，则日涸一日，惟其常流不息，所以无穷。①

在从生至死的漫长岁月中，人的身体时刻都在发生变化。指甲、毛发、皮肤时时更新。假若终身不变，人也就不成其人了。水只有“常流不息”，才能保持活力，一旦停止流动，只是死水一潭，不久即会干涸。正因为事物处于“日新”不息的运动中，所以有始则有终，有终则有始。对于人来说，则是有生则有死。他说：

前明将尽，后明将继之时，是犹死生之际也。不鼓缶而歌则大耋之嗟者，彼畏惧者其凶固明。至于鼓缶而歌者，虽自谓达死生之际，殊不知死生乃常事耳。初无可乐，才鼓缶而歌，则亦为死生所动矣。故皆凶也。象曰：何可久也，此一句最要看。日之既昃，自然倾没，虽千数万计，亦不能留此，何可久也之义。②

① 《文集》卷13《易说·恒》。
② 《文集》13《易说·离》。

人老了就要死去，就像太阳西斜自然倾没一样。虽然这种事情发生过“千数万计”，然而却无以挽留。因此“死”与“生”乃是平常之事。对于死生的正确态度是泰然处之，不为其所动。在这里，“大耋而嗟”，害怕于死固然不对，而“鼓缶而歌”也是不对的。因为“大耋而嗟”和“鼓缶而歌”表现形式虽不同，却都是“为死生所动”而不达死生之理。从人类发展的总趋向看，人类正是通过死与生的交替变化而得到繁衍的，即“前明将尽，后明将继”。推而广之，世界上任何具体的事物都不可能是永恒（“何可久”）的。以天地而论，其“所以无穷”，乃是“以其聚散也”[①]。也正因为它不断的“聚”与“散”，才使得自己永远处于“日新”之中，变得生机盎然。

在此基础上，吕祖谦提出了“天下事向前则有功”的命题。他说：

> 天下之事向前则有功。不向前，百年亦只如此。盖往则有功。天下之事，方其蛊也，皆有可畏之势。如大川之滔滔然，于此而往焉，则有事而可治矣。[②]
>
> 天下事若不向前，安能成其大？如士人为学，有志于伊周事业也，须是向前去。[③]

“向前”即发展。推动事物的发展，正是人类的基本任务。也是人类特有的主观能动性的表现。停止的观点，固步自封的

① 《文集》卷14《易说·萃》。
② 同上卷12《易说·蛊》。
③ 《文集》卷12《易说·临》。

观点，不仅是形而上学的观点，而且也不符合人类发展的历史。我们认为对于吕祖谦“天下之事向前则有功”的命题，必须予以足够的重视和评价才是。

难能可贵的是，吕祖谦没有停止于此，他论及了“常限”与“常量”。

> 雨暴而沼溢，酒暴而卮翻，沼之所受有常限，卮之所容有常量，人之所期有常愿。逾其限，过其量，塞其愿，虽不欲满而不自知其满矣。①

这是说在事物发展的过程中，要注意保持适当的“常限”与“常量”。超过了“常量”与“常限”，事物往往就要向相反方向转化。由此，吕祖谦论及了“物极必反”的道理。他指出：

> 盖当坏乱之极，自然必有开通之理。②
>
> 穷上反(返)下。才到穷，则必复，此自然之理。积恶之极，则必思复善，积邪之极，则必思复正，积阴之极，则必思复阳。……天地阴阳消长，有必复之理。③

这里说的“穷”、“极”是一个意思。事物发展到尽头就会向对立面转化(“反”或“复”)。物极必反，这是自然界和人类社会的普遍现象，故而他又说：

---

① 《东莱博议》卷3《葵邱之会》。
② 《文集》卷12《易说·蛊》。
③ 《文集》卷13《易说·复》。

> 否极必泰，屯极必通，坎极必出险，理之自然也。然而若知否极而泰，不知致泰之道，则不能去否。屯极则通，不能为致通之理，则不能去屯。上居坎之极，必能出险，然以阴柔之质居之，则不知所以出险，故三岁之久至于凶也。①

意谓虽然否极必泰、屯极必通、坎极必出险这是自然之理，但是由“否”转化为“泰”，“屯”转化为“通”，“坎”而能“出险”，却不是自然而然发生的，必须通过人的积极而有效的主观努力。“知致泰之道”、“为致通之理”、“知所以出险”，即能抓住促使事物转化的关键，同时还应该具有实行转化的一定才干。唯有这样，才能使这种“理之自然”变成现实。否则就不能“去否”、“去屯”、“出险”，而只能陷于“凶”。在这里，吕祖谦再次接触了转化的条件，这就不仅使其物极必返的命题更为完善，而且使其对立统一观点向前进了一大步。

因为物极必反，所以在事物发展过程中，要想不走向反面，就必须注意保持事物发展的平衡（“中”），他说“天下事惟得中可以无悔”②。超过了“中”，破坏了平衡，事物必定要向反面转化。所谓“日中则昃，月盈则食，亢之理也”。中午过了，太阳就要西斜，月亮圆后就是亏缺。故而吕祖谦接着又说：

> 亢龙有悔，盈不可久也。又曰动而有悔，又曰穷之灾也。又曰知进而不知退，皆言亢之不可极。

---

① 《文集》卷13《易说·习坎》。

② 同上《易说·恒》。

……盖诸处已说盛满之当抑。[①]

这里说的“亢之不可极”，即要适当控制（“抑”）事物的发展，使其与极限保持一定的距离，所以“凡事不可过甚”[②]。“过甚”，也就是“过中”，而有违“亢之不可极”的道理，而导致“悔”。

上九，亢龙有悔。健而无息之谓乾。九极于上，则疑于有息矣。故圣人于上九而戒之，以亢使人不可轻进，盖常留一位在前，则有不息之意。若处亢而止，则息矣，非乾也。[③]

“常留一位在前”，就是指的与事物之极限保持一定距离。唯有这样，方能“不息”，即保持事物发展的旺盛之势。否则就会发生“用刚太过必折”的错误。因此对此必须引起思想上的高度警惕（“戒”）。

事物的运动变化是在一定的时空中进行的。对于“空”，吕祖谦论述不多，而“时”则屡次提及。他说：

随时之义大矣哉！先辈谓易三百八十四爻，一言以蔽之只是一时字。如孔子大不可名，孟子只以“圣之时”尽之。如《中庸》只说一“时中”。《易传》曰，凡赞之者欲人知其义之大，玩而识之也。只教人玩识

① 《文集》卷12《易说·乾》。
② 同上。
③ 同上。

时字。①

在吕祖谦看来，一部《周易》其精髓用一个“时”字即可概括。《中庸》所强调的也只是“时中”而已。孔子学贯天地，很难用其它什么语言准确地表达其学识为人，但孟子亦只以“时圣之”三字赞之，因此人们必须重视对“时”的研究、“玩识”。吕祖谦还认为《伊川易传》之所以值得后世学者重视，也就在于程颐对“时”的领悟有过人之处。

> 久速唯时，亦容有为之兆者。此最是伊川会看《易》处，意在言外，学者须识时字。②

吕祖谦于“时”之重视程度由此可见一斑。

“时”是变化的，人们要做到“久速唯时”，就必须随“时”对自己的行动作出相应的调整。

> 向晦入宴息，晓便起，晦便息，饥便食，渴便饮。尧舜便禅让，汤武便征伐，八元便举，四凶便遂，姑举一事以明之，则知事事皆如饥食渴饮，昼作夜息，不费思量，本无一事，只为见得理明，时到自应。③

在正常情况下，人们一般是天明即起，日落入睡。白天劳作，

---

① 《文集》卷12《易说·随》。
② 《文集》卷14《易说·晋》。
③ 《文集》卷12《易说·随》。

夜间休息。饿时吃饭，渴时饮水。人的饮食起居必须随“时”，同样社会重大的政治活动和人事安排也必须随“时”。例如：尧舜时代，天下易主只需禅让而不必征伐，汤武之世只可征伐而不能禅让。该举贤时则举八元，当诛时便放逐四凶。因此只有随时而动，才是“见得理明”，方能保持天下太平无事。

一般说来，吕祖谦是主张“天下事向前则有功”的，但他又坚持认为并不是任何时候都可以“向前”的。是否“向前”，也应该根据“时”的变化才行。当天下动乱之际，要想治乱为治，就应该义无反顾地“向前”，如“唐宪宗、武宗平淮蔡泽潞”①。否则就很难实行由危到安，由乱到治的转化。而在改朝换代之际，正是各种社会矛盾经过剧烈冲突之后，得到暂时缓和的时候，这就不应该一味地追求“向前”，好大喜功，以利于形成一个稳定的社会环境，与民休养生息。

> 解散之际，天下初平，必须用广大平易之道，与民安息。②
>
> 天下之难初解，当以柔治天下，和缓安静，不须躁促急迫，欲民服我。民心不归于彼，必归于此。彼既无所他往，自然归我矣。③

吕祖谦这样说，是以其丰富的历史内涵为依据。他举例说“（周）武王之胜纣则必垂拱而天下治，高祖之灭秦必用肖（何）曹（参）之清净，光武之诛（王）莽必闭关不用兵是皆以平易

① 《文集》卷12《易说·蛊》。
② 同上卷14《易说·解》。
③ 同上。

处之也。”[①]周武王灭纣之后分封诸侯，实行垂拱之治，刘邦灭秦之后清净无为，刘秀平定王莽之乱之后也是刀枪入库，马放南山。因为他们都是以“平易之道，与民休息”，故而民心大归，达到了天下之大治。

与周武王、高祖、光武相反，隋炀帝则不懂“天下初平，必须用广大平易之道”的道理，在其实现了南北一统之后，当天下急需休养生息时，仍一味“向前”，“再伐高丽”，最终“不免于难”。吕祖谦的这一说法，使其“天下事向前则有功”的命题，置于“时”之制约下，从而显得更为完善。

天地万物的发展变化尽管形式有各种各样，但并不是神秘莫测，其中总是有一定规律可循的。吕祖谦已初步意识到了这个问题。他说：

> 象、复。自十一月观之，严霜暴雪，正万物摧挫时，无有生意，安得有雷？不知雷声已自潜于黄钟之宫，但雷伏在地下，虽无朕兆之可见，无声音之可闻，人自不知其所谓复，盖积阴沍寒之后而阳气发生之理，其在地中不轻发用者，甚有力。[②]

在“严霜暴雪”的隆冬季节，人们之所以能够预测来年的惊雷之声，就在于“积阴沍寒之后阳气发生”，这是不可改变的规律，掌握了这一规律，“虽无朕兆之可见，无声音之可闻”，但也能认识具体事物的起因与后果。

---

① 《文集》卷 14《易说·解》。

② 同上卷 13《易说·复》。

天下之消长盈虚，文质刚柔，如环之无端，乃是天行，若是要得自穷志虑，探事先料事后，不知消息盈虚，只是臆度。①

每有事，先三日而虑其所以蛊之根本，然后为之，既为之，又后三日而虑其将然，然后其利可久。②

人们之所以能够于事先料及事后，知道“蛊之根本”而治蛊，就在于“消息盈虚”是有一定规律性的。只要“虑”之慎重，就可以保证“其利可久”。吕祖谦这一理论，不仅使“随时”之内涵更为丰满，而且赋予了“随时”之可能。

吕祖谦指出：整个世界是一个有机的整体，事物与事物之间是普遍联系的，所谓“通天地一气同流而无间者也”③。因此当一事物在其将要发生剧变之时，总是要通过其他事物的变化而显示其“朕兆”的，这就要求人们要知“微”识“几”，及时掌握事物变化的征兆。

物莫不能先。础先雨而润，钟先霁而清，灰先律而飞，蛰先寒而闭，蚁先潦而徙，鸢先风而翔，阴阳之气浑沦磅礴于覆载之间，而一物之微，先见其几，如印券符钥无毫厘之差。④

①② 《文集》卷12《易说·蛊》。
③④ 《东莱博议》卷2《卜筮》。

天要下雨，柱础就会先反潮，钟声清朗则预示是晴天。隆冬将至，百虫先入穴潜藏，大雨将集，蚂蚁先由低处向高地迁徙，大风将至，鸢则先飞。人们掌握了这些规律，就能预测天气的变化，而及早采取相应的措施，避害就利。“如神医用药于无形，不待其病已形而后救。”①不难发现，吕祖谦的这些理论，标志着其辩证思维已超越了前人，而达到了一个新的水准。

第三节 存心、力行的认识论

吕祖谦的认识论和其本体论一样，是极为“杂博”的。如果说朱熹的认识论是以格物致知为主要内容，陆九渊以明心为首要的话，而吕祖谦则是兼而有之。他首先突出了“心”在认识论的作用，主张“守初心”，而与陆九渊的“明心”说相契合。同时吕祖谦又认为“穷理”须格物，其中有一个涵养过程，这与朱熹的“格物致知”的认识论是一致的。而在和永嘉，永康学派人士的接触过程中，又受到唯物主义认识论的影响，亦提出了若干唯物主义认识论之见解。因此，吕祖谦的认识论显得尤为驳杂又自相矛盾。

一 “守初心”论

如前所说，吕祖谦在本体论上坚持“天地万物”皆“吾心之发见”观点，而使自己的哲学体系印上了主观唯心主义标

① 《东莱书说·大禹谟第二》。

记。与此相一致,在认识论上,吕祖谦强调“反求诸己”、“反视内省”。其逻辑是“圣人之心万物皆备,不见其外”,而“吾胸中自有圣人境界”,因而人们要探索自然和社会的奥秘,把握客观事物的内在规律,则不必求诸于外,求诸内心即可。

吕祖谦认为“心”具有认识一切事物的能力,他说:

> 如日出乎地,烜赫光明,凡舟车所至无不照临。人之一心,其光明若是。若能扩而充之,则光辉灿烂,亦日之明也。然人有是明而不能昭著,非人昏之,是自昏之也。故曰自昭明德。盖昭之于外亦是自昭,非人昭之也。①

太阳高悬于天空,只要舟车所到,“无不照临”。“人之一心”和太阳一样“烜赫光明”,只要不断地扩充内心固有的“光辉烂灿”,即能准确地认识客观世界的一切。

吕祖谦指出,“心”与万物的关系犹如明镜和镜中之影:

> 若夫仁者之心,既公且一,故所见至明,而此心不变。譬如镜之照物,唯其无私,而物之妍丑,自不能逃,虽千万遍之,其妍丑固自若也。②
>
> 须是自家镜明,然后见得美恶称平。然后等得轻重。欲得称平镜明,又须是致知格物。③

---

① 《文集》卷 14《易说·晋》。

② 同上卷 17《论语说》。

③ 同上卷 20《杂说》。

心镜之喻的首倡者道家庄周，其谓“圣人用心若镜，不将不迎，应而不藏”。但是庄周旨在养生，要求不为外物伤身。吕祖谦套用庄周之喻，则是论证“心”具有自发认识事物的能力。在他看来，物之“妍丑”之所以能清楚地反映在镜面上，就在于镜子“无私”。同样，人心如果“无私”，做到“既公且一”，自然会“光辉灿烂”，天地万物之底蕴就会无一遗漏地反映在其中。

和其他认识器官相比，“心”不受任何时间、地点的制约，直接感知事物。他说：

> 旷百世而相合者，心也。①
>
> 且人之一心，方寸间，其编简所存千古之上，八荒之间，皆能留藏。②

很明显，这里的“心”并不是指人的生理器官——心脏，而是就人的思维能力而言的，所谓“心之官则思，官字最好看”③。诚然，在从感性认识上升到理性认识的过程中，思维所起的作用是至关重要的，它确实可以不受时间（“旷百世”、“千古之上”）、空间（“八荒之间”）的限制，而将具体事物的特征“留藏”。从这个意义上说，吕祖谦的这个观点具有一定的合理之处。但是人的思维必须借助于视、听、触、感而进行，而吕祖谦对此只字不提，只是一味地强调“人之一心”的认识作用，这就掏空了思维得以进行的基础，而未免失之空虚。

---

① 《东莱博议》卷3《秦晋迁陆浑》。

② 《文集》卷13《易说·大畜》。

③ 同上卷20《杂说》。

在此同时，吕祖谦着力渲染“良知良能”说。孟子曾说：“人之所不学而能者，其良能也；所不虑而知者，其良知也。”①对此，吕祖谦表示完全赞同。他说：

> 人心所有之明哲，非自外也。②
>
> 万物皆备，初非外铄。惟失其本心，故莫能行。苟本心存焉，则能力行也。③
>
> 凡人未尝无良知良能也。盖能知所以养之，则此理自存，至于生生不穷矣。息，生也。④

这里所说的“本心”，亦即“良知良能”。吕祖谦认为每个人都有不学而能、不虑而知的知识才能。若能对这种先天固有的良知良能加以很好的养护，也就能使万物之理自存一身，而且会“生生不穷”，再也不需要去外部世界探求什么理了。如果说“良知良能”是指人具有的认识事物的潜在能力，这倒无可厚非。但是吕祖谦以养护“良知良能”代替对客观事物的认识，这就跌进了唯心主义认识论的泥潭。

吕祖谦还认为尽管每个人都有“良知良能”，但是人在和外物接触过程中，“人心”很容易发生偏倾(不“正”)而为外物所迁，迷失方向，而使“良知良能”受到蒙蔽。他说：

> 正者，其良心良知之所在，固无交感之害也。

---

① 《孟子·尽心上》。

② 《左氏传说》卷14。

③ 《文集》卷16《礼记说》。

④ 同上卷13《易说·颐》。

> 局于小智憧憧起伏，所以未光大，以其无所有之光大，反逐于物，而私应蔽之，盖心本光大，至此光大皆不见。①

然而无论是谁都是生活在物质世界之中的，不与外物接触是根本不可能的，因此，维护内心之“光大”，即“良知良能”，不是不与外物接触，而是要使“心”“正”。因为“心”一“正”，即可避免与外物的“交感之害”。而人心“不正”，就会追逐外物，私念膨胀，而影响“良知良能”的发扬光大。

为什么人之私心杂念会伤害内心本来具有的“良知良能”呢？对此，吕祖谦有一番说明：

> 大抵为学，最要识向背，若任私心而行，私心所喜则感，不喜则不感，所见者感，所不见者不感，如此则所感浅狭。②

这是说人一旦有了私心，就会利令智昏，凡事专为一己之私利考虑，而不是让内心的“良知良能”自发地去认识（“交感”）外物，而对其“交感”之范围、对象做了种种人为的制约，这样，即使有“良知良能”，也只能是“所感浅狭”。吕祖谦的这一观点可能受程颢影响不小。程颢曾说：“人之情各有所蔽，故不能适道。大率患在自私而用智。自私则不能以有为为应迹，用智则不能明觉为自然。”③认为人之情所以“有所蔽”，关键在于为外物所迁，沾染物欲。如果一个人自私，那么他

①② 《文集》卷13《易说·咸》。

③ 《二程文集》卷2《答张横渠子厚先生书》。

的思想行为就只是根据自己的利益作为出发点，而不是对事物的自发反应。这不仅会产生错误的判断，而且还会为自己的自私行为寻找借口，即使明明知道某些事情不应该，某些判断不符合事物的本来面貌，也要硬着头皮编造一点理由加以辩护。这就是“用智”。其实哪些事情应该做，哪些事情不应该做，“人心”本来是“有知”而“明觉”的。“用智”则把这种“明觉”掩盖了。不难发现吕祖谦所谓“局于小智憧憧起伏，所以未光大”的说法是与程颢“大率患在自私而用智”的观点前后相承的。

由此，吕祖谦强调要使“良知良能”不受任何干扰，关键在于正“心”。

> 贞者，虚中无我之谓。……此心一正，则其所感者无有壅遏之患，自然无往而不吉，悔自亡。若夫憧憧往来之人，心既不正，则往来不息。乍形乍灭，乍起乍伏。本心既失，已是私心，则是随其朋类，方始思得，此思却有限量，有思则有，无思则无，若到贞吉悔亡，则穷天下之事，无不感通。①
>
> 惟知以正大为壮，便与天地同其大。盖偏狭者，不足以见天地，才去私意小智，则便见天地正大之情矣。天地之情不外乎正，吾能尽克一己之私以正而大，则天地正大之情亦不能外。②

这是说人们在认识客观事物的过程中，之所以不让内心固有

① 《文集》卷13《易说·咸》。
② 同上卷14《易说·大壮》。

的"良知良能"去感知万物，对事物作出自发的反应，而要以"私应蔽之"，喜用"小智"，而导致"良知良能""乍形乍灭，乍起乍伏"，问题就出在有"我"之上。因为有"我"，就会时时感到"我"与天地万物有区别，而只能从"偏狭"之"我"的角度去感知事物，这就很难"见天地之情"。只有"无我"，与万物浑成一体，才不会产生"私心"，才能彻底驱逐"私意小智"，这样"本心"即"良知良能"就会对事物作出自发的反应，按照事物的本来面貌作出判断。这是"穷天下之事，无不感通"和"便见天地正大之情"的依据。吕祖谦认为这也就是"圣人"和"常人"认识能力差异悬殊的原因所在。"圣人之心如处空谷之中、静室之内，苟有一动一静，无不即知，常人之心如处市井，虽大声疾呼，亦且不闻。"①因为"圣人""无我"，故其"良知良能"不为"私意小智"所蔽，而直接与万物"交感"，因此"苟有一动一静，无不即知"，而"常人"有"我"，"私意小智"盖蔽了"良知良能"，其"心"如处于喧闹的集市之中，虽然"大声疾呼，亦且不闻"。在这里，吕祖谦将"无我"作为"正心"的前提，不仅是天地万物皆"吾心之发见"本体论在认识论上的反映，而且将认识论和封建主义道德修养说紧紧地联系起来了。因为所谓"正心"，无非是要求人们站稳封建主义立场，不要去追求自身的物质利益和精神享受，而严格遵循封建主义轨道行动。

从"心万物皆备，不见其外"的逻辑出发，吕祖谦认为当人的认识与客观事物不相符合时，不是去外部世界继续探索，而是加强对内心的体验。他反复强调说：

① 《文集》卷 20《杂说》。

> 外有龃龉，必内有窒碍，盖内外相应，毫发不差，只有“反己”二字，更无别法也。①

> 圣门之学，皆从自反中来。……凡事有龃龉，行有不得处尽，反求诸己，使表里相应。……如果然十分正当，天下自然归之。……大抵天下事，果不在外，只缘人信不笃。②

认识当然离不开认识的主体。但是对认识主体的要求决不能代替对客观世界的探索。因为事物的内在规律和奥秘是不依“己”的主观意志为转移的客观存在，要掌握规律，探明奥秘，唯有对客观事物进行认真而艰苦的研究，否则即使再怎么“反视内省”，都不可能做到“内外相应，毫发不差”的。吕祖谦的这种“反求诸己”的认识方法，与陆九渊的“发明本心”的认识论如出一辙，完全一致。

但是，吕祖谦又认为“反视内省”、自存“本心”，是一个“依次”、“涵蓄”的过程，不能“躐等陵节”。所谓“为学工夫，涵泳渐渍，玩养之久，释然心解，平贴的确，乃为有得”③。基于此，他认为陆九渊在“明心”问题上，单靠“顿悟”而“豁然大觉”过于“简易”，未免“流于空虚”。正因为如此，吕祖谦在认识论上，虽然主张以“明心”为首要，而和陆九渊的认识论相一致，但在如何“明心”的问题上，却和陆氏产生分野，而倾向朱熹以“穷理”为本的格物致知说。

吕祖谦认为：长期“涵蓄”，可以使“吾心之全体无不明”。

---

① 《文集》卷4《与戴在伯》。

② 《文集》卷18《孟子说》。

③ 《文集》卷4《答潘叔昌》。

> 尝论胡文定有语云，但持敬十年有别，此言殊有味，大抵目前学者用功甫及旬日，未见涯涘，则已逡巡退却，不复自信，久大德业，何自而成？①

“持敬十年”，这是理学家们讲究内心道德涵养的陈词滥调，而无新意。但是吕祖谦却以此“殊有味”，无非是说长期加强封建道德修养，有助于对客观事物的认识，不过，他认为仅仅靠几天的用功，就希望得到很多的知识，这是不切实际的幻想，还算是有识之见。吕祖谦在《题近思录》中说：

> 至于余卷（指《近思录》）所载讲学之方，日用躬行之实，具有科级，循是而进，自卑升高，自近及远，庶几不失纂集之旨。若乃厌卑近而骛高远，躐等陵节，流于空虚，迄无所依据，则岂所谓近思者耶？②

吕祖谦的意思是要做到“内外相应，毫发不差”，在认识上取得进步，决不是“用功甫及旬日”所能成功的，必须“自卑升高，自近及远”，长期努力方可。吕祖谦的这一说明，部分纠正了陆氏的“简易”工夫，从而多少合理些。

吕祖谦还指出：认识有“致知”和“有见”的区别。

> 致知与求见不同。人能朝于斯，夕于斯，一旦豁然有见，却不是端的易得消散，须是下集义工

① 《文集》卷5《答周允升》。

② 《文集》卷6。

夫，涵养体察，平稳妥贴，释然心解乃是。①

吕祖谦的这个说法，上承程颐，下与朱熹相通。程颐曾说："若只格物，便通众理，虽颜子亦不敢如此道。须是今日格一件，明日又格一件。积习既多，然后脱然自有贯通处。"②"人要明理，若止一物上明之，亦未济事，须是集众理，然后脱然自有悟处。"③朱熹则说："穷理者……非谓止穷得一理便到，但积累多后，自然豁然有悟处。"我们认为这三人议论文句稍异，而所表达的意思则完全一致。所谓"释然心解"、"豁然有见"，当然不是指通过对客观事物的大量观察而产生的认识飞跃，而是指通过"集义工夫"，即"朝于斯夕于斯"，"涵泳浙渍"去启发内心的"明哲"。这样，吕祖谦就将朱熹的格物穷理与陆九渊的"明心"说勾搭起来。

这里需要说明的是吕祖谦虽然认为陆九渊"顿悟"过于"简易"，而导致他在朱熹和陆九渊"教人之法"发生严重歧义时，而偏向朱熹，但是他并不是反对陆九渊的"发明本心"和"反求诸己"之观点，对此他毫无异议。认为陆氏这一理论"坚实有力"，必须发扬光大。只不过是要多一点"存养体察工夫"。

应物涉事，若知其难而悉力反求，则日益精明，要须实下存养体察工夫，真知所止，乃是据此，自进不能已也。④

① 《文集》卷20《杂说》。
② 《二程遗书》卷18。
③ 同上、卷19。
④ 《文集》卷5《与陈同甫》。

“存养”即“存心”、“养心”之谓。其目的是要达到内心“毫无窒碍”;“体察”就是对“应物涉事”的“体验”,和“即物穷理”(朱熹语)之说是同一意思。吕祖谦这种认识论虽然兼通朱、陆两家,但终究没有超出唯心主义认识论的窠臼。

二 “知犹识路、行犹进步”

吕祖谦的认识论总体上看,当属唯心主义无疑。但是他在观察社会、研究历史的过程中,亦深深地感到“实理难知”①,唯有对“天地变化、草木繁芜”精加考察,才能“求其故”,这就使其认识论中包含了若干唯物主义认识论的颗粒。

首先,在认识的标准上,吕祖谦坚持必须以客观为准绳的原则。他说:

> 如目疾,以青为红,以白为黑,色初未变也,今惟当自治其目而色自定,却无改色以从目之理。②

眼睛发生了毛病,“以青为红,以白为黑”,唯一的办法是把眼睛毛病治好,使之不发生误认,决不能“改色以从目”。这也就是说当主观认识和客观实际发生矛盾时,只有纠正主观认识的偏差,而不是要求客观服从主观。他的这一说法显然与其前面所主张的“反视内省”之说是自相矛盾的。

与此相一致,吕祖谦指出无论是个人之“私见”还是众人

---

① 《文集》卷 6《陈同甫恕斋铭》。

② 同上卷 13《易说·无妄》。

之“众见”都是主观的，故而都不能作为判断认识正确与否的标准。

> 吾人皆无常师，周旋于群言诸乱之中，俯仰参求，虽自谓其理已明，安知非私见蔽说，若雷同相从，一唱百和，莫知是非，此所甚可惧也。[①]

这就是说有时尽管主观上以为所要认识的客观事物已经了然在心，所谓“其理已明”，但实际上并不一定如此。因为这很有可能是“私见蔽说”。同样，对某一问题虽然是“雷同相从，一唱百和”，但也不能由此判定是“其理已明”，因为这也许是“莫知是非”。北宋张载对于认识的标准曾提出以众人“共闻共见”为真理，以个人“独闻独见”为谬误的观点。谓：“独见独闻，虽小异，怪也，出于疾与妄也。共见共闻，虽大异，诚也。出阴阳之正也。”[②]认为个人的印象见闻，尽管与众人的印象见闻产生极微小的差异，也应视为是不正常的现象。因为这种小的差异是由个人的疾病或幻觉所造成的。至于众人“共见共闻”的印象见闻，虽然是严重的怪异现象，也应视为真实可信。因为这些人人所共见共闻的印象，总是出于阴阳变化的正常状态。张载这一观点包含了相信群众之见闻，防止个人主观判断失误的成分，其中不无可取之处。但他所主张的是非标准不是以符合客观实际为基础，而是以人数之多寡为准绳，因而也只能是唯心主义的变种。对此，吕祖谦颇不以为然。他说：

---

① 《文集》卷5《与学者及诸弟》。

② 《正蒙·动物篇》。

君子以独立不惧,遁世无闷。盖大过虽本于理不过,然其事皆常人数百年所不曾见,必大惊骇,无一人以我为是,非有大力量何以当之?若见理不明者,见众人纷纷安得不惧?见理明者,见理而不见人,何惧之有?……彼众人纷纷之论,人数虽众,然其说皆无根蒂,乃独立也,至此则我反为众,众反为独矣。①

吕祖谦认为无论是"共闻共见",还是"独闻独见",都必须以符合客观事实为最后依据。如果是"见理不明",虽然是"众人纷纷之论,人数虽众",但缺乏客观依据,甚至与客观事实相违背,这仍然是错误之见。"见理明者"虽然是"独闻独见",人单势薄,但由于其主观符合客观所以也是正确的,最终"众人纷纷之论"是会服从"见得理明者"的"独闻独见"。吕祖谦的这一观点纠正了张载的偏颇,可谓是精辟之论。

基于此,吕祖谦指出在认识过程中,固执己见固然不对,但是胸中毫无主见,而只是一味地附合别人也不行。

大率随人必胸中先有所主宰,若无主宰一向随人,必入于邪,至于变所守以随人尤非小事。若所随不得其正,则悔吝而不得其吉矣。此随人之初尤不可忽。故圣人教人以随之本,言人先内有所主,然后可以随人,或变以随人,惟正而后吉也。②

① 《文集》卷13《易说·大过》。

② 同上卷12《易说·随》。

“随人”即改变自己的看法而随从别人。吕祖谦认为“随人”或不随人，要以“见得理明”（或曰“正”）为基础，如果自己胸无主见，而随便改变对某一事物的看法而“随人”，弄不巧就会离“正”而流于“邪”，招致“悔吝”。因此吕祖谦又说：“自无所见，固人有警者不足恃也。”[①]

但必须指出，吕祖谦虽然反对以“共闻共见”和“独闻独见”作为判断认识正确与否的标准，但是他又认为在认识事物的过程中，必须充分利用“众人聪明”，以防止“自任一己之聪明”而产生差池。在他看来，个人之智只是一滴水、一盏灯，只有汇集众人之才智方能波澜壮阔，灯火通明。

> 言物惟畜之多故好。譬如水积畜多，故波澜自然成文，又如灯烛，若一灯一烛固未见好，唯多后，彼此交光，然后可观。[②]

在此基础上，吕祖谦尖锐地抨击了后世封建君主“自任一己聪明以临下”的独断专横之行为。指出：“盖用众人聪明以临下，此乃人君之所宜。”[③]他响亮地提出了“闻街谈巷语，句句皆有可听，见舆台皂隶，人人皆有可取，如此安得德不进”[④]的命题。吕祖谦认为“舆台皂隶”即身处社会下层的劳动群众并非是一群毫无认识能力的群氓，他们每个人都或多或少地有着对事物的正确认识，不乏可取之处。而老百姓们

---

① 《文集》卷 20《杂说》。

② 同上卷 12《易说·履》。

③ 同上《易说·临》。

④ 同上卷 17《孟子说》。

的“街谈巷语”亦非全是粗言俗语，其中包含了大量有价值的见解。吕祖谦指出尧舜之所以为后世封建君主望尘莫及，就在于他们认识事物、处理问题，不师心自用，而是善于从“街谈巷语”中吸收其合理之颗粒，从“舆台皂隶”这些人身上汲取智慧聪明。换句话说，后世封建君主要使自己亦成为尧舜式的人物，也应该重视“街谈巷语”对自己的启迪，向“舆台皂隶”学习。

正因为有此认识，以吕祖谦本人言，他并不因为自己是一名封建官员而轻视身列“舆台皂隶”之伍的老农的经验之谈。他在乾道七年正月二十八日一首唱和诗中这样吟道：

平生老农语，易置复难忘。
麦苗要经雪，橘黄要经霜。①

“麦苗要经雪，橘黄要经霜”，这是老农从长期的实践中总结出来的经验之谈，虽属“街谈巷语”，但这是符合客观事物发展的正确认识，故而“易置复难忘”。这固然说明了老农之格言深入浅出，富有感染力，但也反映了吕祖谦非常重视农民生产实践中提炼出来的农业知识，这应视为是其“闻街谈巷语，句句皆有可听，见舆台皂隶，人人皆有可取”命题的进一步延伸。

其次，在如何正确认识事物这一问题上，吕祖谦也发表过若干有价值的见解。认为对于所要认识的事物经常接触，就会消除对它们所产生的陌生感和神秘感，这样就比较能识

① 《文集》卷11《送丘宗卿博士出守嘉禾以“视异如伤”为韵》其四。

别其中之原委。

> 怪生于罕而止于习。赫然当空者谓之日；灿然遍空者谓之星；油然布空者谓之云，隐然在空者谓之雷；突然倚空者谓之山，渺然际空者谓之海，使未识而骤见之，岂不大可怪邪？其所以举世安之而不以异者，习也。焄蒿凄怆之妖，木石鳞羽之异，世争怪而共传之者，以其罕接于人耳。天下之理，本无可怪。吉有祥，凶有祲，明有礼乐，幽有鬼神，是犹昼之必夜也。何怪之有哉。夫子之不语怪，非惧其惑众也，本无怪之可语也。人不知道，则所知者不出于耳目之外。耳目之所接者谓之常，耳目之所不接者谓之怪。……抑不知耳之所闻者，声也，……目之所见者，形耳。①

事实正如吕祖谦所说。世界上的某一事情见得多了，听得多了，就会习以为常，不觉得它们怪异。比如“日星也；云雷也；山海也；皆俗饫闻而厌见者也”，所以人们并不认为它们神秘莫测。相反，有些事情百年难遇，或者是人们平生第一次接触，如桃李冬华、石头发声、龙蛇争斗、地底下冒出香味或臭气，人们就会大为惊奇，甚至感到惶恐不安。如果日、星、云、雷、山、海这些事物也是“未识而骤见”，人们也会感到奇怪的，“天下之理，本无可怪”。所谓“怪”，不过是人们“耳目之所不接”或罕接而已。孔子之所以一生从“不语

① 《东莱博议》卷2《妖祥》。

怪”，倒不是担心“语怪”而引起众人之惊恐不安，而是因为“本无怪之可语”。吕祖谦的这段议论颇为精彩。它不仅包含了浓厚的唯物主义认识论的因素，而且还有反对迷信的积极意义。

吕祖谦还认为事物虽然有不理解（“幽”）和可理解（“明”）之分，但这二者是统一的即“合幽明而为一”。因此要弄明白“幽”，不妨可以先从“明”着手，如果真正弄清了明白可见之事物的来龙去脉，就可以以此推知“幽”，消除对“幽”的神秘感与陌生感。

> 使得悟于饫闻厌见之中，则彼不闻不见者亦将释然无疑矣。子路学于夫子，以事鬼神为问，又以死为问。子路之心，盖以人者吾所自知，不知者鬼神而已。生者吾所自知，不知者死而已。吁！至理无二，知则俱知，惑则俱惑。安有知此而不知彼者哉！果知人则必无鬼神之问，果知生则必无死之问。观其鬼神之间，可以占知其未知人也；观其死之问，可以占知其未知生也。夫子答之曰：未能事人，焉能事鬼，未知生，焉知死。①

在人类认识过程中，往往是知此而知彼，知其一而不知其二。因此吕祖谦关于“知则俱知，惑则俱惑”的说法并不符合人的认识发展史，存在着严重的理论缺陷。但也常常有这样的情

① 《东莱博议》卷2《妖祥》。

况，许多未知可以通过已知求得。不少新知识是从以往的旧知识和经验中推导出来的。从这个意义上，又不能说“知则俱知，惑则俱惑”纯属主观臆测，荒谬不经。尤其是他认为“知人”则不必问“事鬼神”，“知生”则不必问死的观点，确实属于“知则俱知、惑则俱惑”的范畴，必须加以肯定。

进而，吕祖谦指出人们之所以产生疑神疑鬼的想法，主要地“皆求其所闻，而不求其所以闻；皆求其所见，而不求其所以见”的缘故。在这里，吕祖谦虽然没有公开倡明无鬼神，但实际上留给鬼神论的地盘确实不多了。

还应该说明，吕祖谦虽然强调要以其所闻，求其所不闻；以其所见，求其所不见，含有重视间接经验的成分，但他尤为重视亲身获得的知，许其为真知实见。他说：

> 且如无事时戒酒皆非实见，因一次酒失，方知酒真不可饮。又如无事时岂不知江行之险？经一次风涛几覆舟后，必须相风色。①

人人都知道酒不可多饮，故而常常提醒自己注意。但如不亲身经历一次醉酒误事，是没有切肤之痛的。同样，人人都知道江面水急浪高，行舟之凶险。但只有亲身碰上风涛几乎要将船掀翻的凶险后，才会真正引起思想的重视，以后行船必定注意“风色”。吕祖谦这一说法多少含有实践出真知之基因，应该加以肯定。

再次，吕祖谦认为人们在对客观事物精加考察的同时，

① 《文集》卷18《孟子说》。

还应该善于认识自己。

明于观人，暗于观己，此天下之公患也。见秋毫之末者不能自见其睫。举千钧之重者，不能自举其身。甚矣……人皆知以己观己之难，而不知以人观己之易。①

人能够看见极其微小的东西，却不能看见自己眼皮底下的睫毛。可以将千钧之重的东西举起来，却不能把只有百十来斤重的自己举起来。从这一点上说，人们对于主观的认识确实存在着一定的困难，故而此为“天下公患”。但是站在客观的角度，从考评他人之得失成败中，可以反省出自己的得失优劣所在。

由此，吕祖谦论述了“名”与“实”的关系，他认为“名”必须真实地反映“实”。

名不可以幸取也。天下之事，固有外似而中实不然者。幸其似而窃其名，非不可以欺一时，然他日人即其似而求其真，则情见实吐，无不立败。名果可以幸取耶？然则受名之始，乃受责之始也。②

这是说欺世盗名者尽管可以得逞于一时，却不可能永远不败露。因为人们循其名而求其实时，就会“情见实吐，无不立败”。吕祖谦列举了历史上许多欺世盗名者开始虽然能够“无毫末

① 《东莱博议》卷3《晋怀公杀狐突》。
② 同上卷4《楚文无畏戮宋公仆》。

之劳，而有邱山之誉”，但到后来莫不以“虚名”而招“实祸”。他的结论是名要符实，“幸取”其名者实不为训。

“白马非马”是先秦名家公孙龙的著名命题。对此，吕祖谦有一段评论：

> 昔人言白马非马之说，若无白马在前，则尽教他说，适有牵白马者过堂下，则彼自破矣。如三耳之说，我若随之而转，则必为所惑，惟自守两耳之说，则彼不能眩矣。①

吕祖谦认为在没有白马时，“白马非马”之说还可能会迷惑一些人。可是一旦有真实的白马为证，“白马非马”之说就会不攻自破。《庄子·天下篇》曾有“臧三耳”之说，意谓做奴仆的除了两只有形之耳，还有一只意识意义上的耳朵。吕祖谦以为只要坚信人只有两耳之事实，“三耳之说”就不可能再迷惑住人。在这里，吕祖谦提出了以“实”验“名”的思想，有一定可取之处。

吕祖谦还曲折地表达了事物的内容决定着事物的性质的观点。他说，“小人”可以冠冕堂皇地说一些“君子之言”，但是终究掩盖不了其邪恶的本质。“以君子之言，借小人之口发之，则天下见其邪而不见其正。”②为什么“小人”口吐“君子之言”，人们还是“见其邪而不见其正”的呢？吕祖谦解释说：“气可以夺言，而言不可以夺气也。”③“气”即“小人”平时

---

① 《文集》卷 20《杂说》。

② 《东莱博议》卷 3《楚灭夔》。

③ 同上。

的真实行为。从这里可以清楚地看出，吕祖谦所主张的是“实”决定“名”，而不是“名”决定“实”。因此他坚决反对“咀其华而忘其实”①，认为凡是与实际不相符合的“浮丽夸靡”之“名”、“辞”，都应该从根本上加以铲除。

在认识的方法上，吕祖谦提出了“致知”和“力行”相统一的思想。他说：

> 论致知则不可偏，论力行则进当有序。并味以两言，则无笼统零碎之病。②
>
> 欲穷理而不循理，欲精义而不徙义，欲资深而不习察，吾未知其至也。③
>
> 平居数日，凡所思量多近于理，只为此念不续处多，而临境忘了，今若要下工夫，莫若且据所闻，亦须得力。④

吕祖谦认为“致知”与“力行”是认识活动中相辅相成的方面，必须在认识实践中同时兼顾。做到这两点，则可避免“笼统零碎之病”。故而他又说：“致知力行本交相发工夫，切不可偏。”⑤“知”与“行”犹如识路与走路，“知犹识路，行犹进步”⑥，“知而不至则行必不力”，但知而不行，“知”也就失去其实际意

① 《东莱博议》卷44《季文子出莒仆》。
② 《文集》卷4《与邢邦用》。
③ 同上卷20《杂说》。
④ 同上。
⑤ 《文集》卷4《与朱元晦》。
⑥ 同上卷5《与学者及诸弟》。

义而流入空虚。

值得注意的是吕祖谦虽然强调每个人都有“良知良能”，但是他又认为任何人都不可能未卜先知，只有通过“尽心”的观察，才能获得实际的知识，所谓“智者之略，固不如愚者之详也”①。聪明人如果对实际的东西不去“尽心”了解，决没有“愚者”从实际考察中所得到的收获大。

简言之，吕祖谦上述的这些看法虽然与他在前面所主张的主观唯心主义的先验论相矛盾而无法统一，但又是他“务实”精神在认识论中的必然反映。

① 《东莱博议》卷3《子圉逃归》。

第六章 人生观

人生观是对人生的目的、意义、价值等根本问题的看法。一定的人生观总是从属于一定的世界观。吕祖谦的人生观受其理学思想所支配,其核心是要求人们在生活的各个方面,都要严格遵循封建主义义理“规行矩步”。他说:“凡人规行矩步,自然无失。若进退无常,岂能无咎?”[1]这里的“常”,指的就是封建主义的原则。

吕祖谦的人生观没有超出一般理学家的窠臼,显得异常的迂腐沉闷,然而在具体论述的过程中,却也提出了若干值得重视的意见。有必要予以评介。

第一节 理想人格

理想人格的问题,实质是关于人的最高价值的问题。由

① 《文集》卷12《易说·乾》。

于人生观的不同，不同的人有着不同的理想人格。吕祖谦的理想人格是“圣人”。也就是说只有像“圣人”那样渡过自己的一生，才算实现了自己的最大价值。

一 “以圣人为准的”

“圣人”原是先秦儒家的理想人格。如孟子所说：“圣人，人伦之至也。”[①]荀子亦说：“圣也者，尽伦者也。”[②]

以儒为宗的吕祖谦，在理想人格的问题上所继承的亦是先秦儒家的传统观点。他明确宣称：“人之为人，非圣人莫能尽。”[③]认为作为一个人，只有达到圣人之境界，才真正领悟了人生之真谛，无愧于“做一个人”。

应该指出，吕祖谦的理想人格虽然和先秦儒家的理想人格有着很深的渊源关系，但是两者的差异却是很明显的。先秦儒家的理想人格不仅要求主观道德的完美，而且还必须造福社会、恩泽于民，具有盖世之伟绩，即人们通常所说的“内圣外王”。《论语·雍也》载：“子贡曰：如有博施于民而能济众，何如？可谓仁乎？子曰：何事于功，必也圣乎！”在这里，“圣”兼含内外之义。荀子说得更明白：“一天下、财（通“裁”）万物，长养人民，兼利天下，通达之属，莫不从服……则圣人之得执者，舜、禹是也。”[④]然在吕祖谦这里，其理想人格所强调的只是主观道德的完整，而对“外王”则很少论及，

① 《孟子·离娄上》。
② 《荀子·解蔽》。
③ 《东莱博议》卷1《齐郑卫战于郎》。
④ 《荀子·非十二子》。

甚至故意回避。如他在《论语说》中有这样一段话：

> 子贡问曰：如有博施于民而能济众何如？可谓仁之方也。已博施于民而能济众，此圣人之功用，非学者求仁切近之问。故曰：何事于仁，必也圣乎！因复指求仁之方以语之，当子细看近字。①

认为“已博施于民而能济众”，这是已经成为“圣人”者之“功用”，它不属于一般人对理想人格追求的内容，即“非学者切近之问”。就常人言之，只要“己欲立而立人，己欲达而达人”，能够推己及人就可以了。流露了明显的重视“内圣”、忽视“外王”的倾向。我们认为之所以出现这种差异，这与吕祖谦所处的时代有关。

中国封建社会后期，君主专制得到空前的加强和巩固，荀子所说的“一天下、财万物，长养人民、兼利天下，通达从属，莫不从服”，这是封建君主的特有标志，其他人决不可对此有半点问津之思念，否则就是僭越犯上。甚至“博施于民而能济众”，亦成为皇帝之专利，其他人如是做，则有与君争功争民之嫌。在这个问题上，稍有不慎，即会招杀身之祸。知道了这一点，就很容易理解吕祖谦理想人格重“内圣”、轻“外王”的原因了。

关于圣人，吕祖谦论述颇丰，现引摘几段：

> 乾，天也。元，圣人也。……圣人与天同德，

① 《文集》卷17《论语说》。

则天下治矣。①

大凡声不同则不相应，气不同则不相求。物各从其类。圣人与万物非相类，然圣人一作而万物皆见，盖圣人万物皆备于我，故一作而万物皆见，言万物各以同声同气相从。如水不流燥，火不就湿，云不从虎，风不从龙，以其声气之异也。圣人通天下之声为一声，不见有异声，故无一声之不应；通天下之气为一气，不见有异气，故无一气之不相求，所以一出而万物咸见。彼本乎天者亲上不亲乎下，本乎地者亲下不亲乎上，岂若圣人备万物于我，遍为万物之类乎？②

圣人自有胸中之天地，胸中者交泰则有形之天地后其而交泰，是圣人未尝有所待也。③

类似的论述，还有许多散见于吕祖谦的著作。在他的心目中，"圣人"既为世界上道德最高尚完美（"与天同德"）之人，同时又具有通天彻地之本领。能将万物备于一身，可以"通天下之声为一声"，"通天下之气为一气"。有形之天地之所以交泰，就在于圣人胸中无形之天地先交泰的缘故。

十分明显，吕祖谦这里所说的"圣人"是依据封建主义政治需要和伦理标准塑造出来的偶像，根本不存在于现实生活中。然而吕祖谦却固执地认为历史上存在过的尧、舜、禹、皋陶、稷契、文王、周公、孔子等就是这种"道备德全"，经

① 《文集》卷12《易说·乾》。

② 同上。

③ 《文集》卷12《易说·泰》。

天纬地的“圣人”。这实际上是将封建统治阶级心目中的“圣人”作为人之楷模，要求人们信奉仿效，其政治意义是不言而明的。

吕祖谦认为“人须当做一个人”[1]，就是要毫无条件地“以圣人为准的，步步踏实”[2]。他指出以什么样的人为人生之楷模，这是每个追求其理想人格者首先要妥善解决的问题，必须引起思想上的高度重视，决不能对此等闲视之。

> 人之性本同，一有所随，便分善恶，如尧之朝舜、禹为善人之宗，共、鲧为恶人之主。方未有所随，则同此人也。一步随舜、禹，则为善人之归；一步随共、鲧，则为恶人之党。是为善为恶，为正为邪，皆在举步之间，不可泛有所随。[3]
>
> 今人能上随则一步高一步，下随则一步下一步。如修身，如为学，一向随上，则高明。如饮酒如佚乐，一向随下，则卑陋矣。……能决志舍下则能随上矣。[4]

吕祖谦认为人的本性是相同的，既然如此，为什么在实际生活中却有善人与恶人的分别呢？他的解释是各人平时所追随仿效的对象不同造成的。例如，在尧之时代，舜、禹当然也包括尧在内，他们是善人之宗主。共、鲧则是恶人的首领。

① 《文集》卷20《杂说》。
② 同上。
③ 同上卷12《易说·随》。
④ 同上。

以舜、禹为自己人生之“准的”，追随其后者，最终必然归宿于善人。相反，如希冀共、鲧之为人，处处以他们为生活之准则，其结局注定要沦为恶人。因此人们必须时时处处“随上”不“随下”，努力使自己的人格“一步高一步”。以人之善恶正邪完全取决于各人平时的追随的对象，这是环境决定论，有忽视人的内在因素之倾向，但其中亦有若干合理之成分，因为在人的成长过程中，榜样的力量毕竟是不能低估的，所谓近朱者赤，近墨者黑嘛。

从“人之性本同”的逻辑引申开去，则不难得出这样一个结论：圣人能够做的事情，常人也一定能够做到；圣人可以达到的道德境界，自己也一定会达到。吕祖谦正是持这种观点。他说：

> 天下之事曰是曰正曰善，皆所当为也。曰非曰邪曰恶，皆所不当为也。事虽有万不同，岂有出此两端之外哉。古今以骄矜为通患，抑未之思也。盍反观吾之所行，果不当为邪，方且愧惧之不暇，何敢夸人？果当为邪，则亦饥食渴饮之类耳，何足夸人。虽舜之孝，禹之功，皋陶之谟，稷契之忠，夷齐之清，孔孟之学冠万世而绝出者，其实皆人之所当为也。世之人仅有一善，遽以为过人，亦惑矣。……今受人之形而反自谓过人，岂将翼而飞，鬣而驰耶？甚矣，其惑也。①

① 《东莱博议》卷1《齐卫郑战于郎》。

吕祖谦在这里将世界上数以万计、种类繁多的事情分为"当为"和"不当为"两大类。人们应该从事"当为"之事，而不应该从事"不当为"之事。而做"当为"之事就如同饿了要吃饭，渴了要饮水一样平常，并不值得夸耀于人，更不能因此而"骄矜"，至于为"不当为"之事就应该感到羞愧恐惧不已。吕祖谦认为从表面上看，圣人的品德、业绩、学问为常人难以企及，但实际上圣人们之所以最终成为圣人，并没有什么特别之处，关键就在于他们始终坚持做"当为"之事而不"骄矜"，故而其德行、业绩、学问才能彪炳于天地之间。而众人之所以没有圣人的道德高尚、业绩辉煌，学问广博，那是因为做了一点"当为"之事，就骄矜不止，做了"不当为"之事也不"愧惧之不暇"。这也就是说，只要始终坚持为"当为"，不为"不当为"，总有一天会跻身于圣人之阶，成为尧、舜、禹、汤式的人物。吕祖谦的这一观点，应视为是对孟子"人皆可以为尧舜"命题的继承与发挥。

由此，吕祖谦提出了"善败由己，而由乎人哉"的思想。他说：

> 天下之事，未有不由己者。善者，己也，极其善则为尧、舜、禹、汤者亦己也。败者，己也。极其败，则为桀、纣、厉、幽者亦己也。前无御者，欲圣则圣；后无挽者，欲狂则狂。①

早在先秦时期，孔子就提出了"为仁由己，而由人乎哉"②的

① 《东莱博议》卷 3《随伐楚》。

② 《论语·颜渊》。

著名论断,认为成就仁德,完成自己的人格升华,关键在于自己的主观努力。只要有意于仁,并能在生活实践中以"仁"为行动准则,则一定能达到仁的境界,所谓"仁远乎哉?我欲仁,斯仁至矣。"[①]很明显,吕祖谦是赞同孔子这些观点的。在他看来,世界上没有什么力量("前无御者")阻碍自己从善,也没有什么力量("后无挽者")劝阻自己作恶。想成为圣人的终究与圣人为伍,想成为狂者也只能是与狂者同列。毫无疑问,吕祖谦关于"前无御者,欲圣则圣;后无挽者,欲狂则狂"的思想是与孔子"仁远乎哉?我欲仁,斯仁至矣"的说法一脉相承的。它们强调的是人的主观努力和内在素质,这就使其"一步随舜、禹,则为善人之归,一步随共、鲧,则为恶人之党"的命题得到了充实和完善,成为中国古代思想宝库的可贵遗产。

二 "致圣之方"

吕祖谦在提出"以圣人为准的"的人生目标同时,还设计了若干致圣之方,现分叙之。

(一) 立志弘毅

人和动物不同,是有其独立意志的,孔子说得好:"三军可夺帅,匹夫不可夺志也。"他高度肯定了人的独立意志具有坚不可摧的力量。和孔子一样,吕祖谦充分认识到独立意

① 《论语·述而》。

志对于成就理想人格的重要性。他说：

> 若欲成天下之大事，立天下之大节，非有决断之志者必至于疾惫危厉而后已。①

指出要实现自身的最大价值，就必须保持自己的远大志向，“以立志为先”②。孟子曾说：“舜，人也，我，亦人也。舜为法于天下，可传于后世，我由未免于为乡人也，是则可忧也。忧之如何，如舜而已矣。”③对于孟子这一说法，吕祖谦大为赞叹，他一再要求其门徒由此领悟孟子的宏大抱负。

> 且如舜聪明，夫岂易及？孟子乃曰“忧之如何？如舜而已矣”。此一段极相见得古人立志之广大处。今人见一稍出己数等者，便仰望不敢比并，况于舜乎！此所以自暴自弃。君子则不然，直说道忧之如何，如舜而已矣。才要做舜，即便是舜，更无等数，更无渐次。学者立志固当如此。此一段学者能体认得为学之道，无有不备。以之修身则平坦常无忧患，以之待人则不见有可怨恶处，以之立志则不自卑污，此学者修身、待人、立志之大法。知得此一段之意，则天下无不可为之事，亦无可怨可怒之人，亦无不可到之地。④

① 《文集》卷 13《易说·遁》。
② 同上卷 20《杂说》。
③ 《孟子·离娄下》。
④ 《文集》卷 18《孟子说》。

吕祖谦认为孟子“立志之广大处”，就在于他不因为舜绝顶聪明，“岂易及”而自暴自弃，坚持舜是人，我也是人，舜能做到的，我也一定能够做到的信念，以自己目前尚未达到舜之境界为忧，立志要成为和舜一样的人。吕祖谦指出，现在有些学者一见到有比自己高明几分的人，“便仰望不敢比并”，自甘下流，更不要说是以舜自期了。这不仅是立志不广、抱负不大的表现，而且也是自暴自弃的流露。吕祖谦以为只要像孟子那样，始终以圣人的标准激励自己，天下就没有自己“不可为之事”，也就没有自己到达不了的境界。所谓“才要做舜，即便是舜，更无等数，更无渐次”。无庸置疑，吕祖谦所说的“立志之广大”，也就是以封建主义的“圣人”自期自律，这是与他的“以圣人为准的”的人生最高目标高度契合的。

孔子曾认为凡欲成就“圣”、“仁”之理想人格，完成自己道德升华者，都必须时时以他人为念，处处以仁德自绳。他说：“士不可不弘毅。任重而道远。仁以为己任，不亦重乎？死而后已，不亦远乎？”[①]吕祖谦继承了孔子这一思想，并且进一步论述了“弘”与“毅”之间的关系。他说：

> 士不可以不弘毅。凡人之言弘曰宽也，毅曰刚也。弘则必不能宽，宽则必不能刚。此不可作两事看，若作一事看，则弘毅气象可见矣，非谓弘而济之以毅，毅而济之以弘也。[②]
>
> 弘毅二字最好，今宽缓者必不能毅，发强者

---

① 《论语·述而》。

② 《文集》卷 17《论语说》。

必不能弘，古人言大率如此。①

“弘”，心胸宽广之谓也。备此，就有容人之雅量，在处理人际关系中，则不会强悍粗暴（“发强”）。“毅”，刚正不阿，坚忍不拔也。备此，就不会因为客观环境之险恶而降低对自己道德完整的要求，也不会对以圣人自期的理想人格的追求半途而废。吕祖谦认为“弘”与“毅”是相辅相成的两个方面，它们既有区别又有联系，各有其特定的内涵。但不能将“弘”与“毅”人为地对立起来，“作两事看”。唯有既“弘”且“毅”者，才有成圣之望。

（二）历经忧患，不耻恶衣恶食

孟子曾说：“天之将降大任于是人也，必先苦其心志，劳其筋骨，饿其体肤，空乏其身，行拂乱其所为，所以动心忍性，曾益其所不能。”②尽管孟子在这里将伟大人物在其成长过程中，所经历的种种艰难坎坷，归结为是“天”对他的考验和磨炼，有着明显的天命论的倾向，但如果剔除其神秘主义的成分后，则不难发现其基本精神是可取的。正因为如此，孟子这段话才为人广泛传诵，引为成就理想人格的经验之谈。

事实正是如此。在人生的旅途中，并非总是阳光明媚，鲜花灿烂的。人们常常碰到的是坎坷迭起，磨难纷沓。如果不敢正视这一切，勇敢地接受生活的挑战，要想建立盖世之功勋，实现自己的远大抱负，只能是一句空话。受孟子这一

① 《文集》卷20《杂说》。
② 《孟子·告子下》。

思想的启迪，吕祖谦提出了“小大成就皆是患难中得”的命题。他说：

> 忧患艰难方是天大成就处。自舜至百里奚，其学问之浅深醇疵，功业之小大汙隆固不同，皆是艰难中成就。……小大之成就皆是患难中得。譬如草木固是雨露发生，惟经霜雪方坚实，所以天降大任必须劳苦饿乏，以锻炼成就动心忍性者。凡人安佚则心不能动，不经祸患则常任性，此性乃气质之性。……学者志不立，一经患难愈见消阻，所以先要立志。譬如金若是真金，愈锻愈精。……(忧患艰难)皆是天与圣贤成就人之炉鞴，但人无本，自不能受耳。①

草木必须经受得起雪与霜之摧残，才能显示出其旺盛的生命力，金子只有经受了千锤百炼之后，方能更加精纯。同样的道理，人也只有饱尝忧患，历经艰难，才能掌握驾驭人生的本领，培养起崇高的人格。以舜与百里奚而论，两人的功业固然有大、小之分，学问则有醇疵之别，但有一点是相同的，即他们之所以有所成就，就是经受了忧患艰难的考验。因此人生经受一些忧患艰难未尝不是好事，从某种程度上说忧患艰难确实是陶冶高尚情操、增进聪明才智的“炉鞴”。相反，一个人安逸舒适惯了，就很难承受得起生活对他的考验，一碰到意外之阻碍则会畏缩不前。吕祖谦的这一理论亦近似于

① 《文集》卷 18《孟子说》。

老生常谈，毫无新鲜之感，但又恰恰是人生自我完善的经验之谈。吕祖谦还指出：

> 凡人处于和缓之时则易，至于蹙迫忽遽则难。流矢在前，白刃在后，鲜有不变其所守者，惟得此关过后，方为圣人。①

吕祖谦的这个说法很有道理。一般地说，在“和缓之时”，坚持高尚的节操和自己的信仰是比较容易做到的，然而在险恶的社会环境中，面临生与死的考验，要始终如一地“不变其所守者”，则不易做到。因此，我们认为尽管吕祖谦所说的“圣人”有其特定的内容，然而就这一理论的本身而言，则具有一般的意义。

生活中常常有这样一些人，他们可以在“流矢在前，白刃在后”的环境中安之若素，对于骤然而至的忧患艰难泰然处之，但是却不能忍受长期艰苦生活的折磨，吃不得粗茶淡饭，住不惯简室陋居。因为咬不得菜根，羡慕物质享受而“变其所守”，甚至背叛自己原先生活信念的人，在历史上是屡见不鲜的，即使在今天亦不乏其人。孔子说得对：“志于道而耻恶衣恶食者，未足与议也。”②吕祖谦和孔子持同样的观点。他说：

> 能恶衣恶食在众人中不愧，方可。③

---

① 《文集》卷18《孟子说》。

② 《论语·里仁》。

③ 《文集》卷20《杂说》。

> 不愧屋漏则心安而体舒，此言果是好。非但谓处于无人之地。凡口然而心不然，而念虑间有萌动处皆是。[1]

吕祖谦认为仅仅是主观上想做一个志向恢宏、道德高尚的仁人志士，但又不能安贫守苦，“耻恶衣恶食”，“愧屋漏”，则注定是不会成功的。他指出真正的仁人志士，不但在口头上“不耻恶衣恶食”、“不愧屋漏”，而且要从心底里认为，为坚持崇高的人格和远大抱负而在大庭广众面前“恶衣恶食”并不可耻，居所简陋并不羞愧。惟如此，才有望进入圣人的殿堂。

人生价值的大小，不是取决于索取之多寡，而决定于奉献之多少。尤其对于那些有志于成就理想人格和坚持独立意志的人来说，物质生活之艰苦，实在算不了什么了不起的大事，只要精神生活充实，保证自己的人格和意志不受玷污，亦未尝不是人生之一大乐趣。孔子曾说过这样两段话：一：“饭疏食饮水，曲肱而枕之，乐亦在其中。”[2]二：“一箪食，一瓢饮，在陋巷，人不堪其忧，回也不改其乐。”[3]这就是被宋代理学家津津乐道的“孔颜之乐”的源头。而“寻孔颜之乐”则又成为众多理学家本身之一大乐趣。程颢、程颐兄弟年轻时，受父命求学于周敦颐。“敦颐每令寻孔、颜乐处，所乐何事。”[4]程颐十八岁那年游太学，当时主持太学的宋初三先生之一的胡瑗亦曾以“颜子所好何学”为题课之。程颢经过一

① 《文集》卷20《杂说》。
② 《论语·述而》。
③ 同上，《雍也》。
④ 《宋史·道学传》。

番“寻”之后，亦得出了这样一条结论：“箪、瓢、陋巷非可乐，盖自有其乐耳。‘其’字当玩味，自有深意。”①认为孔、颜不是将穷看作是乐，而是说虽然穷还“自有其乐”。孔、颜之乐从何而来，为何而乐，这个问题成了宋代理学家乐而不疲的大课题。

沿着程颢的思路，吕祖谦对孔、颜之乐又作了进一步的研究。他指出：

> 至乐之地，人皆有之。惟不能有其乐而乐移于物，故驰骛而忘反。权宠之乐，勃如也；词华之乐，骄如也；声色之乐，昏如也；畋游之乐，荡如也。是皆陋人之所乐，君子之所哀。哀之者，岂预忧其祸至哉？鸱鸦嗜鼠即且甘带，何等臭腐，而忻慕耽惑，以身偿而不悔，是固达者之所甚怜也。……吾尝闻孔、颜之乐矣。曰乐在其中者，孔子之乐也。曰不改其乐者，颜子之乐也。然而饭也、饮也、曲肱也，非孔子之乐，特乐在其中而已。箪也、瓢也、陋巷也，非颜子之乐，特不改其乐而已。噫者，圣贤之乐果窅然而无物邪？彼所谓乐在其中者，在之一辞，必有所居也。彼所谓不改其乐者，其之一辞，必有所指也。居何所居，指何所指，吾党盍共绎之。②

和程颢一样，吕祖谦没有明确回答孔、颜所乐何事。但是其

① 《二程遗书》卷 12。

② 《东莱博议》卷 4《公孙归父言鲁乐》。

基本观点却是很清楚的，他认为对权势恩宠的思慕、文章华丽的追求，声色狗马的沉湎，田猎游玩的嗜好，这是“陋人之所乐”，显然不是孔、颜之乐。“饭也、饮也、曲肱也”、“箪也、瓢也、陋巷也”，也不是孔、颜之乐的依据。答案只有一个，即追求道德的完整、实现自身的最大价值，这才是孔、颜之乐，无疑，这也是吕祖谦本人之乐。他曾这样说：“无所歆羡而为善，无所创艾而不为恶，此天下之实德君子也。”①所谓“无所歆羡”，即对“权宠”、“词华”、“声色”、“畋游”毫不动心，始终坚持自己的生活信仰，这种人既然被吕祖谦誉为“天下之实德君子”，当然也是吕祖谦孜孜以求的人生目标了。

如果说孔、颜之乐与常人有所区别的话，那么君子之“忧”，亦与常人不同。

> 君子所忧之事与小人不同。君子以是非贤否为忧，小人以吉凶得失为忧。君子所谓终身之忧，如孟子下所言忧不如舜耳。若所谓一朝之患非祸患乃忧患之患，夫外物之来岂可前必？君子非无一朝之祸患也。②

这是说小人是以“吉”、“得”为乐，以“凶”、“失”为忧的，君子则以“是”、“贤”为乐，以“非”、“否”为忧。对于君子来说，他们的“终身之忧”是惟恐自己不能成为舜那样的圣人，而不计吉凶得失，但求问心无愧。这种忧乐之观，乃是吕祖谦为

① 《文集》卷 6《书赵路公行实后》。

② 同上卷 18《孟子说》。

成就理想人格而专门设计的。

(三) 乐天知命

在现实社会中,每个人的命运是各不相同的。是向不公正的命运抗争呢? 还是屈从乘蹇之命? 在这个问题上,吕祖谦和众多理学家一样,其基本观点是赞同后者,反对前者。他认为虽然人与人的命运大不相同,但这都是天的安排。不同的命运体现的是同一天理。真正的仁人君子不是在改变自身命运的基础上成就自己的理想的人格,实现自己的远大抱负,而是在服从命运的前提下,增进自己的道德修养。他说:

> 如成汤夏台之囚,文王羑里之狱,孔子陈蔡之厄,孟子在薛之厄皆祸患也。但君子乐天知命,安常处顺,夫何忧何惧。①

上述的这些历史人物都是吕祖谦心目中的"圣人"。他们都曾一度受到了不公正的待遇,可谓命运乖蹇。但是他们对这一切的态度是"乐天知命、安常处顺",既不忧愁堪伤,也不惊慌恐惧,终于使自己成为了"圣人"。其言下之意就是凡是有志于成为圣人者,也应该像成汤、文王、孔、孟一样"乐天知命,安常处顺。"

由此,吕祖谦着重论述了"致命"与"遂志"的关系。

---

① 《文集》卷 18《孟子说》。

君子以致命遂志。人多谓困穷不能遂志，往往言有其志而无其命，此不能致其命者也。故分命与志为两事，而其志每为命之所妨。是乌知命之极哉？惟致其命而后知命。然富贵而致命遂志者易，穷困而致命遂志者难。富贵则所为者成，所欲者得，命与志偶合而不见相违，人但见其偶合，则遂以为真合，岂暇思其所以然哉？惟困穷之子所为者不成，所欲者不得，其志每为命之所妨。正君子用力致命之地，此致命遂志，所以独言于《困》之象也。①

在封建社会中，绝大多数人是处于穷困之地，命运乖蹇，而其中却不乏壮怀激烈、鸿鹄之志者。对于他们来说，要了遂自己的远大抱负，做出一番轰轰烈烈的事业，只能有一选择，即勇敢地向命运抗争。在改变命运的同时，建立盖世功勋，实现造福社会、恩泽于民的恢宏之志。但是吕祖谦断然否定了这一选择。他要求人们听任命运的摆布，对于乖蹇之命逆来顺受，以完成自己的道德修养，从而捞一个仁人君子的虚名。为此，他喋喋不休地胡说无论是富贵之命，还是穷困之命，都是不可违背的。而以改变自己命运为手段"遂其志"者，其志决不是什么恢宏远大之志，也决不是正人君子之所当为。他认为从根本上说，"命"与"志"是不矛盾的，两者是一回事。"致命"就是"遂志"，"遂志"亦即"致命"。吕祖谦不同意"有其志而无其命"、"其志每为命之所妨"的说法。指出这乃是"分命与志为两事"，是不"知命"的表现，当在纠正克

① 《文集》卷14《易说·困》。

服之列。在他看来,人处富贵之地,“致命”比较容易,成其所欲并无多大的困难,“遂志者”居多。但正因为他们“致命遂志”容易,也就无暇进一步深思“致命遂志”的内在联系。从某种意义上说,富贵者“致命遂志”只是一种偶然的巧合,并不能真正领悟其中之真谛。

与之相反,处穷困之地、命运不济者,要“致命”是不易的,而其所欲者多半不能成功,“遂志”就更难。在他们这里,“致命”与“遂志”往往是很矛盾的,难以统一。然而惟有处于穷困之地、命运不济者因其努力“致命”而最终“遂志”,才会真正掌握“致命遂志”的要诀。诚然,作为志向远大、道德高尚的仁人志士,确实不能因为命运不公而“变其所守”,辱没自己的人格,背叛自己的信仰和意志,而要做到泰山压顶不弯腰,愈穷困志愈坚。所谓沧海横流,方显英雄本色。但是吕祖谦所强调的重点显然不在这里。他所要说明的是希望处于穷困悲惨境遇中的人们,听任不公正命运的主宰。果真如斯说,处于穷困之地而怀有凌云壮志的人是永远不可能“遂志”的,因而所谓“乐天知命”、“致命遂志”的理论的消极因素是极为明显的。

(四)“守 正”

要想成为封建主义的圣人,自然要站稳封建主义立场,时时、处处以封建道德规范约束自己的思想行为,这应该是不言而喻的。孔子曾说:“夫仁者,己欲立而立人,己欲达而达人,能近取譬,可谓仁之方也矣。”[①]孔子的意思是说作

① 《论语·雍也》。

为仁者应该设身处地地多为别人着想，不能只顾自己，而要考虑到他人的利益。“己欲立”也要“立人”，“己欲达”也要“达人”，这就是为仁之方。吕祖谦在诠释孔子这段话时，作了重大修改。他指出：

> 己欲立，己欲达。立是立得住，达是做得行无阻碍，须是合道理，立得达得。不然私意欲立欲达，以此待己待人，则沦于自恕恕人。入姑息委靡之弊矣。何事于仁，事者，止之谓也，是一句。必也圣乎，尧舜其犹病诸，圣犹有遗恨。①

这就是说无论是“己欲立”、“己欲达”，还是“立人”、“达人”，都必须符合封建主义的“道理”，才能“立得达得”。如果不合封建“道理”，而只是“私意欲立欲达”，律己则是“自恕”，待人则是“恕人”，而最终进入“姑息委靡”之邪途，也就立不得，达不得了。故而他又说：

> 学者于义所不当为者，纤毫不可苟，才苟就便有转移抽身不得处。②
>
> 人之于道，须当先立其根本，苟根本不立，则迁转流徙，必为事物所夺，必不能存其诚。……君子居业犹百工居肆以成其事。事之所以成，由百工之居肆，君子进德修业，安可无所居乎。③

① 《文集》卷20《杂说》。
② 同上卷18《孟子说》。
③ 《文集》卷12《易说·乾》。

所谓“当先立其根本”、“进德修业”之“所居”，也就是封建主义的立场，吕祖谦认为在这个问题上必须一丝不苟，稍不坚定，就会形成“抽身不得”的尴尬局面。

由此，吕祖谦提出了“守正”说。

> 大抵人不可须臾离于正，正如日月之不丽乎天，则失其所以明，百谷草木之不丽乎土，则失其所以生。然则丽乎正者非明者莫能也。欲附丽人必先知其正，乃能附丽，不知其为人，安能附丽乎？①
>
> 事有未是则当去之，及到是处则当守之，故有正者必当居其正，有其正而不能居则失其所以为正矣。……象曰无所容也，学者于此一句要看，可以容身之处而不容，将何所复容其身？……乃舍是而从非，舍正而从邪，故曰无所容也。②
>
> 天下之事居得其正虽终身而不可舍。苟居非其正，虽一朝而不可居。四以阳居阴处非其地，是居不正，不可一朝居者。亦犹田猎，必于广泽大山乃有所得。苟于田野之间求之，虽使王良之善御，后羿之善射，亦终无所得。③

这里说的“正”，也就是前面说的“合道理”。吕祖谦的看法是凡是符合封建“道理”的就是“正”、“是”；反之则是“邪”、

---

① 《文集》卷13《易说·离》。

② 同上《易说·恒》。

③ 同上。

"非"。如果说打猎要到"广泽大山"才有所得的话,那么人们也只有坚持封建主义立场,使自己的思想行为须臾不"离于正",才有可能有所作为。这犹如日月只有高悬于天空,才能大发光明;草木百谷只有扎根于大地才能生长一样。否则即使有通天彻地之能,终身劳碌,非但"终无所得",而且天地之大,竟无容身之所。

进而,吕祖谦指出与其背离封建主义"道理"而"有所得",则不如坚持封建主义立场"终无所得"。

> 大抵人之所为患不能合于道耳。苟在我既已尽合于道,纵人不我知而我尽御之道矣,虽不获一禽可以无愧,何必诡遇以晓于人?是有以见其自信者轻。今有人于此……人以其不能智数巧诈为病则必自试其能,然后语人曰:吾非不能也,前日之所不能者,不欲为也。殊不知彼小人之事,君子岂以能此为荣,而不能为病哉?以不能此为病则非君子矣。①

相传春秋时代,齐晏婴刚出任地方官时,为了搞好地方治安而呕心沥血,从不奉承上司、结交左右,因而得罪了上司、左右,以致三年下来,齐景公听到的全是关于晏婴的坏话。于是,景公召其入朝,"责其不治"。后来晏婴一反过去的做法,将政事搁在一边,主要精力则用于奉承上司,结交左右之上。这样一来,齐景公听到的都是关于晏婴的好话,而彻

① 《文集》卷18《孟子说》。

底改变了对晏婴的看法。当晏婴回朝述职时，景公亲自“下堂而迎之”。晏婴颇为感叹地说以前我是不愿意奉承上司、结交左右，而不是“不能”也。上面所引的这一段话，就是吕祖谦对这件事的评论，在吕祖谦的心目中，晏婴是一位正面的历史人物，抑或说是位君子。但是他认为晏婴这种做法实在有损于自己的形象。其理由是君子所担忧的是自己的行为不能全都符合封建义理。如果自己是完全依据封建义理原则处理问题，尽管没有收到预期的效果，或受到别人的误解，也不应该为之后悔。因为自己问心无悔。然而晏婴现在却因为自己“尽合于道”而“人不我知”，而采取“诡遇以晓于人”，然后又对人说以前非“不能”乃“不欲”，这就错了。吕祖谦指出用“诡遇以晓于人”，这是小人的行径，君子是不能这样做的，说到底，这是自信心不足的表现。我们认为吕祖谦说的“正道”与“诡道”有着具体的历史的内容，它所强调的是要求人们始终不渝地坚持封建主义原则而不可越雷池半步。但是如果撇开“正道”与“诡道”的特定涵义，赋予一般的意义，吕祖谦上述的观点还是有一定借鉴意义的。

（五）思齐内省、改过为善

孔子曾认为要成为仁人君子，必须“见贤思齐焉，见不贤而内省也”。意思是说看到人格高尚、品行端正、才能出众的人，要向他学习看齐。而见到人格低下，品行不端的则要反省自己是否也有类似之处。吕祖谦继承和发挥了孔子这一思想。首先，他将社会上的人分为“贤”与“不贤”两大类，所谓“天下之人，不过两等：曰贤与不贤”①。

接着，吕祖谦分析了对“贤者”存在着三种不正确的态度。一是“闭隔漠然不知”；二是“嫉忌之”；三是不过口头上“称赞之而已”。认为“闭隔漠然不知”与“嫉忌之”固然不对，即使口头上“称赞之而已”也是“无益于己”，对于增进自己的道德修养没有什么帮助。惟一正确的态度是“见贤思齐”。

> 惟是见贤必思齐，如颜子曰舜何人也，予何人也。有为者亦若是。……须看齐贤两字。见一贤者便直欲与之一般，才有一分不如，便不是齐。才说学得两三分也得，便与无志一般。②

颜渊因仰慕舜之为人，而以成为舜一样的人自期自律。吕祖谦认为这就是“见贤思齐”的典范。凡是有志于跻身“圣人”之列的人，都必须取颜子的做法，直到自己与贤者“一般”，才算是真正做到了“见贤思齐”。如果有“一分不如”，便不能说是“齐”。至于“学得两三分”，即自满自足，那更是“与无志一般”，“固不足道”。

尔后，吕祖谦又指出对待“不贤”，也存在着两种错误倾向。“世之见不贤者其下者流而与之俱其上者则绝而远之”③。认为“见不贤”，而甘心与之同流合污固然是错误的；而一见“不贤”就“绝而远之”，虽然要比“流而与之俱”者高明些，但毕竟不是很高明的，因为没有联系自己，作更深层的思考。

---

① 《文集》卷 17《论语说》。

② 同上。

③ 同上。

用吕祖谦自己的话说就是“未是切己”。因此，“见不贤”必须“怵然自省”才是。

> 须是见一不贤者，怵然自省于中，且安知我之不如是，可保于今日，安保于他日？……见不贤而内自省，禹之告舜曰：无若丹朱傲，惟慢游是好。又曰：予创若。时禹舜岂有是哉？盖当时天下只有一丹朱为恶，舜、禹见丹朱恶如一体然，故怵然自省如此。若以丹朱之恶为不预己事，则非视天下一体之义，此最学者日用工夫。①

吕祖谦认为之所以“见一不贤”，必须“怵然自省于中”，是因为虽然自己现在还不像“不贤”那样，但如果放松对自己主观道德的修养，就很难说自己今后不与“不贤”者“随波逐流”。以舜、禹而论，他们一见丹朱“傲惟慢游”就引起自己思想的高度警惕，“怵然自省于中”，告诫自己要以丹朱引以为戒。这当然不是说舜、禹此时已沾染了与丹朱同样的恶习。见不贤“绝而远之”之所以算不得高明，其原因亦在这里。即以“不贤”“为不预己事”，而没有达到“视天下一体”之境界。

由此，吕祖谦得出了这样的结论：“若能极思齐内省之义，虽圣贤地位亦不难到。”②“思齐内省”的观点不是吕祖谦首倡，但他在铺陈前人思想的过程中，亦掺合了自己的见解，有助于加强主观道德的修养。

世界上不犯错误的人是没有的。即使是仁人君子也会有

---

① 《文集》卷17《论语说》。

② 同上。

错误。关键是要正确对待自己的错误。如果自己有了错误而能正确对待,这种错误则不妨碍自己成为仁人君子。“譬如一正人,其间虽有小过,亦不害其为正。”①因此,真正的仁人君子必须既要有坚持真理的勇气,“是则向是”,凡是对的,即使遭天下人的反对,也不退却,所谓“举世非之而不顾”②;同时也要有随时修正错误的决心。“不是则退而修正”③。吕祖谦强调说:“君道莫大于改过复善,一不改过,则非君道。”④为了防止错误和及时改正错误,吕祖谦提出了两条建议:一要“闻过而喜”;二要“不讳过自足”。现予分别叙述:

闻过则喜。当事者迷,旁观者清,这种情况是经常发生的。这就需要他人的提醒和帮助。这是提高自身道德素养的重要途径。因此,对于指出自己错误的批评,非但不能怀恨在心,而且要“欣然而喜”。

> 子路之闻过则喜,实百世为学者之标的。视之若易,实体则难。后世人告之以过,面前不怒者则有之,安有欣然而喜者?唯子路之心专是求益,唯欲闻过告之以过,则得其所欲,安得不喜?人之为学亦须于闻过之时自验。自禹以上,一句进一句,禹闻善言则拜,未到禹地位,非不闻善言,只作等闲看了。唯禹看得如山岳、如金玉,其重如此,亦不自知其拜,此可见其受之有力。子路都无咈逆龃

① 《文集》卷12《易说·蛊》。
② 同上卷20《杂说》。
③ 同上卷12《易说·观》。
④ 同上卷13《易说·复》。

> 龉,固是好。又须由子路到大禹地位。……唯到无我地位,方能舍己。方能闻一善言,见一善行,若决江河莫之能御。[①]

吕祖谦认为就其天生资质而言,子路"固鲁"。但由于他有"闻过则喜"、"专是求益"的精神,故而成为"孔门之学进而勇有力者"之第一人。凡是想进入圣人境界的人,都应该以子路这一精神为标的。在这里,吕祖谦提出了一条检验自身道德修养的重要标准:如果对于批评自己过失的"善言","只作等闲看了",就标明"未到禹地位"。而只有像禹一样,对善意的批评,"看得如山岳、如金玉",乐于"从人",才能不断地提高自己的道德修养水准。

不讳过自足。满足于目前之小成,掩饰自己的错误,这是成就理想人格的大敌。他指出:"学者之患在于讳过而自足。使其不讳过,不自足,则成其德。"[②]关于这一点,他在解释《论语》中"(颜渊)不贰过"这句话时,又作了进一步说明。

> 不贰过。人之有一过,必变成二过。何也? 人惟恶其过也,是以求以盖其过。惟求以盖其过则非为妄言以自饰,必为巧计以自蔽,故本是一过,遂成二过。颜子之过,盖未尝如是,亦听其如是,而后不复犯之耳。[③]

---

① 《文集》卷 17《孟子说》。

② 同上卷 20《杂说》。

③ 同上卷 17《论语说》。

这种情况确实存在。不少人犯了错误,事后自己也意识到了。但是他们首先想到的不是如何改正错误,而是不让他人知道自己的错误,于是想方设法"盖其过"。或是"妄言以自饰",或是"为巧计以自蔽"。须知掩饰过错的本身是一种新的错误。这样一来,就使本来的"一过",演变为"二过"。而要今后不犯类似的错误,则必须不掩饰已犯下的错误,认真吸收其教训。我们认为,吕祖谦这一观点带有普遍之意义,可谓放之四海而皆准,值得加以继承和发扬。

由此出发,吕祖谦提出了"攻己之恶无攻人之恶"的思想。他认为从理论上说"改过复善"是不难做到的,但是一旦实践起来却不是很容易的事。

> 大抵人履之而后知,不于克己上做工夫,通身都是过,而不知过之难改。惟其下手做工夫,方知自朝至暮、自顶至踵,无非过失,乃知改过之为难。①

这是说,人身上的毛病是很多的,"通身都是过"。要彻底改正自己所有的错误,非得在"克己上做工夫"不可。这就要求对于自己的错误,毫不姑息手软,要像攻克"坚垒大敌"那样用心致力不可。

> 攻其恶,无攻人之恶。攻其恶者,攻己之恶不暇,何暇攻人?惟欲点检他人,自己必欠工夫。攻是用力。如坚垒大敌在前,非用力以攻则不可破。②

① 《文集》卷17《论语说》。

② 同上。

吕祖谦认为如果眼睛老是盯住别人的过失,“惟欲点检他人”,势必在“克己”上欠工夫,无暇纠正自己的错误。而要想成为仁人君子,“攻己之恶”尚且应接不暇,又“何暇攻人”?吕祖谦在这里强调的是反求诸己,其中有一些合理因素,但其消极因素是极为明显的。同时,这种封闭式的洁身自好,亦悖逆于他本人所力倡的“君子莫大乎与人为善”的理论。

第二节　处世之道

人类自诞生起,即以群体形式出现。无论是在什么时代,人始终只能是社会群体中的一员。世界上从来就不存在真正的离群索居者。吕祖谦说得很对:“人不能以独处,必与人处。”[①]人生在世,总得要和他人发生交往,人际关系由此产生。人际关系处理得好与坏,不仅直接影响到某个具体的人能否立足于社会,而且在一定程度上也关系着社会的治乱。所以儒家一向重视人际关系,力倡以能否妥善处理好与他人的关系,作为检验自身人品之高低,道德之有无,志向之宽狭,学问之醇疵的重要标准。处世之道,所要回答的就是在处理人际关系时应该遵循的基本原则。十分明显,处世之道是受其理想人格制约的。不同的理想人格有着不同的处世之道。吕祖谦的处世之道,概括起来说就是要求人们以圣人的处世哲学为样板。虽然其中多是在其他理学家那里亦能见到的陈词滥调,但也提出了若干直到今天仍必须重视的基本原则。

① 《文集》卷 17《论语说》。

一 责己不责人

封建社会人情险恶。用吕祖谦的话就是“世故峥嵘”。为了保证在复杂的人际关系中应付如裕，左右逢源，吕祖谦认为加强自身的道德修养实为关键所在。他说：

> 人须当做一个人，则为学，是合做底事。止缘资质薄，志趣狭，抵当不过，遂觉众人容他不得。不知何必如此。①

他的意思是说，只要向圣人学习，按照封建主义义理原则做自己应该做的事情，就是一个堂堂正正的人，自然会受到社会的接纳。现在有些人总觉得别人“容他不得”，究其根源，乃是他本人“资质薄、志趣狭”所致。换句话说只要自己资质渥厚、志趣广大，也就不存在“众人容他不得”的问题。

由此引伸开去。他认为一个人在社会生活中碰到了麻烦，应该首先是主动点检自己主观道德上的缺憾。他说：

> 凡事有龃龉，必在我者有所未尽。此其形而彼其影也。于此观省最为亲切。②
>
> 爱人不亲反其仁。自求多福，圣门之学，皆从自反中来。后世学者见人不亲、不治、不答，只

① 《文集》卷 20《杂说》。
② 《文集》卷 5《与学者及诸弟》。

> 说枉了做许多工夫，或说好人难做，此所以工夫日退一日。圣门之学，见人不亲、不治、不答，反去根原做工夫，所以日进一日。……大抵天下事果不在外，只缘人信不笃。孔子所谓求诸己、求诸人，正是邪正圣贤君子小人分处。①

所谓“此其形而彼其影”，即自己的主观道德必定要在和他人交往过程中反映出来。如果自己的道德完全符合封建主义义理要求，“十分正当”，他人自然会有积极的反应，而不存在“龃龉”。相反，尽管主观上有爱人之动机，而在和他人交往时，别人反映冷漠：“不亲、不治、不答”，不要后悔“枉了做许多工夫”，或者认为是“好人难做”，而应该从自己主观方面找原因。这也是正邪、君子小人的分水岭。

凡是有人群的地方，总有善恶之分，尽管善恶之内涵会随时代的不同而发生变化。吕祖谦赞成做一个封建主义的“善类”，反对做封建主义的恶人，但是他却不赞成“喜善疾恶”。

> 如戒以喜善疾恶此四字最好，善者以为善，恶者以为恶。此乃是正理。若善上添一喜字，恶上添一疾字，便是他为善恶动了。只缘义理之上不可增减分毫。②

这是说善恶是客观存在的。善就是善，恶就是恶。这犹如黑

① 《文集》卷18《孟子说》。
② 同上卷19《史说》。

白不能颠倒一样。然而却不能“喜善疾恶”。因为“善上添一喜字,恶上添一疾字”,这就是“惟欲点检他人”,“志尚其外”,而无暇于增进自己的主观道德,有悖于反求诸己的“圣门之学旨”。他在评论西汉大臣窦婴被杀一事时,曾有这样一段议论:

> 窦婴喜善疾恶,与圣人所谓“见善如不及,见不善如探汤”,大率相似。然窦婴反此以败者,何故?只缘圣人之言求诸内,窦婴之事求诸外。圣人使人见善则省察自己,常恐不能及。见不善则省察自己,恐被人染着。此所以为圣门学者之事。至于窦婴之喜善疾恶,则此心一向在外,只管看他人善恶,却都不自检点,此所以招怨而取败也。①

窦婴,西汉初年大臣,为窦太后之侄。在平定七国之乱时被封为魏其侯。汉武帝时一度为相。因推崇儒术,反对黄老之说,而遭到喜黄老之言的窦太后之罢黜,后被杀。在吕祖谦看来,窦婴之所以被杀,并不是他本身有什么大的罪恶,也不是因为推崇儒术有什么错误,而是由于他“喜善疾恶”之性格使然。吕祖谦认为人一旦“喜善疾恶”,“只管看他人善恶”,其结果只能是以放松“自检点”为代价。自己的道德水准不高,毛病不少,而又疾恶如仇,恶者就不难找到报复的理由,这就是窦婴“招怨致败”的根本原因所在。和窦婴不同,圣人对待善恶的态度是“见善如不及,见不善如探汤”。无论是见“善”

① 《文集》卷19《史说》。

与“不善”，都是以“自检点”为务，一切归结为“求诸内”，而不是“求诸外”。这就是圣人在峥嵘世故中如鱼得水的根本原因。在这里，吕祖谦表达了这样两层意思：一、不管在什么情况下，都要加强自身的道德修养建设，应该说这是无可厚非的。二、应该放弃对恶势力的抗争，与坏人和平共处，相安无事。这就大谬而不然了。因此“戒以喜善疾恶”之理论，与道家所提倡的不谴是非的圆滑处世哲学如出一辙，必须予以严正之批判。

从反求诸内的观点滥觞开来，吕祖谦主张在和他人交往过程中，严于责己，而不是责备他人。所谓“大抵君子之心，常于身上求，不是责他人”①。认为只要自己的主观道德无可挑剔，对他人充满至诚，总归会收到良好的效果的。

> 今人与朋友亲戚交感，但责人而不责己，只说我诚意已孚而彼不应，不知己之诚未孚，如足指之方动，安能感人？此一爻不以诚己孚而责人不应，但以志尚在外而不能自足。②

吕祖谦认为和他人交往，不仅主观上要有诚意，而且还要让对方相信自己有诚意，别人才会为自己所“感通”。如果对方对自己表示不信任（“不应”），这就说明自己的“诚未孚”。与其责备他人之“不应”，倒不如退而责己，使己之诚大孚于人更有效。

交感是双方的，如果双方都有至诚之心，这当然是最理

---

① 《文集》卷 18《孟子说》。

② 同上卷 13《易说 · 咸》。

想的。但这不是说，只有对方有了至诚之心，我的至诚才会收到预期的效应。吕祖谦指出：

> 天下之理有通有塞，以诚相感，无所不通。……若我至诚，必待彼至诚，然后谓之交相感，则是有待于外，彼或不诚，则不能相感矣。此说甚未安，我苟至诚，则天下自然相感，初无待于外也。①

吕祖谦之所以不同意“彼或不诚，则不能相感”的说法，是因为这种观点仍属于“责人不应”的变种，“是有待于外”，而不是反求于内。他认为只要自己确实对他人怀有“至诚”，是“无待于外”的，不管对方有无至诚，都会为自己所“感通”的。

语言是交流思想感情的工具。无论是在社交活动中还是在日常生活中，没有语言非但不能沟通彼此双方的思想感情，而且连起码的正常交往也不能进行。因此在和别人交往时，不能只注意主观动机之“至诚”，还应该重视语言对思想感情的表达准确得体。因为辞不达意或言过其实，是无法起到交流感情、沟通心灵作用的。因此，吕祖谦本人虽然“讷于言”，常常是“心欲言而口不能明”，但重视“修辞”，讲求语言的表达。将“修辞”规定为“立诚”的“下手处”。他这样说：

> 凡人有所作为，必先见乎辞。故疾人者有忌辞，怒人者有忿辞，既修则中可知矣。诚所以立也。正学者下手处。②

① 《文集》卷13《易说·咸》。
② 同上卷12《易说·乾》。

确实如此。在一般情况下,当人有所思想活动时,总是要通过语言流露出来的。如对人有憎恶之意,则说话时难免忌刻之辞;而对人恼怒时,说话就会忿忿不平。正是基于这种认识,吕祖谦强调人们注重语言之准确得体。他认为语言既要铿锵有力,但又不能锋芒毕露。

语言有力而不露锋芒者,善言也。①

在此基础上,吕祖谦论述了"修辞"与"立诚"的关系。

修辞立其诚,此乃下工夫处。大抵人之于辞,当谨其所发。辞之所发贵出乎诚。敬修于外而不修于内,此乃巧言令色,非所谓修辞。所谓修辞立其诚,立字学者最当看。②

专以口舌感人,譬之巧言如簧,其口虽不能辨,其心终不感,且如二帝未尝无典谟,其所以感人者,乃在典谟之外;三王未尝无训诰,其所以感人者,乃在训诰之外;孔孟未尝无答问,其所以感人者,乃在答问之外,若无诚意,而徒有典谟、训诰、答问,未免为滕口说也。③

"辞"与"诚"是形式和内容的关系。不加强修辞,就不能准确

① 《文集》卷20《杂说》。
② 同上卷12《易说·乾》。
③ 同上卷13《易说·咸》。

表达己之诚，因而其诚就立不起来。同样，内心缺乏诚意，只是“以言语牢笼人情，岂能感人？”[①]这种“辞”只能是花言巧言，而为仁人君子所不取，以二帝、三王、孔孟而言，他们“所以感人”，虽然不能不借助“典谟”、“训诰”、“答问”这一形式，但更主要的是因为他们对人怀有至诚之心，如其不然，即使“有典谟、训诰、答问”，也只能是“为滕口说也”，而不值一文。因此“立诚”与“修辞”虽然不可偏废，但相比之下，“立诚”则比“修辞”更为重要。因为只有出乎“诚”的“辞”才是值得珍惜的。

二 交友与降意

人生在世，不能没有朋友。俗语说：在家靠父母，出门靠朋友。虽然这句话的正确程度尚有进一步商榷的必要，但有一点可以肯定，在人生的旅途中，朋友之间的真诚帮助是无比珍贵的，为其他因素所不及。无论在什么时候，真正的朋友总是不嫌其多，惟恐其少的。吕祖谦说：

> 如所谓“德不孤，必有邻”。凡善类皆朋也。凡日用间遇事互有相发明吾之善者，皆朋也。万善会聚于吾身，自然无咎。[②]

基于此，吕祖谦将“多贤友”作为人生三大乐趣之一：

---

① 《文集》卷 20《杂说》。

② 《文集》卷 13《易说·复》。

> 乐多贤友，夫友所以辅仁也。友贤者而至于众多，则渐磨之益亦多。[1]

然而，却不能因此说随便什么样的人都可以引以为友，也不是要“牢笼尽天下人”[2]。在现实生活中，因交友不慎而走上歧途造成终身遗憾，甚至身羁杀戮之祸者是不乏其例的。这就要求交友必须慎之又慎，决不可有半点苟合。吕祖谦指出：一个人如果交友马马虎虎，其人品也不会高到什么地方去。

> 人若求师取友之心泛泛，则可见平日工夫亦是悠悠。泛爱众而亲仁；居是邦也，事其大夫之贤者，友其士之仁者，古人之于师友其切如此。[3]

这就是说“爱”与“友”是有原则区别的。“爱”可以不分对象。众人都在“爱”之列，而“友”则有严格的标准，必须是“士之仁者”才行。吕祖谦提出了“直”、“谅”、“多闻”三条具体标准。

> 凡人之取友必须端正，然后渐染气质，做得好人。直乃刚直之人。我才有过，便得其规正，然所贵乎友直者，不独有过赖其规正，与此等刚直人处，则我非心邪虑自然不敢前。谅是忠信之人。我有事得其至诚相与，然所贵乎友谅者不独有事赖其相与，与此等忠信人处，则朝夕渐染，涵养吾之气质，亦

① 《文集》卷17《论语说》。
② 同上。
③ 同上卷20《杂说》。

> 将为忠信之人。友多闻，非特取其闻见博洽，盖此等人历事久阅义理多，见事通透，与此等人友，不独赖其相与，谋事亦觉自己疏漏，自然激发进步。为学友此三等人，安得无益？[1]

交朋友的目的是为了得到朋友的真诚帮助，在其优秀品德的感染和丰富学识的教育下，克服自己的缺点，增长自己的才能，做一个好人。从这一目的出发，吕祖谦以为与刚直之人为友，不仅自己一有错误，即可“得其规正”，而且与这种人为友，违背封建义理的“非心邪念”不敢萌发，久而久之，自己亦能成为刚直之士。与忠信之人为友，遇到麻烦，其能以“至诚”相待，决不会落井下石。尤其与他们相处日久，即能受其熏陶，涵养自己的气质，终究有一天自己亦会跻身于忠信之士的行列。与多闻义理者为友，也有这样两个好处。一是他们“久阅义理”，“见事通透”，因而与之共事可以少犯错误。二是与他们相处，自己的“疏漏”就会明显显露出来，从而可以产生上进的念头。

吕祖谦认为朋友之间，应该相互坦诚相见。所谓“朋友之道亦只是推诚相与，自然无疑”[2]，而相互之间的理解与信任比什么都重要。

> 大抵人之交际，最要看一个虚与实。如今人间巷酒食之交，当时非不甘若醴，及一旦遇事则都不见。缘其初交，本不曾理会著实底事，若交际之

---

① 《文集》卷 17《论语说》。
② 同上卷 12《易说·豫》。

> 间，始若淡薄无味，然其气味却长。始若亲昵，其终必不久。如东坡刚说两句极好，全我者皆平日所畏人也，误我者皆平日所爱人也。平日所敬畏之人，终必有益。①
>
> 大抵易合者必易离。君子之交淡若水，小人之交甘若醴。君子淡以成，小人甘以坏。且如闾巷之交其初非不欲常，其终必变者，何哉？以其不知久敬之道也。凡人之交际皆然。②

朋友之间的真诚友谊是建立在相互理解和信任的基础上的，而不相互吹捧恭维，也不是投之以桃，报之以李，以图表面上的“亲昵”无间，所谓“君子之交淡若水”就是在这个意义上说的。正因为这种友谊来自理解和信任，而不掺杂利害得失，所以它不为岁月之流逝而淡漠，不为利害得失之冲突而动摇，能够长久地保持下去。相反，依靠各自的利害得失建立的友谊，虽然表面上“甘如醴”，但终究会因为利害得失之冲突而瓦解。我们认为吕祖谦对于友谊的这种理解不愧为真知灼见，给人启迪颇多。

交友应该掌握“直”、“谅”、“多闻”之标准，那么什么人一定不能引以为友呢？吕祖谦认为千万不能友“便辟”、“便佞”之辈和“善柔之人”。

> 辟是邪僻，谓之便者以其便利；善柔是循循无能为之人；便佞是可媚于我者。友便辟、便佞所损

---

① 《文集》卷19《史说》。
② 同上卷13《易说·恒》。

固不言可知，善柔之人未见得有损于我处。……与循人无能为之人处，便入便辟、便佞之媒梯。一则与此等人处无所观瞻，并自己亦放倒了，不能振发进步，故善柔最是害事。学者须当自点检。若所友直、谅、多闻则固可自喜。若是便僻、善柔、便佞，则便当引避。否则为小人之归必矣。①

"便辟"，是专为一己之私利考虑的邪恶之徒。"便佞"则是为了一己之私利而溜须拍马之小人。与这两种人为友，其危害不言自明。故而吕祖谦着重分析了与"善柔之人"为友的坏处。"善柔之人"虽然没有直接危害自己，但由于他们"循循无能"，从他们那里得不到任何有益的帮助事小，但与他们相处日久，会使自己的上进心消磨殆尽，"不能振发进步"。久而久之也就会沦为"便辟"、"便佞"式的人物，因此应该远避"善柔之人"。否则后果不堪设想。尽管吕祖谦说的"直、谅、多闻"以及"便辟、善柔、便佞"是以封建义理为标准的，但在其阐发的过程中，亦有可资借鉴的因素。

交友必须慎之又慎，从严掌握，非"直、谅、多闻"之士不交。然而天下众生芸芸，究竟哪些人才是"直、谅、多闻"之士呢？不经过长期接触和观察是无法了解的。这就要求接触面要尽可能地大些，所谓"要宽，莫教窒窄"②。吕祖谦强调指出：

大抵为学须当推广大之心。凡执卷皆是同志，

① 《文集》卷 17《论语说》。
② 同上卷 20《杂说》。

> 何必与亲厚者及相近者方谓之同志，而疏远者便不是同志之理。此只是一个忌心。……大凡人处心：贤者敬之，不肖者怜之，庸常者容之，如此便好。孔子曰：老者安之，朋友信之，少者怀之，此三句益见圣人广大气象。又如何有可厌可弃之人？盖四海之内皆兄弟，何尝有内外？人人有此心，和气自然薰蒸，太平丰年之气自此感格。①

由于主客观条件的限制，每个人都有自己生活的小圈子。这就难免有亲疏。但不能因此认为只有和自己"亲厚及相近者"才是同志，而与自己性格不合、关系疏远的就一定是奸佞小人。说不定其中亦有"直、谅、多闻"之士。这里的关键是要彻底根除嫉忌之心。吕祖谦认为孔子超出常人之处就在于他具有"老者安之，朋友信之、少者怀之"的伟大胸襟。这应该成为每个人的处世准则。如果人人都坚持以"四海之内皆兄弟"的度量去待人，就不会有亲疏之分、内外之别。整个世界就会其乐融融、亲密无间。然而这正是吕祖谦的一厢情愿。因为事情是明摆着的：不仅"凡执卷者"决不可能都是志同道合的正人君子，而且在充满压迫和剥削的封建社会中，"四海之内"也决不可能是"皆兄弟"。

从"贤者敬之，不肖者怜之，庸常者容之"的思想出发，吕祖谦提出了"降意以求"的原则。

> 与人相与处，最当理会降意两字。不降而升，

① 《文集》卷19《史说》。

小则忿怒，大则暴戾。[①]

世界是复杂的，而其中又以人为最。每个人的生活信念、旨趣不尽相同，加之生活经历、素养、性格的差异，因而不同的人在观察、思考、处理问题时，其出发点和方式也不会完全相同。这就要求不能以自己的标准去要求别人，需要“降意”而求，即对他人存点宽容。

吕祖谦指出，在和别人接触过程中，不能一听到对方有些话不中听就翻脸，正确的态度是撷取对方议论中某些合理成分，加以演绎扩充，这样于人于己都有益。

听人说话，或有不中节者，亦无都不应答之理。说十句中岂无一句略可取？将此一句推说应之，亦于其人有益。[②]

认为别人的议论即使总体上是错误的，但其中总有一些可取之处，因而不能“都不应答”。当然这种应答不是无原则的敷衍，而是充分肯定其中可取因素。吕祖谦这一主张体现了与人为善的精神，必须给予适当的评价。

从与人有益的观点出发，吕祖谦进而提出了“治人便是治己”的思想。他说：

天下事只有治己治人，更无他事。然振民便是育德，治人便是治己。虽名两事，元非两事。无事

① 《文集》卷 20《杂说》。
② 同上。

则内欲自育其德，临民振之而已。中庸曰成己仁也，成物知也。合外内之道也。故时措之宜也。盖终日所行，若不入此两事，则皆非吾所当事矣。今人所作不是无益于己，无益于人。即有害于己，有害于人。①

吕祖谦认为世界上的事情虽然千头万绪，但归根结底只有两种："治己、治人"，即增进自己的主观道德的同时，提高别人的道德，而提高别人的道德，也就是增进自己的道德，因此"治人便是治己"。"治己"与"治人""虽名两事"，其实是一回事。同样的道理，"无益于人"，即"无益于己"，"有害于人"也就"有害于人"。

吕祖谦还专门论及了与小人相处应注意的两个问题。他认为要不被小人"染着"，重要的是自己品行端正。只要自己既仁且义，不仁不义的事从来不做，不仁不义的话从来不说，那么就会收到"不仁者不敢登其门，不义者不敢造其室"②的效果，自然也就可以不受小人之"染着"了。如果君子不幸而与小人共事，应该自觉保持一段距离，不能与其讨论私事，如果是公事，则另当别论。

公事有未晓，不与之言，则辱君命，固是不可。若公事外，又与他私说，便失待小人之体，两者须仔细看。后世之待小人，若太过则与之共事时，公

① 《文集》卷12《易说·蛊》。

② 同上卷18《孟子说》。

事亦不与言;不及时,往往私事亦与之言。[1]

吕祖谦认为与小人共事有两种倾向应该予以纠正。一是与小人讨论私事,这是犯了"不及"之错误。一是连必要的公事也不与之言,这也有点过分。因为公事,关系着"君命",如果小人对要办的公事不熟悉,而不与之解说分明,则可能贻误公事,甚至辱没君命,因此犯有"太过"的毛病。

① 《文集》卷18《孟子说》。

第七章 伦理学说

理学的重要特点之一是给哲学涂抹了一层浓厚的伦理色彩，使哲学变成了封建伦理学；同时又把封建伦理膨胀为宇宙本体，使伦理学上升为哲学。因而在理学家那里，哲学和伦理学互为补充、互为发明。吕祖谦没有超脱这种理论窠臼，他的伦理学说和其唯心主义世界观紧密相连。他力图从“天理”即哲学本体的角度，论证封建伦理道德的永恒性，把封建伦理移植于人之“性”、移植于人之“心”，以加强封建伦理道德对人的约束力。吕祖谦明确宣称：封建伦理纲常和宇宙本体的“理”从本质上说是合二而一的。谓：“常人多以伦、理为两事，殊不知父子有亲，夫妇有别，所谓伦也。能正其伦，则道之表里已在矣。”[①]认为人伦就是天理，只要“能正其伦”，天理亦在其中了。

---

① 《文集》卷4《易说·家人》。

吕祖谦的伦理学说和他的政治学说一样，从主要倾向方面考察，旨在要求人们严格遵循封建伦理纲常思想与行动，禁锢人民群众的革命意识。但其中也有强调封建主义节操的成分，对于稳定社会秩序，有一定的调节之作用，我们的任务是在剔除其封建主义糟粕的基础上，批判地继承和汲取其中合理因素，使之成为培养新的伦理观念的养料。

第一节　性、心本善论

吕祖谦的伦理学说是在其人性论的基础上展开的。因而要分析其伦理学说，不能不首先剖析其人性论。

一　“吾之性本与天地同其性”

性善论最早是由孟子提出来的。但孟子的性善论有两大缺憾：即既没有具体说明性善之根据，也没有进一步回答人性既善，何以有恶的问题。为了填补孟子性善论留下的空白，北宋理学家率先提出了天地之性与气质之性的双重人性论。

张载认为在具体生命未产生之前，就存在着一个尽善尽美的天地之性。从本质上说这种天地之性就是人之性。但是每个生命由于禀自然之气而生，因而各个具体生命又随之有了一个异于天地之性的气质之性。他说：“形而后有气质之性，善反之则天地之性存焉。故气质之性，君子有弗性者焉。”[①]意思是说“气质之性”与“天地之性”是不相容的，“天地之

① 《正蒙·诚明篇》。

性”体现的完全是封建伦理道德，因而完美无缺，而气质之性所体现的是人的生理特征和需求，它是产生恶的根源。“气质之性”妨碍着“天地之性”的正常发展，严格说来“气质之性”不算是真正的人性。而要恢复（“反”）“天地之性”，则必须克服“气质之性”。

张载提出的“天地之性”和“气质之性”的双重人性论，从理论上回答了人性善之来源和恶得以产生的原因，从而使得封建统治阶级更为方便地向人民群众灌输封建伦理道德观念。因而张载双重人性论一经提出，便得到了其他理学家的高度重视和赞扬。朱熹认为张载对于“天地之性”和“气质之性”的区分，“是有功于圣门，有补于后学”的重大贡献。

吕祖谦虽然没有像朱熹那样对张载的人性论公开赞扬，但他在人性论方面接受的则完全是张载的理论。他说：

> 人生而静，天之性也，乃中正仁义之体，而万物之一源也。中则无不正矣，必并言之曰：中正。仁则无不义矣，必并言之曰：仁义。亦犹元可以包四德，而与亨利贞俱列。仁可以包四端，而与义、礼、知同称。此所谓合而不浑，离之不散者也。①

和张载一样，吕祖谦首先虚构了一个“中正仁义之体”的“天之性”。天之性何以能演绎成人之性的呢？吕祖谦的逻辑是天人一体，万物一源，“天之性”当然也就是人之性了。所以他又说：

---

① 《文集》卷4《与朱元晦》。

吾之性本与天地同其性，吾之体本与天地同其体。不知自贵，乃慕爵禄，不知一体之中自有广大之道。①

由于“天之性”是“中正仁义之性”，而“与天地同其性”的“吾之性”也就只能是“中正仁义之体”。具体地说，“吾之性”中包含着仁、义、礼、智四德。吕祖谦认为对于人来说，这是最值得珍贵的了。然而有些人却不知“一体之中自有广大之道”，不珍惜“中正仁义之体”的“吾之性”与“吾之体”，而去追求“性”、“体”之外的爵位和俸禄，这实在有点划不来。

既然人之性是“中正仁义之体”，为何在现实生活中却有人常常做出悖逆于仁义礼智四德之事呢？关于这一点，吕祖谦以张载的“气质之性”理论为依据，进行了说明。“性本善，但气质有偏，故才与性亦流而偏耳。”②认为人之性就其本源而言是善而非恶，人之所以有恶，是由于禀受的“气质有偏”之缘故。

吕祖谦指出人的气质之性虽然偏离了“中正仁义之体”之“天之性”，但气质之性并不是固定不变的，而是可以通过后天的主观努力而加以矫正改造的，只要人们注意克服有偏的气质之性，即可恢复至善至美的天地之性。因此，人们必须将主要精力花在纠正自己的气质之偏之上。所谓“君子之学治气而不治言”③。因为气质一变，自见为学之功力，这好比有一棵大树，其躯干未尝改变，而“春气至，则枯者荣，

① 《文集》卷 13《易说·咸》。

② 同上卷 20《杂说》。

③ 《东莱博议》卷 3《楚灭夔》。

衰者盛，陈者新，悴者泽；秋气至，则荣者枯、盛者衰、新者陈、泽者悴。气也者，潜乎柯干之中而浮乎柯干之外者也。"①而且还应该把气质是否改变作为检验为学之成败的标准。他说：

近思为学，必须于平日气禀资质上验之。如滞固者疏通，顾虑者坦荡，智巧者易直，苟未如此转变，要是未得力耳。②

怎样才能改变先天偏驳之气质呢？吕祖谦认为必须认真践履封建主义道德。

所向者正，所存者实，信其所当信，耻其所当耻，持身谦逊而不敢虚骄，遇事省细而不敢容易，如此则虽所到或远或近，要是君子路上人也。③

认为只要努力用封建伦理道德约束自己，把"应事涉物"都当作"步步体验处"，从而"习其教、渐其俗"，那么"或远或近"，都是"君子路上人"，自己有偏之气质亦或多或少地得到了矫正改造。

还由于每个人的气质之偏并不完全相同，因而要根据本身之特点加以纠正。

① 《东莱博议》卷 3《楚灭夔》。
② 《文集》卷 5《与陈君举》。
③ 《文集》卷 4《与内弟曾得宽》。

窃谓学者气质各有利钝，工夫各有浅深，要是不可限以一律，政须随根性识时节箴之，中其病发之；当其乃可善。①

大凡人资质各有利钝，规模各有大小，此难以一律齐，要须常不失故家气味。②

尽管改变气质的方法“难以一律齐”，必须“随根性识时节箴之”，但有一点是相同的，即要找到自身气质偏的病源起处。

须是寻病源起处，克将去。若强要胜他，克得一件，一件来。要紧是观过。人各有偏处，就自己偏处，寻源流下工夫。克，只是消磨令尽。③

切中病源，纠正起来可以“消磨令尽”，否则只能“克得一件”，一件又来，易犯头疼治头，脚痛医脚的毛病，如“懦者当强，急者当缓，视其偏而用力焉”④。“做事须是着实做，暴戾者必用力于和顺，鄙吝者必用力于宽裕，而后可以言学。”⑤

吕祖谦上述的这些解释，不仅说明了人何以有恶的问题，而且突出了加强封建主义道德修养的必要性，尽管吕祖谦在这里只是重复前人的观点。

① 《文集》卷 4《与朱元晦》。
② 同上《与内弟曾德宽》。
③ 同上卷 20《杂说》。
④ 同上卷 4《与朱元晦》。
⑤ 同上卷 20《杂说》。

北宋理学家程颐曾经认为“性”、“心”、“情”三者是同实而异名。“自性之有形谓之心，自性之有动者谓之情，凡此数者，皆一也。”[①]“在人为性，立于身为心，其实一也。”[②]吕祖谦接受了程氏这一观点，故而在“性”与“情”的关系问题上，他不同意将“性”与“情”对立起来，力倡“情”即是“性”之理论。

> 情便是性，波便是水。李翱分作两段看了。宜乎当时释氏之惑，只缘吾党无人，反为释氏所谩。[③]

唐朝李翱受佛氏灭情见性观点的影响，曾说：“人之所以为圣人者，性也。人之所以惑其性者，情也。喜、怒、哀、惧、爱、恶、欲，七者皆情之所为也。情既昏，性斯匿矣。非性之过也。七者循环而交来，故性不能充也。”[④]认为“性”与“情”是水火不相容的，“性”是人们成为圣人的内在依据，而“情”则是万恶之源。要恢复至善之性，只有灭除至恶之情。李翱尽管政治上和其师韩愈一样，是反佛之斗士，但这种性、情对立论非但没有同佛学灭情见性之理论划清界限，反而间接地散布了佛学之观点，故而吕祖谦对此颇多感叹，认为是“吾党无人”，才受“释氏所谩”的。吕祖谦对李翱性情观的批判，实际上也是其本人性情观的表述。他认为“性”与“情”如同“水”和“波”，表现形式虽异，而实质则是一致。

在“性”与“心”的关系上，吕祖谦认为两者同一，没有什

---

① 《二程遗书》卷25。

② 同上卷18。

③ 《文集》卷20《杂说》。

④ 《李翱文集·复性书》。

么区别。所谓:“人心本虚且明,与性不殊。”①因此在吕祖谦这里,其性说又通常被演绎为心善论。关于这个问题,我们在下一小节中剖析。

二 “件件守初心”

和“天地之性”与“气质之性”双重人性论相一致,宋代理学家竭力提倡“道心”和“人心”的双重心说。

“道心”和“人心”之说,首见《尚书·大禹谟》:“人心惟危,道心惟微。惟微惟一,允执厥中。”由于当时作者没有进一步说明其确切涵义,故而留给后人以相当大的诠释余地。宋代理学家在构筑其理学体系的过程中,对此如获至宝,认为这是古之圣贤尧、舜、禹心心相传的关于个人修养和国家治理之准则,称之为“十六字心法”。他们认为“道心”所体现的是纯粹之“天理”,它和“天地之性”一样,是至善至美。而“人心”则表现为“私欲”,它是诱导人们作恶之策源地。程颐说:“人心私欲,故危殆。道心天理,故精微。灭私欲则天理明矣。”②程颐这一观点得到了吕祖谦的继承和发挥。他说:

> 人心,私心也。私则胶胶扰扰,自不能安。道心,善心,乃本然之心,微妙而难见也。此乃心之定体,一则不染,精则不差。此人下功夫处,既有他定体,又知所用功,然后允能执其中也。③

---

① 《文集》卷5《答方教授》。
② 《二程遗书》卷24。
③ 《东莱书说》卷2。

> 人心惟危，人心是私心。道心惟微，道心是本心。精一是子细之意，既能精一，则信能执中矣。①

十分清楚，吕祖谦和程颐的说法稍有不同，而所表达的基本意思则是高度一致的。他认为"道心"是人的"本然之心"、"本心"，有时亦称之为"初心"、"内心"。它含有仁义礼智四德，是善而非恶。"人心"是"私心"，有时称之为"外心"。它与"气质之性"是同一类型的东西，"胶胶扰扰"，危殆不安。人之所以由善而恶，就是因为丑恶的"人心"遮掩了至善之"道心"。

> 大抵父子之恩，天性也。兄弟之义，天伦也。以至夫妇、朋友莫不有天，秩其恩义交接固无可疑，苟以刚暴苛察之心，则视之皆为寇仇矣，其所以如此者，特私欲蔽其天理耳。②

这是说封建伦理纲常乃出于天，是"内心"固有之天理。但由于"刚暴苛察之心"膨胀，就会将父子、兄弟、夫妇、朋友看作是"寇仇"。究其原因就在于"私欲蔽其天理也"。关于这一点，他在评论春秋时代楚平王听信佞臣费无极谗言，欲诛太子建这一历史事件时，则有进一步的说明。

> 大抵父子之道，天性也。……盖人之心有内外，天属之爱，内心也。惟后来被小人以开拓土地之说引诱他内心向外去，流而忘反。他外心日炽，内心

---

① 《文集》卷20《杂说》。

② 《文集》卷14《易说·睽》。

日消，使他里面都消尽，故其父子自为虎狼，更相戕贼。……夫降衷秉彝，何尝不善？其良心或至于戕贼到泯灭地位，皆是被人、物引其内心向外去了。夫岂独父子之间为然，凡是皆然。①

楚平王和太子建亲为父子，就天性而言，相互之间应该是充满慈与爱的，所谓“天降秉彝，何尝不善？”但由于楚平王之“内心”（“本心”）为费无极向外扩张、开拓国土之说所动，向外而去，以致“外心日炽，内心日消”，直至良心完全泯灭，终于酿成了“父子自为虎狼，更相戕贼”之悲剧。这种“内心”向外去，流而忘反的教训不只局限于父子关系上，在其他一切问题上，稍有不慎亦会同样表现出来。这就要求人们在接触外物的过程中，一定要防止“内心”向外去的情况发生。为此，吕祖谦提出了“守初心”之说。

此心操之常存，则与天地流行不息。一或舍之而不存，则便堕私意人欲中，天命便至于雍遏而不行，能者养之以福，不能者败以取祸。……此心常操而存，则心广体胖，怡愉安泰，福本自内，有若一欲败度败礼，则祸自外来。②

人当件件守初心，如自贫贱而之富贵，不可以富贵移其所履。惟素履，故无咎，盖不为地位所移也。此最是教人出门第一步。③

① 《左氏传说》卷14。
② 《左氏传说》。
③ 《文集》卷13《易说·履》。

在吕祖谦看来，不管遇到什么事情，只要紧紧地守住“初心”，使“本心”不受外界事物的影响，即能达到与“天地同流不息”的精神境界。也就永远立于不败之地。“心广体胖、怡愉安泰”。他的这种“存心”、“守初心”之说，和其所主张的“存心”、“求放心”的主观唯心主义认识论是一脉相承的。

吕祖谦认为如果人不能“守初心”，“存本心”，任其向外去，就会失去“中正仁义之体”的固有属性。他说：“人之心本正，迨夫流散，然后失其正。”①本心一失，便是私心。

吕祖谦指出私心不仅是本心之大敌，而且也是一切罪恶的根源。

> 盖以私心一萌，必至争夺。异时争斗诉讼，皆一欲一食之积。②

这就是说社会上发生“争斗诉讼”之类的事情，主要是因为私心在作祟。换句话说如果每个人都守住了“初心”，私心就不会萌发，“争夺”也就从根本上被杜绝了。

基于这种认识，吕祖谦强调人们应该善于养护“本心”，使之扩而充之。尽管每个人都有与生俱生的“本心”，但是这种“初心”极容易受到外界之伤害，因而需要加以人为地保护。

> 盖天地发生之初，最是于萌蘖始生之时，要人营护保养，且如草木萌动，根芽初露，易被摧残，

---

① 《文集》卷13《易说·履》。

② 同上卷15《诗说拾遗》。

惟能于将生之际，遮覆养护，则枝枝叶叶渐渐条达，人之善端初发，亦多为众恶陵铄，惟是于出入将发之时养而无害，然后自然明来。①

人善端之生，虽习气岂能昏之？犹笋迸于石。自然发生，岂有障蔽，故曰复亨。然善端初生，全在爱惜保护，不可戕害。方能类聚而不孤。②

人的"初心"产生犹如竹笋从石缝里迸发出来，不是私心人欲所能"障蔽"的，然而在其刚刚产生之时，则需要加以爱惜保护，不能使之受到"众恶陵铄"。这种情况和草木刚萌芽颇为相似。草木刚发芽极易夭折，稍有不慎，即刻损伤。只有小心地"遮覆养护"，才有日后的"枝枝叶叶，渐渐条达"。吕祖谦断言，不管是谁，只要很好地爱护"初心"，使之充分发展，都可以成为圣人。"人于善心发处，便充长之，自可欲之善信，以至于圣。"③他推出"君子"与"小人"、"圣人"与"众人"的区别并不在于是否具有"善心"，而在于能否使"善心"得到继承和扩充。他说："与生俱生者谓之良心，毁之而不能消，背之而不能远。有以继之，则为君子；无以继之，则为小人。继与不继而君子小人分焉。故学者不忧良心之不生，而畏良心之不继。"④他的意思是使"良心"得到继承和扩充的就是"君子"，反之则是"小人"。

"善心"虽然为人人所共有。但是人们常以私心杂念干扰之，故而不少人之"善心"以至泯灭。

① 《文集》卷13《易说·复》。
② 同上。
③ 同上。
④ 《东莱博议》卷3《梁亡》。

> 天道之有复，乃天行自然之道理。人之善心发处亦人心固有之理。天道到复时便运行无间，人何故于善心发处乃不似天之顺动，而善心又多汩没，盖为天以无心适用，人以私意障蔽。[①]

现在要讨论的是人的“善心”一旦被“私意障蔽”，以至汩灭，是否再无药救呢？吕祖谦对这个问题的回答是否定的，他认为人最好是“件件守初心”，让“善心充而长之”。然而在生活中，并不是每个人都能做到“守初心”的，不少人“内心外去”，但这不要紧，只要经过自己的努力，外去的“内心”是可以返回的，“善心”是能恢复的。

> 复之理自小言之，则人之一心善端发见，虽穷凶极恶之人，此善端亦未尝不复，才复便有亨通之理。[②]
>
> 如人虽为穷凶极恶之事，积于一身，自外观之，若终无悔过之心，然固有之良心亦自具在。或有动于中，谁得知之？[③]

这就是说即使是“穷凶极恶之人”，干了“穷凶极恶之事”，其“善心”都有恢复的可能。尽管这些人在外人眼中是至死不悟，不可救药。其实不然，这些人“固有之良心亦自具在”，并没

① 《文集》卷13《易说·复》。
② 同上。
③ 同上。

有真正泯灭殆尽。因此对于君子来说，要允许他们悔过，只要他们做了一点好事就应该加以肯定，以唤起他们的“善念”，“大凡圣贤见人有一小善，虽未甚至，便称善，乃是提撕唤起其善念。”①而当他们做了坏事，也不要一味地责备，将他们看死，而要设法“开其善心”。

东汉时人左原在学生时代犯了错误，而被学校开除，路遇名士郭林宗。郭非但没有歧视他，反而设酒肴招待，加以慰勉。对郭林宗此举，吕祖谦大为赞赏，他说：

> 左原为郡学生，犯法见斥。郭林宗遇诸路，设酒肴以慰之谓曰：蘧瑗、颜回不能无过，况其余乎？慎勿恚恨，责躬而已。林宗此言极得中。寻常人见人见斥，必以桀、跖视之。林宗提起蘧瑗、颜回以告之，所以开其善心，其实亦非过誉之。盖善与恶隔壁耳。东汉风俗，善善同其清，恶恶同其浊。见人见斥者谁肯与之语，亦如今世士大夫遇此等人，其上者必指目之，下者设酒肴慰之以助其怒，或虽设酒肴犹责谓之以增其怒，唯林宗言最得体。盖林宗乃一时名士，(左)原既见斥，忽得一名士与之语，又举二贤者以告之，此其所以终于悔怍也。②

按照吕祖谦的观点，左原“犯法见斥”，乃是“善心”为“私意障蔽”的结果。在一般人看来对这种人不值得“与之语”，或

① 《文集》卷18《孟子说》。
② 《文集》卷19《史说》。

者是对其当面斥责。但这两种做法都无助于“开其善心”，使其“悔怍”，故而不是与人为善的态度。而郭林宗则以“蘧瑗、颜回不能无过，况其余乎”之语慰勉之，希望他不要沉湎于“恚恨”之中，而应该振作起来。吕祖谦认为郭林宗这一做法极为得体，唯有这样才能使其“善心”开通。在这里，吕祖谦表述了一个极为重要的观点，即对犯错误的人应该治病救人，而不是幸灾乐祸，落井下石。

进而，吕祖谦认为人即使有“千过万恶”也不可怕，关键是要恢复“善心”。

> 人有千过万恶丛萃一身，人之善心一复，则虽有千过万恶，亦便觉有消散披靡气象。①
>
> 刚戾暴很(狠)之人，千猜万忌，如山之积，其情之既通，则如烦歊蒸郁之遇雨，胸中顿然融释，荡涤无一。或存知此理，则知百年之嫌隙可以一日解，终身之蒙蔽可以一语通，滔天之罪恶可以一念消。②

这也就是说“善心”具备了一切，只要“善心”一复，即端正了封建主义思想意识，即使是“刚戾暴很”之人，也可以立即消除“终身蒙蔽”，犯有滔天罪恶的奸邪之徒也可以一下子变成好人，摆脱罪恶之羁绊。必须指出，吕祖谦这一观点受佛氏影响颇深。实际上是禅宇“放下屠刀，立地成佛”说的翻版。惠能曾说：菩提只向心觅，何劳向外求玄，所说依此修行，

---

① 《文集》卷13《易说·复》。

② 同上卷14《易说·睽》。

西方只在眼前。[①] 旨在诱骗目前尚未达到封建伦理道德水准、封建主义意识还不端正的人们加强封建道德修养，安慰那些作恶多端的封建统治者惶惶不安的灵魂。吕祖谦提倡“一念才正，即是好人”[②]，所要起的作用和惠能完全一致。

怎样才能恢复失去的“善心”呢？吕祖谦认为必须克服“私心”。

> 且如人身与天地无间，只为私意间之。故与天地相去远。苟见善明，用心刚，去私意间之，则自与天地合。[③]

这也就是说一旦消除了与天地之心隔绝的“私意”，人心就可以与天地合二而一，这样“善心”就算恢复了。有些人之所以难以恢复“善心”，也就在于不能力克“私意障蔽”，“只为人才到善心发处，又为人欲障蔽，不能利有攸往。”[④]吕祖谦接着说：

> 人善心悔处日用甚多，或听言而于心有悔，或因观书而于心有动，或于应接事物而有警悟于心，日用间复处甚多，虽大奸大恶之人亦然，惟其不能利有攸往，故至于频复尔。[⑤]

---

① 《坛经·疑问品》。
② 《文集》卷12《易说·豫》。
③ 同上《易说·噬嗑》。
④ 同上卷13《易说·复》。
⑤ 同上。

所谓“利有攸往”，即消除“私意障蔽”，必须勇往直前，不得有半点畏缩之心理。如果做到这一点，“善心”随时随地都可以恢复。或“听言”、或“观书”、或“应接事物”都是恢复“善心”的途径。不难看出，吕祖谦实际上是主张将端正封建主义思想意识贯彻到日常生活中的各个方面，一刻也不偏离封建主义轨道。

第二节　理欲义利观

理欲义利的问题，说到底是道德和物质欲望、物质利益的关系问题。这一题目，一直是中国古代思想界争讼纷纭的热门话题之一，而尤以宋代为烈。几乎所有的思想家都就理欲义利之间的关系，发表了各自的看法。见仁见智难定一是。理欲义利观是吕祖谦的道德伦理观的主要骨架之一，因此，要弄清其伦理道德的全部涵义，就不能不了解理欲义利观的基本内容。

一　“天下最损无如忿与欲”

关于理欲观的讨论，可以追溯久远。至少在先秦时代就开始了，而将“天理”、“人欲”作为一对道德范畴提出，则稍晚一些，其首见于西汉初期的《礼记·乐记》，引摘如次：

> 人生而静，天之性也。感于物而动，性之欲也。物至知知，然后好恶形焉，好恶无节于内，知诱于外，不能反躬，天理灭矣。夫物之感人无穷，而人

之好恶无节，则是物至而人化物也。人化物也者，灭天理而穷人欲者也。于是有悖逆作伪之心，有淫佚作乱之事，是故强者胁弱、众者暴寡、知者诈愚、勇者苦怯，疾病不养，老幼、孤独不得其所，此大乱之道也。

《礼记·乐记》的作者认为人的物质欲望是由人的本质所决定的，但如果听任这种“性之欲”的自由发展而不加以节制，就会导致“穷人欲”而“灭天理”。这是天下一切祸乱之根源。要杜绝祸乱，就必须好恶有节，实行节欲、寡欲。如果说作者在这里还多少承认了人的一点“性之欲”的话，倒不如说其表现了浓厚的轻视物质利益，否定物质欲望，抬高封建伦理道德的倾向，《礼记·乐记》作者的这段话在很长的一段时间内并没有引起世人的重视。一到宋代，情况为之一变，宋代理学家无一例外地接受了这一观点。程颢、程颐兄弟在此基础上明确提出了“存天理、遏人欲”的著名命题，吕祖谦的理欲观正是据此而展开的。

人的物质欲望是客观存在的，完全没有物质欲望的人是不存在的，即使是高喊“存天理，遏人欲”的理学家们也有其物质利益，物质欲望。故而吕祖谦并不否认人有物质欲望。他说：“何人而无欲？”[①]在“欲”的问题上，圣人与众人，君子与小人并没有多大的区别。他指出：“君子之耳目口鼻所欲与人无异也。”[②]如像“布帛粟菽”就是“人人所须”，“泉货金贝”也是“人人欲用”。人们要活下去，就一天也离不开这

① 《东莱博议》卷3《成得臣郤献子》。

② 《东莱博议》卷2《管仲言宴安》。

些维持生存的必备物质条件。一般说来，人生在世，不仅是希望得到起码的物质生活资料，而且希望物质生活富裕一些，日子过得安稳舒坦一些。所谓“乐也、荣也、安也，人之所同嗜也”①。“易曰：崇高莫大乎富贵。圣人之大宝曰位。圣人未尝以富贵、宝位自嫌，……若后世之人以是自嫌者，宜乎？”②但是吕祖谦又坚持认为人的物质欲望没有穷尽，应该有所节制，否则就会引起天下大乱。显而易见，吕祖谦的这些观点，实际上来自先秦时代的荀子。

众所周知，荀子有一个基本思想：即以礼制欲。认为物质欲望是君子和小人，圣人与众人的共同要求，“好荣恶辱，好利恶害，是君子、小人所同也”③。“目之好色、耳好声、口好味、心好利、骨体肤理好愉佚”，这些现象都是“生于人之情性”，而泯灭不得的。然而就物质条件而言，是不可能满足所有人的全部物质欲望，这就要求以礼制欲。“人生而有欲，欲而不得则不能无求，求而无度量分界，则不能无争，争则乱，乱则穷。先王恶其乱也，故制礼义以分之，以养人之欲，给人以求。”④不可否认，如果摈弃荀子维护封建等级制度的真实企图，他的这些话不是毫无价值的。因而，仅就上述的观点而言，是不能将其归结为禁欲主义的。

值得重视的是吕祖谦也没有像其他理学家一样，将“天理”与“人欲”绝对对立起来。他认为在一定条件下，“天理”和“人欲”是统一的，朱熹曾在《孟子集注·梁惠王章句下》中

---

① 《东莱博议》卷3《晋怀公杀狐突》。

② 《文集》卷15《诗说拾遗》。

③ 《荀子·性恶》。

④ 同上《礼论》。

提出:“天理人欲、同行异情”之命题,并征求吕祖谦的意见。对此,吕祖谦表示完全赞成,他写信给朱熹说:

> 天理人欲同体而异用者,却似未失。盖降衷秉彝,固纯乎天理也,及为物诱,人欲滋炽,天理若泯灭,实未尝相离也。同体异用,同行异情,在人识云乎。①

认为“天理”与“人欲”是同一事物的两个侧面,各有各的功用,所谓“同体异用”。只是由于外物诱迫的关系,“人欲”滋长炽烈,这时“天理”好像完全泯灭,其实“天理”并没有完全消失,关键在于人们如何去正确认识“天理”和“人欲”之间所应该掌握的分寸,处理好“天理”和“人欲”之间的关系。吕祖谦的好友之一陈亮曾力斥“舍人(欲)可以为道(理)”的观点,认为“人欲”和“天理”是紧密相连的,不能将它们人为地对立起来。受此启迪,吕祖谦响亮地提出了“天理在人欲中未尝须臾离也”的口号。他的这个观点与朱熹所主张的“人之一心,天理存则人欲亡,人欲胜则天理灭,未有天理人欲夹杂者”的观点,有着重大区别,因而也显得相对合理些。

但是吕祖谦在这个问题上没有就此罢手,他向误区又跨进了致命的一步,即武断地认为人的物质欲望是引起一切“争夺诉讼”的根源。他说:

> 共患易,共利难。患者,人之所同畏也;利者,

① 《文集》卷4《与朱元晦》。

人之所同欲也。同其畏心,其势必合,同其欲心,其势必争。自古及今,变亲为疏,变恩为怨,鲜不以共利者,吁! 亦难矣。①

一兔在野,百人逐之;一金在野,百人竞之,况一国之利乎。②

社会上的物质利益无论在什么时候都不可能满足所有人的物质欲望,如果大家都要满足自己的物欲,势必要引起争夺。例如一只野兔或一块失落在野外的无主之金子这样的蝇头小利都要引起"百人逐之"、"竞之"的话,那么利愈厚,所引起的争夺就会更加激烈。这就是"变亲为疏"、"变恩为怨"的根由。因此,吕祖谦得出了"天下最损无如忿与欲"③的结论,而力倡"惩忿窒欲"。这就差之毫厘,谬以千里了。

言及于此,吕祖谦意犹未尽。他进一步指出人之物欲是天下最可怕的"仇寇",它对人的危害实在酷烈无比。

天下同知畏有形之寇,而不知畏无形之寇。欲之寇人甚于兵革,礼之卫人甚于城廓。而人每不能守礼者,特以欲之寇人,无形可见,故狎而玩之耳。殊不知有形之寇,其来有方,犹可御也。至于无形之寇,游宴之中有陷阱焉,谈笑之中有戈矛焉,堂奥之中有虎豹焉。④

① 《东莱博议》卷1《齐鲁郑入许》。
② 同上。
③ 《文集》卷14《易说·损益》。
④ 《东莱博议》卷1《桓公文姜如齐》。

一般说来，人们对可以看得见的危害比较警惕，而容易忽视看不见的危害。“利欲”则是看不见的“仇寇”，人们往往因其无形而掉以轻心，这也就是“利欲”对人的危害“甚于兵革”的原因所在。其解决的办法只有“守礼”。因为人一“守礼”，就会依礼而行，自觉克服违礼之“私欲”。因此，礼为守卫人之“城廓”。相反，人不“守礼”，听任“私欲”的膨胀，在人生的道路上就会到处碰到“陷阱”、“戈矛”、“虎豹”之侵袭危害。正是这个原因，仁人君子们总是视欲为“仇寇”，视礼为“城廓”。至此，吕祖谦已经不自觉地将“欲”与“礼（理）”对立起来。他的这种欲寇礼城之理论和朱熹所提倡的“天理人欲、不容并立”的观点，并无本质的区别，其所表达的是同一个意思。这也和他前面所提出的“天理在人欲中未尝须臾离也”的命题相矛盾。

吕祖谦在理欲观上出现的这一矛盾，并不奇怪，作为一个明智的思想家，他不能不承认人不能没有基本的物质欲望。但是作为封建统治集团的一名成员，他要竭力维护封建主义的“天理”，一旦封建主义的“礼”（“理”）和人们的物质欲望，物质利益发生矛盾，他就会毫不犹豫地重弹“存天理、遏人欲”之老调，要求人们为了封建主义的“理”而放弃自己的物质欲望。

> 多而不可满者，欲也，锐而不可极者，忿也。治欲之法有窒而无开，治忿之法有惩而无肆。或者曰饥止于食，渴止于饮，欲者得求则止，忿者得报则止。呜呼！为是说者是畏火之怒而投薪以灭之，

祇益其炽也。[①]

吕祖谦以为人们的物质欲望是永远不会满足的，如果以为“欲者得求则止”，而一味地满足人们的物质欲望，就会使人的物欲愈演愈烈，以致于不可收拾。这好比像怕火焰蔓延而投薪于火一样，只能更加助长火势之炽烈。因此对于欲只能“窒而无开”，而且窒得愈早愈好，愈彻底愈好。

盖忿欲方兴，其力甚壮，用力稍慢便为所移，所以惩之与窒正是着力处。如敌人相攻必有坚甲利兵，高城深池，方能御敌，否则见困于敌必矣。[②]

这也就是说物欲对于人犹如大敌当前，必须认真对待，着力窒息，最好是在物欲“方兴”之初，就加以“窒”与“惩”，务必不能使之蔓延，如果错过这一时机就比较麻烦了。

然而人活在世上一天，就有一天的物质欲望，因此“人欲”不是说“窒”就“窒”得了的，吕祖谦清楚地知道克服人欲之难，他说：

天下致难克者，莫如己。大抵外物至坚，然有力者能克之。惟己之私欲，虽贲育之勇，克之犹难。[③]

忿欲之兴，郁勃炽烈，内焚肺腑，剑不能击，戟不能撞，车不能冲，骑不能突，自古贲育韩白之

① 《东莱博议》卷3《成得臣郤献子》。

② 《文集》卷14《易说·损益》。

③ 同上卷14《易说·大壮》。

徒，战必胜，攻必取者，未尝不受屈于是敌也。[①]

吕祖谦认为天下最难克服的要算是自己的“私欲”了。因为外物即使再坚硬，但只要有足够的力气即可攻破。对于“私欲”却是有力无处使，纵然象贲育这样的大力士，韩信、白起这样的名将，也总是在“私欲”面前败下阵来。但是，这不是说“私欲”难克，就降低“窒息”的标准，给“人欲”留有一席之地。吕祖谦指出对于“人欲”是不能有任何保留的，如果克欲不尽，后患无穷。

大凡无终者皆缘无始。今人言无终者，以为初间本好，只后来少不好。殊不知终之所以不善者，只缘初不善，使初间有一分未是处在，当时却未见到，后来不善时，皆自此一分发出。[②]

大凡做事须是拔本塞源，然后为善。且如人改过断得九分，留一分未改，此一分恶终久必发见，不特是发见，又且是支离蔓延，未有不连此九分坏了。[③]

这是说人欲克得不彻底，残存之欲就会死灰复燃，形成燎原之势，终于不可收拾而使以往“窒欲”工夫前功尽弃。因此对于人欲必须“拔本塞源”，干净、彻底地加以克服。至此，吕祖谦唱的已经是和二程、朱熹等人同一曲调，而毫无半点“委

① 《东莱博议》卷2《鲁庄公围郕》。
② 《文集》卷12《易说·比师》。
③ 同上卷18《孟子说》。

曲拥护"、调和折衷的影子了。

在如何克"己之私欲"的问题上，吕祖谦主张采取"宽而不迫"。他说：

> 盖义理未胜，虽明知其不可求，而欲念数起，窒欲之道当宽而不迫。譬如治水，若骤遏而急绝之，则横流而不可制矣。故圣人不禁欲之起，而违礼之复。心复则欲一衰，至于二，至于三，则人欲都忘，而纯乎天理乎。①

吕祖谦认为当封建主义义理未能完全克制"欲念"之时，虽然明知有些东西欲求不得，但"欲念"总是三番五次地冒出来。这时就不能强行窒息之，而应该用封建主义义理去疏导之，谋求恢复"善心"，"善心"一复，"欲念"就会"一衰"，几个回合下来，"欲念"就会忘得一干二净，而达到"纯乎天理"的境界。如其不然，则不能奏效。这好比治理洪水，如企图一下子遏止湍急之水流，势必使洪水到处泛滥而不可收拾，因而只有因势利导为好。

除了"宽而不迫"，谋求"善心"之复以外，"闭邪存诚"也是"窒欲"的有效方法之一。

> 闭邪存其诚，诚者中所固有，但当于邪字上用力防之而已。惩忿窒欲，闭邪存诚，尊德性也，必学以聚之，问以辨之。②

① 《文集》卷 15《诗说拾遗》。

② 《文集》卷 1《易说 · 乾》。

“邪”,违反封建义理的思想意识。这就是说要时刻防止违反封建主义的思想意识产生。努力保持对封建主义的虔诚,“人欲”就从根本上被窒息了。吕祖谦这一说法完全是拾二程的牙慧而毫无创见,这种陈词滥调散发着很强烈的封建毒素。

就总的倾向看,吕祖谦“惩忿窒欲”的说教,对于劳动群众,无疑是很惨烈的精神鸦片,严重禁锢着革命意识的产生和发展。但不可否认,他所主张的“惩忿窒欲”对于封建统治集团亦有一定的讽谏意义。吕祖谦认为不管是谁,只要一有“私欲”、“私忿”,就非坏事不可。而且对于有权有势有位的人来说,“私欲”、“私忿”更加危险,尤其应该引起思想的警惕。他这样分析道:

> 夫薪者,火之资也;权位者,忿欲之资也。假其资而望其止,天下宁有是哉!……何人而无欲,何人而无忿?忿欲之兴局于无权无位而不得展,足将行而驻,手将举而敛。有溪壑贪婪之欲,郁勃炮燔之忿,莫不限于权位之巨防而止回,则自趋于善矣。①

认为尽管每个人都有“欲”、“忿”,但对于无权无势无位的人,要想使自己的“忿欲”得逞,不得不受客观条件的制约,所以刚要举步就要停下来,刚要伸手就得收住。然而对于有权有势有位的人,情况则大不一样。因为权、势、位可以使其“欲”可得,其“忿”可泄。如果不从思想上警惕这个问题,其“忿欲”会因屡屡得逞而恶性膨胀,总有一天会在“忿欲”之泥潭中不

① 《东莱博议》卷3《成得臣郤献子》。

可自拔。这就要求有权有势有位的统治者切不可纵欲纵忿。

有鉴于此，吕祖谦将统治者沉湎于“宴安”，列为最“败德”之事。管仲进谏齐桓公时曾说：“宴安酖毒不可怀也。酖入人之口，裂肝腐肠，死不旋踵。”①吕祖谦认为管仲这段话从表面上看似乎有点危言耸听，但对于沉湎于荒淫享乐之中的统治者来说，不啻是当头棒喝，非如此则不足以使其醒悟，故而许其以“有警世之心”。并由此作了进一步发挥。指出：

> 使吾志衰气惰者，谁欤？使吾功隳业废者，谁欤？使吾岁月虚弃者，谁欤？使吾草木同腐者，谁欤？使吾纵欲忘返而流于恶者，谁欤？使吾弛备忘患而陷于祸者，谁欤？皆宴安之为也。②

统治者的“欲念”如不加以适当的节制，而一味地追求荒淫奢侈，纵欲无度，就会“志哀气惰”，“功隳业废”，“驰备忘患而陷于祸”，最后落得与“草本同腐”的下场，岂不悲者。吕祖谦接着说：

> 宴安者，众恶之门，以贤入者以愚出，以明入者以昏出，以刚入者以懦出，以洁入者以污出，杀身灭国，项背相望，岂不甚可畏耶？③

在封建社会中，能“宴安”者，当然不是广大的劳动群众，因

---

① 《东莱博议》卷2《管仲言宴安》。

② 同上。

③ 同上。

此,吕祖谦的这些话所针对的对象只能是有权有势有位的统治者。他列举种种“宴安”之恶,是希望封建统治者警惕“宴安之毒,至惨至酷”,适当节制无度之“欲忿”。吕祖谦的这种观点与其“广取不如俭用”的经济思想是一致的。联系前面所说的“权位者,忿欲之资也”的说法,可以清楚的看出,吕祖谦开展理欲之辨,旨在“警世”,要求封建统治集团能从本阶级的长治久安出发,励精图治,而不要一味地追求享乐,这实际上是其政治、经济思想在伦理观上的反映。也正是因为这一点,才使其理欲观有一些合理之因素。

还必须指出,吕祖谦所言“宴安者众恶之门”,所讽谏的虽然是封建统治者,但其意义决不只是局限于当世,时至今日,仍不失为警世之语。

二 “公私之辨,尤须精察”

吕祖谦的义利之辩是与其理欲观一脉相承的。在他那里,“人欲”、“私”、“利”是同一意义之概念,“人欲”、“私”、“利”的对立面是“天理”、“公”、“义”。吕祖谦开展义利之辩的目的是要求人们的物质利益服从封建主义义理的制约,当两者发生冲突时,必须无条件地放弃前者,保存后者。表现了明显的重义轻利之倾向。

由于吕祖谦的义利之辩是借助历史的思想资料进行的,因而有必要对义利之辩作一极其简明的历史回顾。

在中国思想史上,义利之辩可谓源远流长。孔子曾说“君子喻于义,小人喻于利”,首开义利之辩之先河。孟子则干脆宣称“亦有仁义而已,何必曰利”。汉儒董仲舒将孔孟这种贵义贱利观点概括为“正其谊不谋其利，明其道不计其功”。随着理学的产生，义利之辩愈演愈烈。理学家们继承和发挥了孔、孟、董等人的观点，力倡义利对立说，并以对待义利的态度作为区分善恶正邪的重要标准。同时认为这是君子与小人，圣人与众人的分水岭。程颢说：“大凡出义而入利，出利入义，天下之事，惟义利而已。”①程颐说：“辨舜、跖之分，只在义利之间。言间者，谓相去不甚远，所争毫末尔。”②吕祖谦的好友张栻强调指出：辨明义利，是学习孔孟之道的入门之阶。“学者潜心孔孟，必得其门而入，愚以为莫先于义利之辩。”③所有这一切都清楚地表明了这样一个事实，即义利之辩是宋代理学最重要的课题之一。

作为乾淳时期一位有影响的理学家，吕祖谦对义利之辩亦予以高度重视。他认为要明义利之辩，只有真正理解义重利轻的原因，否则就不能为坚持义而轻视利。他说：“人皆知欲辨义利轻重，须识得所以轻，所以重，方得。”④据《孟子·梁惠王上》载：当梁惠王问及“亦将有以利吾国乎”这一问题时，孟子回答说：“未有仁而遗其亲者也，未有义而后其君者也。王亦曰仁义而已矣，何必曰利？”在孟子看来从来没有注重仁德的人会遗弃自己父母的，也从来没有顾全大义的人而怠慢自己的国君。故此维护封建政权的稳定，仁义是最重要的手段，又何必对物质利益孜孜以求，斤斤计较呢？吕祖谦认为孟子这一说法从理论上解决了义何以重，利何以

① 《二程遗书》卷11。

② 同上卷17。

③ 《南轩全集》卷14《孟子讲义序》。

④ 《文集》卷20《杂说》。

轻的问题。他说：

> 人皆说仁义便是利，然不必如此说。只看孟子言未有仁而遗其亲者也，未有义而后其君者也。以仁义为天下，何利之足言？①

吕祖谦的意思非常明确，即认为和仁义相比，任何物质利益都是不值一提的。

使吕祖谦引以为憾的是，并不是所有的人都是持和他一样的看法。就大多数人的状况而言，非但不贵义轻利，而且是热衷于利，而对义则显得相当冷漠。他说："利者人之所趋，义者人之所惮。"②人不能没有物质利益。对于切身利益表示关注，乃是人之常情，从这个意义上说确实是"利者人之所趋"。而被吕祖谦们视为神明的封建主义之"义"，是以牺牲劳动群众切身之利为代价而得以顾全的。这也就是"义者人之所惮"的原因。这就需要大力加强对人们的封建主义之"义"的灌输，以摆脱"利"之羁绊。

> 孟子教人最于初学为切。如第一章说利字，自古至今，其病在此。③

吕祖谦认为人们从来就是注重私利的，"利"与"欲"一样，是人的通病。因而孟子才屡言追求"利"之弊端，强调仁义对人

---

① 《文集》卷17《孟子说》。

② 《东莱博议》卷1《羽父杀隐公》。

③ 《文集》卷20《杂说》。

的重要，这应当成为每个人认真记取的“警心”之言。

沿着重义轻利的思路下滑。吕祖谦指出：对于义利采取什么态度决不能等闲视之，因为它关系着最终是成为君子还是小人，是圣人还是众人的大问题。“心是活物，流而不息，故舜跖之善利，同一孳孳。”[①]认为摆脱了私利桎梏的是君子，沉湎于利欲的是小人。舜和跖的区别也就是在于“心”是向善（“义”）还是嗜利。吕祖谦又说：

> 利则居后，害则居先，此君子处利害之常法也。是故见利而先谓之贪，见利而后谓之廉，见害而先谓之义，见害而后谓之怯。[②]

君子之所以是君子，就在于当有利可图的时候，总是把机会让给别人。而在紧急危难的关头，又总是奋不顾身，勇往直前。如果见“利”而争，见难（“害”）而退则是小人之行径。撇开对“义”、“利”特定之涵义，吕祖谦这种观点是应该值得提倡和发扬的。

张栻曾援公私入义利之辩。他说：“夫善者天理之公，孳孳为善者存乎此而不舍也。至于利则一己之私而已。盖其处心积虑，惟以便利于己也。……夫义利二者，相去之微不可以不深察也。”[③]受此启发，吕祖谦亦认为“公”就是“义”，“私”就是“利”。一再强调“公私之辨，尤须精察”[④]。所谓“义”

---

① 《文集》卷20《杂说》。

② 《东莱博议》卷3《臧文仲分曹田》。

③ 《南轩全集·孟子说》卷7。

④ 《文集》卷20《杂说》。

与“公”,从来就不是抽象的东西,而是有着极其鲜明的阶级内容的,无论是张栻还是吕祖谦所说的“公”还是“义”,都是以地主阶级利益为标准的,他们强调“公”与“义”,是希望封建地主阶级内部的每个成员都必须顾及封建统治的根本利益,克服损害封建统治的一已之私利,联系其前面所说的“利则居后,害则居先”的“处利害之常法”,并不是毫无意义的。然而当“公”与“义”还原为社会全体成员必须遵循的道德原则,这就要求劳动群众为了封建阶级的“公”与“义”而放弃自己的切身利益,其消极因素也是显而易见的。

必须指出,吕祖谦也不是对“利”一概反对。他认为只要在封建之“义”所容许的范围的物质利益,还是值得重视的。他说:

> 吾非轻富贵车服为不足道,但义不当乘之耳。义当乘则乘之矣。若义之所在而乘之则亦足以光华。此足以见君子不有外物之意。[①]

“富贵车服”,不是微不足道的小事。一旦“义”允许可以享受“富贵车服”,自然是很“光华”的事。但是如果违背了“义”而享受之,就是不应该的了。因此,君子没有矫情外物之意,对于“义”当享受的物质利益也不是弃之不顾的。吕祖谦指出:

> 君子固不以利自浼,亦不以利自嫌也。……同异是非,间不容发,若之何而辨之,曰在明善。[②]

① 《文集》卷13《易说·贲》。

② 《东莱博议》卷3《臧文仲分曹田》。

这就是说对“利”之取舍，当由“义”来决定。“义”当取之则取，“义”当弃之则弃。在这里，吕祖谦铺陈的实际上还是儒家“见得思义”的传统观点。

还应该说明，尽管吕祖谦不赞成“仁义便是利”的说法，但是他又不同意“义利分两途”的观点。他说：

> 利者，义之和也。老苏（洵）之说不合分利义为两途。盖义之和处，即是利也。苟有徒义徒利之辩则非矣。①

认为“义”与“利”并非风马牛不相及的，它们在一定条件下是统一的。吕祖谦的这一观点在其义利之辩中显得很突兀。因为它与其所提倡的“正其义不计其利，明其道不计其功，此吾儒之本指”②的思想是很不协调的。推究这一现象的产生，可能是受当时功利主义学派人物的影响所致。陈傅良曾说“功到成处便是有德，事到济处便是有理”③。叶适在批判“正其义不谋其利，明其道不计其功”时说：“此语初看极好，细看疏阔。古人以利与人，而自不居其功。故道义光明。既无功利，则道义乃无用之虚语尔。”④不难看出，吕祖谦关于“不合分利义为两途”的理论是与陈、叶等人的思想颇为接近的。也正因为这个原因，使得吕祖谦在义利之辩的问题显得进退失据，前后矛盾。他既信奉和推崇董仲舒“正其义不谋其

---

① 《文集》卷 12《易说 · 乾》。

② 《东莱博议》卷 4《楚箴尹克黄》。

③ 《宋元学案 · 龙川学案》。

④ 《习学记言》卷 3。

利、明其道不计其功"为"吾儒之本指",就不能批评苏洵"分利义为两途"之说为"不合",而要坚持"义之和处即是利"就不能认为董氏之说为"吾儒之本指"。吕祖谦的这一理论矛盾不仅曲折地反映了乾淳时期理学和功利学派之间的对立,而且也说明了他们之间的矛盾是无法折衷调和的。

第三节 忠 孝 论

三纲(君纲、父纲、夫纲)是封建社会最重要的也是最基本的道德准则和法律准绳。由于它直接反映了封建等级制度的根本特征,因而它对于封建统治者来说,犹如"布帛粟菽",须臾离开不得。吕祖谦是这样看的:"圣人之遗泽三纲五常者之犹未亡者,阴有以扶持之也。向若圣人皆效后世之欲速,蹶其根,涸其源,以争旦暮之利,则大经大法殄灭无遗,人之类灭久矣。"①他认为"三纲"是稳定社会的"大经大法",人类之所以长盛不衰,全赖其扶持之力。如果三纲"殄灭无遗",人类也就随之灭亡了。因而一定要维护三纲五常的神圣和完整,而不能使之有半点"朘削"。这就是吕祖谦对于三纲的基本态度。

吕祖谦认为就三纲的关系而言,它们之间是并立的,而非从属关系。这也就是说三纲缺一不可,各有各的管辖范围和功用,不能相互取代。"父也、君也、夫也,鼎立为三纲,而世未有能轻重之也。"②然而吕祖谦对于"夫纲"论述不多,他所着力渲染的是"君纲"和"父纲",以及与之相适应的"忠"、

① 《东莱博议》卷3《宋人围曹》。

② 同上卷1《祭仲杀雍纠楚杀子南》。

“孝”观。所谓“君臣有大义，忠孝相持衡”[①]。认为不管是谁，只要既忠且孝，就应该得到表彰，就是仁人君子，而与忠、孝相悖逆者则必须绳之以法，严惩不贷，甚至“杀无赦”。

一 治家从严、孝为仁本

家庭是社会的细胞。在中国封建社会中，家庭对社会生活的影响尤为重大。当时自给自足的自然经济占据了社会生产的统治地位，它维系着封建社会的全部经济基础。自给自足的自然经济最基本的特征是以血缘为纽带组织起来的家庭(族)为其基本生产单位。因此家庭的稳定和巩固与否，直接影响着社会的治乱兴衰，故而，吕祖谦高度重视家庭(族)对于整个封建社会的影响，强调治家乃是治国安邦的前提。他说：

> 男正者，必居天下之广居，立天下之正位。治家之道无一不至，然后为至，如尧、舜、文王是也。故曰王假有家。夫王者之治天下，必先正其家，故大学曰古之欲明明德于天下者，必先齐其家。……家道既至，则天下不劳而自治矣。故曰勿恤吉。若家道未至，则安得而不忧乎？[②]

儒家经典之一《大学》曾说：“古之欲明明德于天下者，先治其国；欲治其国者，先齐其家。”以“齐家”为“治国”、“平天下”

---

① 《文集》卷5《送胡子远著作知汉州分韵得行字》。

② 《文集》卷14《易说·家人》。

的基础。吕祖谦的上述观点，当发韧于此。他认为如果每个家庭都在封建主义轨道中生活，天下就可以“不劳而自治”，因而“家道未至”这是最令人担忧的。究竟怎样“正其家”，使“家道”臻于完善呢？吕祖谦提出了这样几点设想。

（一）男外女内。

在“夫为妻纲”的时代，女子是不得参与任何社会活动的。他们生活的范围被禁锢在家庭内部。而出头露面的总是男性。这本来是一个畸形的社会现象，然而吕祖谦却以此为保证家庭太平无事的重要手段。他说：

> 男本当在外，女本当在内。知其在内而位之于内，知其在外而位之于外。则一家自然无事矣。[①]

其实男女只有性别之分，而无内外之别。所谓“男本当在外，女本当在内”之理论，说到底，乃是封建思想家们的偏见。它是从“男尊女卑”的封建教条演绎而来的。关于这一点，吕祖谦说得很坦率：“女子处乎内，必有所听命而不敢专。”[②]“有所听命”，即服从男子而不敢擅作主张，这也是他力倡“男本当在外，女本当在内”的原因所在。

（二）以严治家，内外相爱。

治家是严还是宽？吕祖谦主张从严治家。他说：

> 以严治家者也。夫治家之道，与其失于宽，宁失于严。严则无宽裕雍和之道而有悔厉，然未至于

① 《文集》卷14《易说·家人》。

② 《文集》卷14《易说·家人》。

> 有失，故终则吉。宽则失治家之节。大节既失，纵溢放肆，何所不至，故虽见其宽裕，终必吝矣。[1]
>
> 治家之道主乎严。故与其嘻嘻，宁若嗃嗃。此爻如对两家而言。且如入一家见其父子夫妇济济有礼，则可以知其必兴；见其嘻嘻然以歌舞为乐，则可以知其必败。[2]

认为治家一定要严。宁可失之于严以至缺乏“宽裕雍和”，也不要失之于宽，流于“纵溢放肆”。这是因为只有严，才能使每个家庭成员“济济有礼”，按照自己在家庭中的等级名分行动。这样即能使封建家庭稳定。相反，治家过于宽纵，妇女小孩整天嘻嘻哈哈，无拘无束，这就“失治家”之“大节”，将会导致家庭成员为所欲为的严重后果，也就难保其家不败了。治家当严这一观点，本无可厚非。但一定要弄得每个家庭成员整天嗃嗃然，这哪里还有什么家庭温暖可言？此时的家庭不啻是人间地狱。也许，吕祖谦本人也意识到这一点，故而他又提出了“内外相爱”的命题，作为“以严治家”的补充。“有家之道至，则内外相爱而无一毫之不善矣。”[3]尽管吕祖谦在这里为封建家庭披上了一层薄薄的温情之面纱，然而既要“父子夫妇济济有礼”，而不逾封建名分半步，又怎么可能做到“内外相爱”呢？说穿了，在这样的家庭中，人与人的关系只能是统治与被统治，压迫和被压迫的关系，所谓“内外相爱”之说，只不过是吕祖谦的一厢情愿之梦呓。

---

① 《文集》卷14《易说·家人》。

② 同上。

③ 同上。

（三）在家之行尤不可忽。

父母是子女人生的第一生活教师，他们的行为对子女具有不可低估的重大影响，因此要求家庭其他成员做到的，家长首先则要做到，吕祖谦认为封建家长本人的行为对于治家之成败，起着决定的作用。凡是有志于将家治好的封建家长一定要注意时刻以封建义理约束自己的行为。他说：

> 治家惟善于言行而已。知风化之行在已不在外，故自反之于身。夫身之所出者不过于言行。故言之有物而行有常。物者有事之谓。常人信口而发，及究其实，便无一事，故君子有事而后有言，故曰有物。常人之行，行之于始而不能行之于终。惟君子始终如一，故有常。夫言之无物犹可以欺外人，若在家之人，则必究其实，故在家之言尤不可妄之。无恒在外，犹可以饰一时，至于在家之行，最易败露，在家之行尤不可忽。①

> 治家而无威严则不能常久，威严而不孚信则人不服。故有孚威如则吉也。在我者不先有孚信而以威严率人，则人皆曰夫子教我以正，夫子未出于正也，何以致家之齐乎。象曰：反身之谓天下之事无过反身，必曰反身者谓孚自我出。②

要想使家庭的其他一切成员都诚心悦服地服从自己的统治，按照封建伦理标准生活，封建家长光有威严而无孚信是不行

① 《文集》卷 14《易说·家人》。

② 同上。

的。所谓孚信，也就是指家长本身的表率作用。如果自己不能很好地遵循封建道德，身有孚信，家人就会不服，这就要封建家长“言之有物而行有常”。也就是说，言必符实，不能信口开河，行必有常，即依据封建道德标准说话与行动。吕祖谦指出，封建家长如果“言而无实”，行而“无恒”，也许还可以暂时蒙骗一下外人，但是绝对不可能蒙骗得了与其朝夕相处的家人，故而封建家长之无实之言与无恒之行在家庭中是最易败露的，必须时刻提醒自己“在家之言尤不可妄行之”，“在家之行尤不可忽”。纵观吕祖谦对于治家的几点设想，唯此一点在剔除其封建糟粕后尚有一定可取之处。

和吕祖谦治家观点相一致，是其“孝”之观。他认为子女在任何时候都必须绝对服从父母，唯父母意志为瞻，这就是“孝”，反之就是不孝。“孝”乃“父为子纲”在道德观念上的反映。应该说“孝”并不是封建社会才有的，这是一个很古老的观念。最初不表现为统治压迫之义。从现存的资料看，早起之“孝”主要有这样三方面的含义：一：慎终追远，表示对祖先神的敬仰和祈求，如《宗周钟》“祖孝先王……降余多福”中的“孝”义近祭祀。它的作用是通过对共同祖先或先王的祈求，调整家族中人与人之间的关系。二是对父母的赡养义务。随着家庭在社会中的独立性增强，子女对父母财产的继承权得到肯定，“孝”作为对丧失劳动和生活能力的父母应尽赡养义务之义也随之出现。如《尚书·酒诰》说：“用孝养厥父母”。孟子说：“不顾父母之养，一不孝也。”三、对父母或长辈的顺从与尊敬。如：“子夏问孝，子(孔子)曰：色难。”指的就是对父母要和颜悦色。

在中国封建社会中，“孝”仍保留了上述的涵义，但其主要内核已不再是一般意义上的子女对父母的赡养和尊重，而是指父权对子女的统治与压迫。它与父纲相呼应。“忠”、“节”、“信”、“义”都不过是“孝”这一观念在君臣、夫妇、朋友、主仆关系上的运用和推广。从这个意义上说“孝”确实是其他封建伦理道德的基础。《孝经》明确宣称：“孝始于事亲，中于事君，终于立身。”又说：“孝为天之经、地之义、德之本，教之所由来。”对于《孝经》的这些基本观点，吕祖谦表示完全赞同。他说：

> 《孝经》只一孝，凡事皆归之孝，此类须参求其所以然。①
>
> 理之在天下，遇亲则为孝，遇君则为忠，遇兄弟则为友，遇朋友则为义。……使能推而极之，塞乎天地，横乎四海，凡天下之理，未有出乎孝之外者。②

从这些论述看，吕祖谦是将“孝”视为其他封建伦理道德的基础与依据，用他的话说就是孝为“仁之本”。

吕祖谦认为子女要无条件地孝敬父母，谓：“孝敬之心无间断，随遇随起。”③一般说来父仁母慈，做子女的恪守孝道并无多大困难。但事实上并不是所有的父母都是慈父良母，不幸而有“顽父嚚母”，做子女的该怎么办呢？吕祖谦的意思是必须委曲求全，不减孝敬之心。即使受到父母的无理痛责和毒打，也要克尽子职。“父母不从吾谏，至怒。怒至于挞

---

① 《文集》卷16《礼记说》。

② 《东莱博议》卷1《颍考叔争车》。

③ 《文集》卷16《礼记说》。

之流血，亦起敬起孝。”[①]更不能为了洗刷自己，而形成“父母之恶”。同时，子女对父母的孝敬应该始终如一，不能为外物所移。既不能为岁月所移，也不能为爵位而变。唐人皇甫无逸任益州（今四川成都）大都督时，母留长安。及闻母痛笃，“惶惧不能食”，立即赶回长安，结果卒于途中。在一般人眼中，皇甫无逸可称得是位孝子了。然而吕祖谦对此却颇多微词。他认为皇甫无逸当初入蜀做官时，就应该携母同往。如其母不肯随行，则应该“舍官侍养”，这才是孝子行为。“今既不然，虽死何及，要之只为利禄之心重，故虽有孝心，亦被利禄之心夺了。”[②]在吕祖谦看来，皇甫无逸由于“利禄之心重”，其对父母的孝敬之心为物所移了，故“子道未足，何得为孝”？在这里，吕祖谦膨胀的实际是“父母在不远游”的传统观点。

吕祖谦还认为子女应该时刻为父母的饮食起居操心。“孝子以亲之心为心，故以亲之体为体。冬温夏凊，昏定晨省。一岁有冬夏寒暑之变，孝子顷刻不忘亲。才遇变时必加意于其间，如古人扇枕之类是也。”[③]侍奉父母应做到“下气、怡色、柔声”。他认为孝子最大的快乐是让父母高兴，而要做到这一点，对父母则必须在态度上毕恭毕敬，和颜悦色。他说：

> 悦亲有道，非三牲五鼎为足悦亲，须是承颜望色为悦亲，又须是出于诚。[④]

---

① 《文集》卷16《礼记说》。
② 《文集》卷19《史说》。
③ 同上卷16《礼记说》。
④ 同上卷18《孟子说》。

> 柔色以温之，此孝子和柔颜色以温父母。如今人和易颜色以来，而我见之，则非特彼和，而我之容亦觉和气薰然，子以柔色来，父母安得不豫？[①]
>
> 慈以旨甘，虽有八珍之味，嗟来而与，则食之何甘？疏食菜羹，进之以礼，颜色和悦，则食之自觉甘美，此所谓慈以旨甘。[②]

人不是动物，除了食、衣之需求外，还需要精神上的慰藉，子女对父母、幼辈对长辈的恭顺与和颜悦色，则是对父母与长辈的最大精神安慰。吕祖谦认为子女对父母的敬重和颜色和悦要远胜“八珍之味”、“三牲五鼎”，这无疑是有价值的见解。

吕祖谦认为人不可以没有孝心，没有孝心就是“丑类”或奸佞之徒。而人有了孝心，则可以保持平和温然之气象，具备“不争丑类”的雅量。

> 大凡人子在父母前，固有孝敬之心，父母不在前便有争心，惟养之熟，此心常在，故能不争丑类者。[③]

尤其重要的一个人有了“孝心”，将“此心”扩而充之，可以对君主保持忠心，即忠于封建统治。在家是孝子，为官就会是忠臣，对其他人亦能充满爱心。他引其伯祖吕本中《舍人官箴》说：

---

① 《文集》卷16《札记说》。
② 同上。
③ 同上。

> 事君如事亲，事官长如事兄，与同僚如家人，待群吏如奴仆，爱百姓如妻子，处官事如家事。……故事亲孝，故忠可移于君，事兄弟，故顺可移于长。居家治，故事可移于官，岂有二理哉。

这也就是吕祖谦一再强调孝道，主张“事亲如事天”、“事亲事之本”的根本原因。

无庸置疑，吕祖谦关于“孝”的观念，接受的主要是儒家传统观点，其中以封建糟粕为多，但也有与传统观点不太一致的地方。如孔子曾说：“三年无改于父之道，可谓孝矣。”[①]认为子女必须全盘继承“父之道”，不能有丝毫之改变，这才是“孝子”之行径。然而“父之道”不一定都是对的，如果按照孔子这一说法行事，就得重复“父之道”的谬误，而不可改作。对此，吕祖谦有着不同的见解。他认为子女对“父之道”的改与不改，要根据义理来决定。

> 三年无改于父之道也，不死其亲也。凡出入起居，门风家法种种，皆如父之旧，无暇改也。至于事之害理伤义，则父在固将谏而改之，苟以父没之故，见其害义而不敢改，是以存没二其心也。岂所谓无改于父之道哉？孝子事死如事生，见父之事，有害义者，汲汲改更。[②]

① 《论语·学而》。

② 《文集》卷17《论语说》。

在吕祖谦看来，“三年无改父之道”是指不忘父母，事死如事生，而非其它。如果因为父死而不敢纠正有害于义理的“父之道”，这就大谬不然了。他指出凡属“害理伤义”的“父之道”都在“汲汲改更”之列。显而易见，吕祖谦对“三年无改乎父之道”的解释与孔子本意是大相径庭。这已不是在“解经”，而是借“释经”来阐述自己的不同见解了。无怪乎有人说：“先生释经，非释也，皆以其平日之所学，而借经以发之也。故往往附经以起意，或离经以广意，而不必附丽乎疏经。”[①]又如，孟子曾认为“父子之间不责善。责善则离，离则不祥莫大焉”[②]。吕祖谦在解释这段话时指出：

> 父子之间不责善，非置之不问也。盖自常有滋长涵养良心底气象。[③]

认为“父子之间不责善”，绝对不是意味着子女对父母的过失置之不问。恰恰相反，真正的孝子对于父母之过，应该是及早“救正”，最好是“救正”于“无形”之地，否则就是未尽人子之职。他批评有些人子平时不把父母放在心上，父母之过失处于萌芽状态时不及早讽谏。当父母不听自己之讽谏时又撒手不管，听之任之，凡此种种都是未尽“人子之职”，当然也不能算是真正的孝子。

---

① 王崇炳：《吕东莱先生本传·附志》。

② 《孟子·离娄上》。

③ 《文集》卷18《孟子说》。

> 平时不以父母为心，见几不谏，到得过形见方谏，又不能委曲和顺，忿戾刚很，常致父母之怒，至于谏不从便止，既不加敬，又复惮劳，皆舜之罪人也。①

吕祖谦的这一说法，实际上否定了孟子所说的“父子之间不责善”。他力倡对父母之过要加以讽谏，这本身就是“责善”。必须承认，他的这一观点要比孟子的进步些。

吕祖谦关于“孝”的见解不仅有与传统观点相异之处，而且有时还赋于“孝”以新义。曾援“公”入“孝”，便是一例。他在评论颍考叔争车时指出：颍考叔开始意气用事，与子都争车于朝廷，险酿殴斗，毁伤“身体发肤”，这是不孝。后来颍考叔随郑伯伐许，奋勇登城，虽然有可能被流矢击中，毁伤来自父母的“身体发肤”，但这是为公，不能认为这是不孝。

> 争车者，私也，不孝也；先登者，公也，孝也。爱其身者事亲之孝，忘其身者事君之忠，忠孝岂有二道乎？②

这就是说“孝”与“公”是统一的，为“公”而奋不顾身，这就是“孝”的体现。吕祖谦的这一理论不仅扩大了“孝”义，而且也显得相对合理些。

① 《文集》卷17《论语说》。
② 《东莱博议》卷1《颍考叔争车》。

二 “忠而无谄”论

封建社会中的君臣关系，是家庭父子关系的扩大和延伸。如果说与父纲对应的道德观念是“孝”，那么君纲在道德伦理观念上的反映则是“忠”。“忠”是对臣节的要求。

吕祖谦认为“忠”与“孝”一样，是天地间的正理。任何人对其只能遵循，不能违背。他对“忠”这一道德观念最为重视。其程度超过了对“孝”的重视。“忠”是吕祖谦伦理道德观的核心。

和他尊君权的政治思想相一致，在伦理观上，吕祖谦提倡臣必须绝对地忠于君主。在他看来最理想的君臣关系当然是君仁臣忠。但不是天下所有的君主都是明君圣主，更多的只是暴君昏主。作为人臣不幸而适逢残暴不仁之君，应该怎么办呢？吕祖谦说：

> 君臣本非论施报之地，君虽不仁，臣不可以不忠，父虽不慈，子不可以不孝。此天下之常理。①

无庸置言，这种道德观念，乃是君主专制的曲折反映，其毒素犹如砒霜，惨毒无比。

《论语·颜渊》载：“齐景公问政于孔子。孔子对曰：君君臣臣、父父、子子。公曰：善哉！信如君不君，臣不臣，父不父，子不子，虽有粟，吾得而食诸？”后来王安石在诠释这

① 《文集》卷18《孟子说》。

段话于其中添了两个“则”字，谓：“君不君则臣不臣，父不父则子不子。”王氏这一观点受到了吕公著的严厉批评。他认为王安石这种说法不啻是“启后世悖逆之端”的异端邪说。吕祖谦同意其六世祖的意见。其理由是因为“君不君则臣不臣”之说，悖逆于“君虽不仁，臣不可不忠”的教条，提倡的是有条件忠君论，即臣忠于君的前提必须是君待臣以仁。这实际上是把君臣之间看作“论施报之地”了。

在“君臣本非论施报”的基础上，吕祖谦又提出了“君臣之际本非较曲直之地”的命题。他认为君臣之间不应该分辨是非曲直，“不当以曲直之理而废上下之分”[1]。即使臣有理，也不能自以为理直；君无理，也不要认为君理曲。人臣之职分就是忠君事君。那种考虑君之贤庸，计较君之是非曲直的行为，不符合臣节。他举周文王事商纣王之事例说：

> 文王事纣亦与事尧、舜、禹、汤之君之心无异。盖文王之心，但见纣之为天子，欲为臣尽臣道而已。初不见纣之难事也。……王事多难，不遑启居，王事靡盬，不遑启处，其忧勤王家切切如此。[2]

曾被孟子斥为“独夫”之商纣，在理学家那里是一切昏君暴主的代名词，文王则被誉为完美无缺的贤君明主，被理学家奉为值得后世之君主永远效法的楷模。但是文王事纣之心与事尧、舜、禹、汤这些圣明之先王始终一样，并不因为纣王是暴君而减少事之忠心，在文王的心目中，纣只是至尊至贵的

① 《东莱博议》卷1《詹父以王师伐虢》。

② 《文集》卷15《诗说拾遗》。

天子，对他必须竭尽臣道，而根本不考虑纣是一位很难伺奉也不值得伺奉之君。唯一使作为商臣的文王忧心如焚的是：殷商政权腐败混乱。毫无疑问，吕祖谦是主张每一个为臣者都必须像文王那样对君"尽臣道"的。即使做不到像文王那样，至少也要像箕子那样"守正"。箕子，传说为商之三仁之一。纣王无道，他知规谏无效，只好佯狂为奴，以求全身于乱世，吕祖谦肯定箕子的行为不亏臣节，"能守正"，是因为箕子始终没有因纣王无道而产生不臣之心，或使纣王蒙受恶名。

吕祖谦指出：人臣之忠诚不仅表现在太平时节对君主的恭敬顺从，尤其是在天下大乱，君主处于生死存亡的危急关头，也要恪守臣道，不能对君主有失礼之举。在他看来，高共之所以得到赵襄子的首赏，并不是他在襄阳之战中有什么特别重大的战功或谋略，而是因为在赵襄子处于危难之中，他始终"不敢失礼"，对襄子一片忠诚始终不渝，显示了忠臣之本色。

进而，吕祖谦认为，天下太平无事，人矢忠于王事并不困难，难的是在败乱之衰世，也对君主矢忠不渝。

> 其时世之败乱，而人各营私自便，才有人肯出来理会公家事，则凡事尽推与之，更不计其多寡，及入自外又被室人交相摧谪。他人处此，何以堪之，必翻然远去自洁其身，然忠臣之计却不出此，只自开解。知其不可奈何而安之若命耳。退惰之心至此而不生。①

---

① 《文集》卷15《诗说拾遗》。

败乱之世，人多为自己谋求出路，或为全身避祸而不理会“公家事”，或翻然远离王室而洁身自好；或乘机怀不臣之心，以图取而代之。但忠臣与凡此种种不同，他们明明知道不可挽狂澜于既倒，但仍坚持安于义命，慨然理会王事，以尽人臣之职，有多少力尽多少力，毕精竭智地尽忠王事，决不因为事先知道自己所有的努力都可能无济于事而产生“退惰之心”。唐人魏征也说过与此大致意思相同的话：“且公家之利，知无不为，宁可废身，不可废国家大计。”[①]对此，吕祖谦表示欣赏，认为有“可取”之处。

尽忠王事不惟是人臣的职分所在，同时也是君子为人的基本信条。吕祖谦说：

> 或从王事无成有终，凡人多不达此意。所为之事，当做十分，只做五六分，多怀不须做尽之心，如此乃是无成无终也。君子则不然，虽不居其成功，而其所为不以小大远近，未尝有一毫之不尽，一毫不尽，则失有终之义矣。无成有终者，虽不居其成而不敢有一毫不尽之心乃可。[②]

在吕祖谦这里，凡是尽忠于王事，为君贡献出全部聪明才智而毫无保留的就是君子。凡是对王事不尽己力，“当做十分，只做五六分”来敷衍搪塞者，就不是君子而只能是“无成无终”之辈。吕祖谦所处的时代，国家、民族和君主三位一体，不大容易分开。他强调臣必须尽心尽力地效忠王事，客观上也

① 《文集》卷10《择善》。
② 同上卷12《易说·坤》。

有为国家、为民族尽心尽力之因素。故而必须给予适当的评价。

吕祖谦不主张人存“富贵利禄之心”，而应“以柔和恬淡自安于位”，但却又反对对王事漠不关心，“与己分工夫皆废”。他说：

> 天下有一等自好之士，不肯轻出，但并与己分工夫皆废，又非所谓吾斯之未能信，君子虽不轻出，不妨做立事业工夫。①

吕祖谦认为臣民的“己分”就是尽忠王事，如坚持不肯为君主“做立事业”，就是没有尽到自己的“己分”。在他看来，只有以“天下事为己任”②，才是值得称道的行为。因此他对逃尧隐居的许由很有几分嘲讽，曾作诗刺之：

> 许由不耐事，逃尧独参寥。行至箕山下，盈耳康衢谣。谓此污我耳，临流洗尘嚣。水中见日驭，劳苦如尧朝。尧山接天际，尧云抹山椒。谁云能避世，处处悉逢尧。③

关于许由遁世的传说，是一个众说纷纭的历史题材。是之非之莫衷一是。显然，吕祖谦是不赞成许由逃尧遁世的。这，不仅是“与己分工夫皆废”，而且真正的遁世是不可能的。吕祖谦这一看法不失为有识之见。因为在任何时代，想要逃避

① 《文集》卷12《易说·需》。
② 同上《易说·蛊》。
③ 《文集》卷11《许由》。

现实，只能犹如想揪住自己的头发离开地面一样荒唐。当然，吕祖谦否定许由，是因为许由不从王事，不忠尧朝。在他这里，不管是什么人，忠君是首决条件，否则即使志大才高也是不会得到肯定的。

必须指出：吕祖谦虽然提倡臣绝对忠于君，但是他又不赞成将忠君理解为一味地顺从君。他力倡“君臣本非较曲直是非”的同时，提出了臣当恪守正道的观点。诚然，臣是不应计较君主之曲与非，然而却不是说可以对君主的过失视而不见。正确的态度是以“正道”去讽谏君主，感化君主。“然下之感上，须守其正，臣之感君，须戒于顺。”[①]这里的“顺”是指无原则的顺从。人臣当以“顺”为戒。因为一味顺从君主，无助于君主的“迁善改过”，不利于将王事办好。

吕祖谦还认为人臣虽然不能违背君主之旨意，而自行其是，但又不是毫无主见的“随”（附合），更不能置是非曲直于不顾，谄谀君主。他指出谄谀君主和谄谀小人从本质上是一致的。因为大凡谄谀君主者，总是企图从君主那里得到自己所不配享受的“爵秩”。

> 今委靡者既不足言将顺，奉承者多为赞美称诵之词，既未尝献疑，复无所论难……彼随声响和，无可疑难者，岂所见真如是之同哉？特欲媮取一时之快以钓爵秩。[②]

君命一出，人臣随声附合，一片赞美称颂之词，也不管其是

---

① 《文集》卷12《易说·临》。

② 《文集》卷1《乾道六年轮对札子二首》。

“正”还是“舛”。对于人臣来说，固然因而媮取了君主“一时之快”，得到了信任，有了“爵秩”，但是误了国家大事。这种人决不是什么忠臣，而是奸佞小人。

吕祖谦尖锐地指出，如果当官的总是考虑自身之荣辱利害，患得患失，就不敢忤逆君主之意，君主的过失得不到及时讽谏规劝，必然会恶性膨胀，结果将是“杀数百万生灵，亡数百年社稷”[①]。他在评论秦二世而亡这一历史教训时说：“秦之亡只缘李斯患失，学者须是消利欲”[②]。秦朝的灭亡有许多政治的经济的原因，但是李斯怕失去相位而不敢制止胡亥、赵高之阴谋，则无疑是加速秦朝灭亡的直接原因之一。因此，吕祖谦颇为感叹地说：“大抵人臣多顾一分之害，坏国家十分之利。”[③]他要求人臣以此为鉴，将国家之利放在首位，而克服自家之“利欲”。很明显，吕祖谦这一观点的意义是积极的，且不只是限于封建社会。

由此，吕祖谦提出了一条检验人臣是否对君主具有“忠爱”之心的标准，即当君主有了过失或不正当的嗜好，如果人臣“冒万死而夺君之所嗜”，或极力讽谏君主之过失，就是有忠爱之心。相反，当君主沉湎于声色狗马之中，陶醉于“晏安之适，声色之娱，环丽之玩……其乐难舍、其惑难移”之际，人臣“视之漠然不相干，或迟疑畏缩而不发，皆是忠爱上少欠耳”[④]。应该亟待纠正。

在中国封建社会，几乎所有的新王朝伊始之际，总希望

---

① 《文集》卷20《杂说》。

② 同上。

③ 同上。

④ 《文集》卷1《乾道六年轮对札子二道》。

传之万世，然而却从来没有万世不变之一姓天下。尽管吕祖谦力倡“君虽不仁，臣不可不忠”，但无道之昏君，到头来总是被自己的臣民所推翻。例如汤代夏而兴，纣之王冠则被周武王打落在地。怎样看待这种所谓的“汤武革命”呢？吕祖谦说：

> 下之伐上，圣人不得已而为者，是汤武革命之象也。汤武革命，固非有心如此，盖上受天命之传，下迫民心之归，犹且徘徊有不忍意，如汤必使伊尹五就桀，然后有鸣条之诛，武王必五年观政于商，然后有牧野之誓，皆非一举而为，待彼不能迁善改过，然后征之。盖所以正君臣之分，存忠厚之心，故曰南狩不可疾。……盖有成汤武王之志，然后大得，应天心，顺民心也，无汤武之志则篡矣。①

汤、武伐桀、纣，从名分上说，都是臣之伐君，“下之伐上”。吕祖谦认为就汤武之本意而言，“固非有心如此”，乃是“不得已而为”之。即使是在“上受天命之传，下迫民心之归”之际，仍心怀“不忍”之意，耐心等待桀、纣“迁善改过”，只有在事实证明桀、纣毫无悔过之心、悔过之举的情况下，才有“鸣条之诛”、“牧野之誓”的。这也就是说，只要桀、纣真正“迁善改过”，也就没有“汤武革命”了，吕祖谦的这一观点沿袭的是儒家传统见解，但不管怎样解释，“汤武革命”与“君可不仁，臣不可不忠”的说教是无法统一的，因为只要一承认“汤武革命”合理，实际上就是承认“下之伐上”、“臣之伐君”不是绝对不可以的，只要是“不得已而为”，事实上谁都可以将自己征

---

① 《文集》卷14《易说·明夷》。

伐杀戮其君的行为说成是不得已的，而要提倡“君虽不仁，臣不可不忠”，就必然要否定“汤武革命”，因为桀、纣无论怎样残暴不仁，毕竟是汤、武之君，作为人臣的汤、武是不可有“鸣条之诛”、“牧野之誓”的，这就使吕祖谦陷入了不能自圆其说的尴尬境地。

我们认为吕祖谦关于“忠”的论述，虽然糟粕居多，而尤以“君虽不仁，臣不可不忠”为最，但其中亦有部分合理的见解，尤其是他主张臣应该忠而无谄，对于巩固封建君主专制不无裨益，作为一种道德原则，可以抽象地继承下来。问题是在封建社会中，能真正将这一原则付诸实践的人，却是极为罕见的，客观现实也不允许将这一原则贯彻到底，即使吕祖谦本人对于“今上”、“本朝”也不得不违心地说了许多“神武英睿”、“聪明勤俭”之类的“赞美称诵之词”，然而他毕竟不是那种专伺君主喜怒的阿谀之徒，不失为封建主义的忠臣。

第四节　“仁者天下之正理”

以“仁义礼智信”为内容的“五常”是封建道德的最基本的范畴，而在“五常”中，“仁”又是最为重要的支点。它是“义”、“礼”、“智”、“信”的总名和基础，故而吕祖谦对“仁”的论述颇多，当然这不是说他对“义”、“礼”、“智”、“信”不重视。

“仁”是一个相当古老的道德范畴。不过在孔子以前，它似乎没有引起人们太多的注意。先秦时代，孔子最重视“仁”。一部《论语》，讲到“仁”的地方很多。据此有人曾认为孔学即仁学。吕祖谦的仁说多是承袭孔子。为此，我们先引摘几段孔子论“仁”。

孝弟也者，其为仁之本与。[①]

人而不仁，如礼何？人而不仁，如乐何？[②]

巧言令色，鲜矣仁。[③]

苟志于仁矣，无恶矣。[④]

樊迟问仁，子曰：爱人。[⑤]

颜渊问仁，子曰：克己复礼为仁。一日克己复礼，天下归仁矣。[⑥]

刚毅木讷近仁。[⑦]

……

必须说明，孔子讲"仁"虽多，但从来没有赋予"仁"以明确的定义。上引的这些论述，即是证明。和孔子一样，吕祖谦伦理思想中的"仁"亦呈现多义化的倾向。

首先，吕祖谦认为"仁"就是"理"。他说："仁者，天下之正理。是理，在我则习矣而著，行矣而察。"[⑧]又说："夫仁与礼通彻上下，自足以该括天下之理。"[⑨]在他看来，"仁"囊

---

① 《论语·学而》。

② 同上。

③ 同上。

④ 同上《里仁》。

⑤ 同上《颜渊》。

⑥ 同上。

⑦ 同上《子路》。

⑧ 《文集》卷 17《论语说》。

⑨ 同上卷 18《孟子说》。

括了天下一切之理。是“理”的最集中表现。因此离开了“仁”,也就无所谓“理”。“天下之理,除了仁与礼,更有甚事?”[①]只要时时依据“仁”之准则行事,就可以准确地把握(“察”)“理”,并使“理”在自己身上得到充分的体现(“著”)。

吕祖谦同意“立人之道曰仁与义”的传统见解,并在此基础上规定“仁”为人的本质属性之一。他说:“仁是人之本心。”[②]认为“仁”是作为一个人的最重要的依据。如果人而无仁,也就和禽兽没有什么区别了。他这样说:

> 人之异于禽兽者几希,非行仁义也?孟子之意,盖谓人之初生,饥食渴饮,趋利避害,与禽兽争得不多,盖人之所以为人者,只是争这些子。人既只有这些子,庶人却去之,便是与禽兽争不多了。惟君子能存之,学者最当看几希二字。[③]

作为自然界的生物之一,人和禽兽有许多相同之处。如饥而食,渴而饮,见利而趋,见害而避,从这个意义上说,人和禽兽的区别不大(“几希”)。但是由于人有“仁义”而禽兽缺乏“仁义”,二者就产生了本质的区别。然而有些人不懂得这个道理,将人最宝贵的东西——“仁义”轻易地丢掉了,结果也就和禽兽差不多了。而君子们则不同,总是小心翼翼地保存“仁义”。在这里,吕祖谦流露了轻视劳动群众(“庶人”)的倾向,

---

① 《文集》卷 18《孟子说》。
② 同上。
③ 同上。

在将“庶人”与禽兽相提并论的同时，高扬了“君子”（封建地主阶级），从而充分暴露了其地主阶级自我夸诞的嘴脸。这是应该受到认真批判的。然而他认为有无道德之属性，乃是人与禽兽的根本区别之一，则是很有见地的。

吕祖谦认为“仁”是一切封建道德的核心。其他的一切封建道德都是从这里推及出去的。

> 如仁义礼智信谓之五常，自五常之理推之，又如恭宽敏惠及刚毅之类，其名非不多，何独惟说仁与礼？盖仁者，人也。仁之一字，已自尽了。①

“仁者，人也”，这是孟子首先提出来的命题。吕祖谦同意此说。他认为“仁”体现了人的道德属性的最本质特征，只要真正理解了“仁”，就可以推知“义、礼、智、信”，以及“恭、宽、信、敏、惠”、“刚毅”这些道德之要义。故而在所有的封建道德中，“仁”是最重要的了。

吕祖谦还专门论述了“仁”与“忠”、“孝”的关系。

（一）“仁”与“忠”。吕祖谦认为“仁”包孕着“忠”。他说：“忠之一字，非仁礼之外别有一忠也。盖尽己之为忠，仁与礼稍有不尽，则非忠矣。自忠而反，到此已自无不尽。”②他的意思是“忠”寓于“仁”。世界上不存在什么游离于“仁”之外的“忠”。只要尽“仁”，“忠”亦在其中了。而对“仁”稍有不尽，即非是“忠”。反过来，“自忠而反”，亦可以尽“仁”。因此“仁”与“忠”是互相发明的。

---

① 《文集》卷18《孟子说》。

② 同上。

（二）“仁”与“孝”。吕祖谦认为“仁”之内涵要比“孝”大。他不同意将“仁”与“孝”等量齐观。所谓：“便指孝弟为仁则不可。”[①]但是“孝弟”又是“仁”的主要组成部分。要实现“仁”则必须从“孝弟”做起。他说：

> 然孝弟所以为仁也。体爱亲敬长之心存主而扩充之，仁其可知矣。[②]
>
> 仁之实，事亲也。只如此说，于己不相干。须实就事亲上看，则方真知此是仁之实。[③]

因为“孝弟”是构成“仁”的主要内容，所以只要不断地扩充事亲尽孝之心，也就可以切实把握“仁”之精髓了。

此外，吕祖谦还赋予“仁”以“公”之义。他说：“前辈谓公近仁。”[④]很显然，他是同意这一位“前辈”观点的。

吕祖谦指出，对于每个人来说，是否具备“仁”，决不是一件可有可无之事。他认为：

——有了仁，就可以远离“恶”之根源，邪恶的念头就不会萌生。因为从本质上看，“仁”与“恶”是对立的。“苟志于仁矣，无恶也。仁中著不得恶字。盖一志于仁，自著不得恶念。”[⑤]

——有了仁，物质生活无论是富裕还是贫穷，社会地位无论是高贵还是卑鄙，其精神状态总是充实的，可以身心愉快。

---

① 《文集》卷 17《论语说》。
② 同上。
③ 同上卷 18《孟子说》。
④ 《文集》卷 10《舍人官箴》。
⑤ 同上卷 17《论语说》。

"仁者可以久处约，可以长处乐，盖无非此理而已。所遇有约乐之异，而心则一也。颜子在陋巷之心即尧舜垂衣裳而治天下之心也。"[①]这也就是说，从社会地位和物质生活条件看，颜渊和尧舜是有很大区别的，前者是布衣，后者是君主，前者住的是陋巷简室，后者住的是华屋高堂，但因为他们都是仁者，故而此心是相通的，其欢愉程度无异。

——有了仁，就可以掌握臧否好恶之标准。"仁者能好人能恶人，人而未仁，其好恶皆私心也。非特以同异为是非，亦且随旦莫（暮）而迁变矣，乌能好恶人哉。"[②]吕祖谦认为当人还不具备"仁"德之时，其好恶的标准完全是从一己之私念出发，很难做到持论公正平允。这就难免要党同伐异，而且还会因自己之私利需要，而随时变化标准，故而"乌能好恶人哉！"至于具备了仁德之人，在其臧善否恶的过程中，则毫无私心杂念，完全从义理出发，对人对事持论平允公正，所以"能好人，能恶人"。

——有了仁，就会和封建等级名分和典章制度融为一体。他说："人而不仁，如礼何？人而不仁，如乐何？……否则礼乐虽未尝废于天下，而我无是理，则与礼乐判然二物耳。"[③]认为具备了"仁"就会领悟到"礼"、"乐"之真谛，否则即使有"礼"、"乐"，自己也会漠然对待，形成我是我，礼乐是礼乐的局面。

——有了仁，就会对别人充满爱。因为"仁"是"爱"的根

① 《文集》卷17《论语说》。

② 同上。

③ 同上。

源。“仁者,爱之原。”[①]而“爱”则是“仁”之发见。“爱者,仁之发。仁者爱之理,体用未尝相离,而未尝相侵。”[②]“以博爱之,谓仁。”吕祖谦所主张的仁者之爱,并不真的是什么“博爱之”,事实上吕祖谦也不可能去爱一切人,说到底,这种“爱”,只是在封建等级名分和典章制度中通行的。

怎样才能达到“仁”之境界呢?吕祖谦认为“仁”与“不仁”,犹如冰炭不同器,水火不相容。欲“仁”则必须“恶不仁”,使“不仁者不加乎其身”。

> 恶不仁者,其为仁矣。恶不仁,正是初学用力处。[③]
>
> 不使不仁者加乎其身。加字甚轻,才有一毫私念沾着,便去之,不使加也。[④]

吕祖谦认为“仁”为人之天性,只是在与外物接触时,有所流失,只要平时注意在君臣、父子、夫妇等人伦关系中认真体察即可。

> 君子体仁,足以长人。仁者,人也。合而言之,道也。世人分为二,君子体而为一。[⑤]
>
> 圣人指复处为仁,此正与答颜子之问,克己

---

① 《文集》卷 18《孟子说》。

② 《文集》卷 4《与朱元晦》。

③④ 《文集》卷 17《论语说》。

⑤ 《文集》卷 12《易说·乾》。

复礼为仁相似，盖圣人之语只是一理。[1]

这就是说当人们排除了一切与封建等级名分相冲突的思想意识而注意重视主观封建道德的涵养，即达到了“内外一体”的“仁”之境界，从而所有的封建道德观念也就在自己的内心安营扎寨了。

① 《文集》卷13《易说·复》。

第八章　教育思想

吕祖谦是中国后期封建社会中的著名教育家。他以毕生的心血致力于封建主义的教育事业。无论是在居官时期还是在离职期间，无论是在身体健康时还是在病中，他都没有中辍过讲学活动、著述事业。吕祖谦与其弟吕祖俭在明招山创办了丽泽书院，亲自为学生编写教材，如现存的《丽泽讲义》、《东莱博议》等就是他“为诸生课试之作”[①]。由于他治学向以严谨著称，且不囿于门户之见，因而“四方之士”慕名前来师从其学。朱熹之子、张栻之女都曾先后投其门下。以吕祖谦为主要代表的“婺学”，在当时的思想界和教育界具有举足轻重的影响，且历久不衰，一直影响到了明代学术风气的趋向，“为有明开一代学绪之盛”[②]。

吕祖谦的教育思想，是他的哲学思想和政治观在教育领

---

① 《东莱博议自序》。

② 《宋元学案·丽泽学案》。

域中的具体体现。他的教育方针是:“讲实理、育实材而求实用”①。“讲实理”是指的教育指导思想;“育实材”说的是培养目标;“求实用”是治学态度和目的。

吕祖谦的教育思想,是他积长期教育经验而形成的,其中有不少精彩的论述和真知灼见,尤其是他提的一些具体学习方法,更不乏借鉴之意义,很值得我们加以认真的研究与总结。

第一节 明理、治心的教育目的

吕祖谦高度重视封建主义教育对于维护封建统治所起的作用,认为封建主义教育搞得好,可以达到整饬风化、严肃纲纪的目的。他说:

> 时事所以艰难,风俗所以浇薄,皆由讲学不明之故。②

这也就是说要扭转时事艰难、风俗浇薄的局面,只有大力加强封建主义教育。

应该指出,重视教化,并非吕祖谦个人的独特见解。他的这一观点来自孔子以及众多前辈封建主义思想家。孔子说:“道之以政,齐之以刑,民免而无耻;道之以德,齐之以礼,有耻且格。”③他的意思是说,仅仅用政令和刑罚治理百姓,百姓只能被迫服从封建统治,却不知道违背封建统治是“可

① 《文集》卷2《太学策问》。

② 《文集》卷5《与学者及诸弟》。

③ 《论语·为政》。

耻”的行为。而以封建的道德礼义去诱导他们，百姓就会心甘情愿地接受封建主义的奴役，因而“齐之以礼”要比“齐之以刑”强，“道之以德”要比“道之以政”更有效，孟子对这个问题的论述要比孔子更为详备和更透彻。他认为要争取民心对封建统治的归附，最好的办法是良好而高明的封建教化，指出：“善政不如善教之得民。善政民畏之，善教民爱之。善政得民财，善教得民心。”①在孟子看来，好的政令不如好的教化能争取百姓。“善政”固然可以使百姓害怕，“善教”却能得到百姓拥戴；“善政”固然可以使百姓多贡奉财物，却不如“善教”得民心，因此要巩固封建统治，最要紧的是加强对百姓的封建主义教化，而危及封建制度的最大祸害是教育不力。他说：“城廓不完，兵甲不多，非国之灾也；田野不辟，货财不聚，非国之害也。上无礼，下无学，民贼兴，丧无日矣。”②认为军事力量不强、财政收入不多，都不能算是国家的危害。只有封建统治者不严格按照封建伦理办事，老百姓不学会以封建伦理道德规范自己的行为才是最危险的。因为这样犯上作乱的民贼（当理解为敢于冲破封建主义网罗的革命群众）就会愈来愈多，国家离灭亡的日子也就不会很远了。汉儒董仲舒则把封建主义教育看作是“堤防”。他说：“故教化生而奸邪皆止者，其堤防完也。教化废而奸邪并出，刑罚不能胜者，其堤防坏也。”③董氏认为封建教化的兴废，涉及“奸邪”的“止”与“出”。只要大兴封建教育，就等于加固了封建主义的“堤防”，这样就不怕危及封建主义的滚滚洪流的冲击

① 《孟子·尽心上》。

② 同上《离娄上》。

③ 《举贤良对策》。

了。程颐说得更清楚:“知孝悌忠信之化,率之易从,劳之不怨,心附于上,固而不可摇也。”[1]由此可以看出,吕祖谦重视“讲学”,是很有一些源头的。

南宋时期,佛、道二教已趋向衰落,理学在思想界、教育界占据了主流地位。然而理学对于封建统治所起的作用,最初又尚未被愚蠢的封建统治者所充分认识。如孝宗皇帝对理学就不甚感兴趣。当时在孝宗身边侍讲的张栻曾满怀忧虑地向朱熹透露说:“今日大患,是不悦儒(理)学……上(孝宗)聪明,所恨无人朝夕讲道至理。”[2]对此,吕祖谦和张栻一样深表不安。他认为“圣学(儒学、理学)不明”、“教化不行”,是当时百姓难于遵循封建轨道活动的主要原因。他说:

> 不能择中庸而守之,便是纳诸罟获陷阱之中而莫知辟也。……且如行道若知此是坦途,决然自此行去,若稍有坎坷崎岖处,必不肯行,况明知罟获陷阱之害乎?所以莫知辟者,只是见之未明耳。若见之果明,不待劝勉而自行坦途矣。[3]

这就是说,人们之所以不能遵从中庸(当理解为封建原则)行动,主要是因为不知道中庸的高明所在,才误入“罟获陷阱”的。讲“圣学”的目的,就是为了帮助人们对封建伦理纲常从“见之不明”到“见之果明”,分清“坦途”和“罟获陷阱”的区别,从而使他们沿着封建主义的“坦途”前进。

---

① 《二程文集》卷5《为家君应诏上英宗皇帝书》。

② 《南轩全集·答朱元晦》。

③ 《文集》卷16《礼记说》。

为了使封建伦纲扎根于人们之心田，程颐曾经提出“养正于蒙”的观点。他说：“未发之谓蒙，以纯一未发之蒙而养其正，乃作圣之功也。发而后禁，则桎梏而难胜。养正于蒙，学之至善也。”[①]人处于童蒙阶段，犹如一张白纸，极易受外界影响，使其归顺于封建主义，并非很困难的事，因而“养正于蒙”乃是最高明的教育方法（“作圣之功”）。吕祖谦师承了程颐这一观点，他指出：

上九，击蒙师严，然后道尊。蒙，始终皆以严。[②]

认为从孩提开蒙时，就要用封建主义的“道”对其实行严格要求，不能有半点放松。因为人一旦染上了与封建伦理纲常不相容的所谓“邪癖恶习”，纠正起来就比较困难了。如果撇开“养正于蒙”的“正”的具体内容，这个观点乃是有合理因素的。吕祖谦赞成这样一种观点：“教妇初来，教子婴孩。”这是司马光在其家训中提出来的。司马光认为要媳妇恪守妇道，在其刚被娶进门时就要对她进行妇道教育，要望子成材，则必须从其婴孩阶段抓起。吕祖谦认为司马光这一主张乃是“正之于始”[③]的好方法，可以收到事半功倍的理想效果，用他的话说就是“乃易为力”[④]。

与“正之于始”的观点相一致，吕祖谦指出一定要将人们

① 《周氏程氏传》卷1《蒙》。
② 《文集》卷12《易说·蒙》。
③ 同上卷14《易说·家人》。
④ 同上。

的与封建伦纲相违背的“恶念”制止在“未萌”时期。

> 夫于恶之未萌而制之，不使有是。牿童小之牛角，则其角终无见矣。何必于角。盖角者，牛以之触物，如人之恶念也。①

在吕祖谦看来，人的“恶念”好比牛之角。牛一旦长出角来，就要“触物”，而要使牛不“触物”，最好的方法是在牛犊还未长角之时，就加以“牿”之，使“其角终无见”。同样，人的“恶念”一产生出来，就会干出与封建主义相抵触的事，因而，不让人萌生“恶念”，这是最佳方案。万一“恶念”已经萌发，也要及时加以纠正，不使其发展膨胀。吕祖谦这样说：

> 大抵善者阳之类，恶者阴之类也。凡小人、女子、夷狄皆是阴之类。初六，一阴初生初长之时，在人一身论之则邪志初萌之时，在天下事势论之，则小人、女子、夷狄初生初长之时。当其初生初长，正如九月肃霜，去坚冰之时甚远，然而履霜须便知坚冰之必至，须是早为之戒。……大抵邪心恶念与小人、女子、夷狄之类，不可使凝聚，将萌将长时便斩绝消荡，才凝聚便渐渐驯致，直至坚冰地位。……臣之于君，子之于父，本是至亲至义，至于弑君弑父时，虽甚恶人，安得一日做成，皆由渐渐养成，积久贯熟，然后有弑父弑君之事，使辨之早，

① 《文集》卷13《易说·大畜》。

> 何由至此？所以几微之间，十分当辨，辨之不早，便是弑父弑君之渐。①

天有阴阳，人有善恶。吕祖谦认为“小人”、“女子”、“夷狄”是天生的阴类，属于恶人之列，要他们一点坏事不干是不可能的，但是他们最终做出严重违犯封建伦纲的事如弑君、弑父，也不是一下子就能做出的，而是由于其“邪心恶念”“渐渐养成、积久贯熟”所致。因此对于他们要及早提防，就像九月履霜，就得考虑到隆冬坚冰将至一样，不让他们的“邪心恶念”“凝聚”。吕祖谦强调指出，对于“邪心恶念”要及早地“斩绝消荡”，决不能听任其顺势发展，否则将不可收拾。他说：

> 非心邪念不可顺养将去，顺养去时直至弑父与君。如饮酒，初时一两杯，顺而不止，必至沈湎杀身；如斗殴，初时，只是忿疾，若顺忿疾将去，必致操刀杀人。②

怎样才能使“非心邪念”得到有效的克服呢？吕祖谦认为必须从“仰称夫明天子教养之实德”③着手，以习诵“先王之道为急”，努力向人们灌输以封建伦理纲常为中心内容的思想意识。

---

① 《文集》卷 12《易说·坤》。
② 同上。
③ 《文集》卷 2《太学策问》。

为学须识义、利、逊、悌、廉、耻六个字。于此守之不失为善人,于此上行之而著,习矣而察,便是精义妙道。①

这种所谓"精义妙道",实际上就是吕祖谦从事封建主义教育的指导思想。关于这一点,还可以从其亲手订立的《学规》中反映出来。乾道四年九月,他订的《学规》中第一条就这样明确规定:

凡预此集者以孝、悌、忠、信为本。其不顺于父母,不友于兄弟,不睦于宗族,不诚于朋友,言行相反,文过遂非者,不在此位。既预集而或犯,同志者规之,规之不可,责之;责之不可,告于众而共勉之;终不悛者,除其籍。②

次年,他又添加"以讲求经旨,明理躬行为本"③的条文。规定对封建主义的孝悌忠信这一套东西身体力行乃是学习的根本任务。他指出:

圣贤千言万句,会其有极,归其有极,皆在乎致知,致知是见得此理于视听言动、起居食息、父子夫妇之间,深察其所以然,识其所以然,便当

① 《文集》卷20《杂说》。
② 《文集》卷10《乾道四年九月规约》。
③ 同上《乾道五年规约》。

敬以守之。[①]

认为圣贤们教育人们的准则就是体察"父子夫妇"之间的人伦纲常和等级名分的"所以然",以便让人们"敬以守之"。吕祖谦一生从事教育,教的也就是这个"大条例"。如他在议论学习《诗》时曾说:"凡观诗须先识圣贤所说的大条例。"[②]《诗·关雎》原来的意思是说河边一个采荇菜的妙龄少女引起了一位男子的思慕,所谓"窈窕淑女,君子好逑",以致"寤寐求之","辗转反侧"。吕祖谦认为学习这首诗关键在于"须识得正心,一毫过之,便是私心"[③]。这里说的"识得正心",就是指要用封建伦理纲常控制自己的思想感情,否则就会引起淫乱或哀伤。他说:"天生烝民,有物必有则,自有准则,在人心不可过也。"[④]这个"准则",即封建伦理纲常,它与前面所说的"大条例",是同一个意思。从一首表达男女恋情之情诗,要联想到"识得正心",不可逾越"准则"之"一毫",这就是"讲求经旨,明理躬行"教育方针的全部底蕴,他的这一观点与朱熹提出的"穷天理,明人伦、讲圣言、通世务"的教育思想具有异曲同工之妙。

和朱熹稍有不同的是,吕祖谦在本体论上心学倾向明显,反映到教育思想上就是主张以"存养此心"作为学习封建伦理纲常的先决条件。他说:

① 《文集》卷16《礼记说》。

② 《诗说拾遗》。

③ 同上。

④ 同上。

学者若有实心，则讲贯玩索，固为进德之要。[①]

立心不实，为学者百病之源。[②]

吕祖谦认为“明理”的根本目的，是从思想上解决拥护封建等级品名的问题、培养对封建统治者的敬畏之心。如果“心”立得不坚实，即在思想上并不真正地拥戴封建等制品名，行动上也不认真履行封建伦理纲常，而只是在口头上“讲贯玩索”，是无法“进德”的。因此学者不应该专尚“口耳”，而应立足于“存养此心”。吕祖谦明确地指出：

善学者之于心，治其乱，收其放，明其蔽，安其危，守之必严，执之必定，少怠而纵之则存者亡矣。[③]

孟子曾经说过：“学问之道无他，求放心而已矣”。吕祖谦的上述思想当是对孟氏之说的进一步铺陈与发挥。它和陆九渊的“古人教人不过存心，养心、求放心”观点高度一致，完全是主观唯心主义在教育思想上的反映。

总之，无论是“明理”还是“治心”，其目的只有一个，即要求人们从心底里认为封建等级制度及其伦理纲常神圣合理，从而在思想上自觉地与其保持一致，这就是吕祖谦热衷于“讲学”的根本目的所在。

有鉴于此，吕祖谦坚持以“德教为本”。他认为对于有志

---

① 《文集》卷 4《与朱无晦》。

② 同上卷 2《太学策问》。

③ 同上卷 20《杂说》。

于学的人来说，首先应该具备“忠信”之心。这是一个带根本性的问题。

大抵为学之道，当先立其根本，忠信乃实德也。有此实德则可以进德修业。[1]

如果这个问题不解决，一个人即使学到了一些才干也派不上多大用场。一到紧急关头就会畏缩不前，不能为封建主义国家贡献出自己的全部才智。特别是功成名就之后，其所考虑的主要是自己的身家性命、官位爵禄，而将封建统治的根本利益置于脑后。吕祖谦认为当时封建官场上之所以出现“高爵重禄，一得所欲，畏缩求全，惟欲脱去，无复始来之慷慨”的情况，就在于这些人缺少“忠信”的缘故。

吕祖谦认为对于人们进行封建主义道德教育，仅仅是在书本上探索是不够的，尤其重要的是在日常生活中认真践履。

如事亲、从兄、处家、处众，皆非纸上所可记。此学者正当日夕检点，以求长进门路。[2]

这就是说对于封建主义道德的践履，不是纸上功课所能代替得了的。只有“日夕检点”，才能有所长进。他很不满意“推求言句工夫常多、点检日用工夫常少”的现象，认为这样决不可能真正“明理”，也不可能真正具备封建主义的伦理道德，

① 《文集》卷12《易说·乾》。
② 《文集》卷5《与学者及诸弟》。

“虽略见仿佛，然终非实有诸己也”①。这里，吕祖谦强调的是对封建道德践履，但作为一种道德教育观，却是颇有启迪的。任何一种道德仅仅是从书本上学习，充其量只能见其皮毛，而不能领悟其精髓，只有将其付诸生活实践，才能构成自己品质的有机组成部分。

在理学家那里，孔子是道德的楷模。因而吕祖谦要求学者当以孔子为自己道德学习的榜样。

> 羿之教人射，学者亦必以规矩，大抵小而技艺，大而学问，须有一个准的规模。射匠皆然，未有无准的规模而能成就者，今之学者何尝有准的规模？欲求准的规模，在学孔子而已。②

做什么事都要有规矩，才能成其方圆。比如射箭，总得有“准的”才行。工匠作器皿，非得有规与矩不可。同样学习也要“准的规模”。在所有古圣贤中，唯有孔子最有资格充任后世学者的“准的规模”。每个学者要想“步步踏实”，朝着成功之路前进，唯有以孔子为效法的榜样才行。

吕祖谦指出，对于学者来说，最要紧的是选择好学习的“门户”，这对于日后的成就具有决定性的影响。否则即使再勤奋刻苦，劳神敝志，亦无济于事。“如人为学不得正当门户，则虽伏几案，废寝兴，劳神敝志，亦终无所得而已矣。”③吕祖谦作了这样一个比方：“如匠氏造屋为图，图有毫厘之差，

---

① 《文集》卷 4《与朱元晦》。

② 《文集》卷 18《孟子说》。

③ 同上卷 13《易说·恒》。

则成屋有寻丈之谬。”[①]他认为以孔子为自己的学习“准的”就好比工匠造房屋有了精确无误的图纸，将来的成就才会“无限量”，才可能“得其位、行其道，致君泽民而天下被其利”[②]，从而为社会所用，为众人谋福利，辅佐君主治理好天下。吕祖谦还以子路与管仲为例，具体说明了学者选择门户的重要。他认为子路追随的是孔子，“择术正”，而管仲选择的“门户”不当，学的只是功利之说，所以子路更比管仲的地道。

> 子路所学，乃圣门根本之学，若使其成就，岂管仲之所能及？管仲之功虽成，不过是功利之学。盖管仲如已熟之荑稗，子路如未熟之五谷，五谷未熟时固不及荑稗，至于熟岂荑稗之比哉？[③]

历史的事实是，管仲辅助齐桓公九合诸侯，一匡天下，其事业、成就要比子路大得多，他在历史上所留下来的影响亦为子路所望尘莫及。吕祖谦把子路比作是未熟的“五谷”，而管仲只是“已熟的荑稗”，这纯属理学家崇尚道德，轻视功利的偏见，不足为凭。他赞扬子路，贬低管仲，既是他以“德教为本”教育方针的具体反映，亦是其“明理”、“治心”教育目的的逻辑结论。

第二节　“育实材而求实用”的培养目标

任何阶级要保证自己的事业不中断，都必须后继有人，

---

① 《文集》卷18《孟子说》。
② 同上卷13《易说·大畜》。
③ 同上卷18《孟子说》。

这是古今之通例。吕祖谦极为重视对封建地主阶级事业所需要的人才的培养。

在培养目标的问题上,他企图通过强化封建等级名分及伦理道德的教育,使统治阶级内部的封建等级秩序得到巩固;使劳动群众俯首帖耳地接受地主阶级的统治,永远做地主阶级的忠实奴才,这和朱熹、陆九渊以及所有的理学家的观点并无二致。所不同的是朱熹、陆九渊和其他的一般理学家要培养的是"醇儒",即只会坐而论道,实际上风痺不知痛痒的道学家。吕祖谦则认为这些人虽然是封建等级名分和伦理纲常的坚决拥护者,但是什么实际的本事也没有。因而在关键时刻除了为封建统治尽忠尽节、以一死殉君之外,再也无补于封建统治了。有鉴于此,吕祖谦提出所培养的人才应该既是以封建道德律己者,同时还应该是能对地主阶级事业发扬光大,尤其是封建统治面临危难之际,拿得出拯救国家的具体办法的"实用"人才,这又与永嘉、永康学派所强调的培养救时之英雄的观点相一致。不难发现,在培养目标问题上,出于维护封建统治的需要,吕祖谦有机地揉合了朱、陆与永嘉、永康学派的意见,相比之下,显得比他们更为全面些。

与"以德教为本"的观点相一致,吕祖谦指出首先要加强被教育对象的道德教育。他认为道德和"智力"、"才能"相比,显得更为主要。他不同意这样一种观点:即"智力足以控制海宇,不必道德,权利足以奔走群众,不必诚信;才能足以兴起事功,不必经术"①。认为只有在"道德"、"诚信"、"经术"的制约下,"智力"、"才能"才能充分发挥,且恰到好处。如

① 《文集》卷1《乾道六年轮对札子二首》。

果没有“道德”、“诚信”，有“智力”和“才能”要比没有“智力”、“才能”更糟糕。因为这些人话说得娓娓动听，文章写得颇为精彩，这就很能蛊惑一大批人，具有强烈煽动力。所以他们一旦反对封建统治，所造成的危害是难以估量的。对于封建统治者来说，这些人最令人头痛，远不如无才无德“空无所有之人”好对付。因为无“智力”、“才能”，纵然想干坏事，也只不过是造成小小骚乱而已，掀不起大的风浪。因此，“道德”、“诚信”与“智力”、“才能”相比，不能不占首位，两者的关系不是并列的，而是主从的。在他看来，宁可要一些没有“才能”、“智力”的温顺奴才，也不能要那些“不正”而“博”且“大”的干练之材。

基于此，吕祖谦主张应首先对培养对象“教以三德三行以立其根本”。何谓“三德三行”？即“至德”、“敏德”、“孝德”；“孝行”、“友行”、“顺行”。他说：

> 以至德则言以为道本，敏德则言以为行本，孝德则止言以知逆恶者。①
>
> 孝行以亲父母；……友行以尊贤良；……顺行以事师长。②

吕祖谦认为“三德三行”的教育乃是整个教育的中心环节，有了这个“三德三行”教育，就可以收到“纲举而目张”的效果。吕祖谦这一主张和朱、陆二人培养“醇儒”的教育观是一致的，主要是解决被教育对象日后矢忠封建统治的问题。

---

① 《文集》卷16《周礼说》。
② 同上。

但是，仅仅对学生进行“三德三行”的教育是不够的，还要联系国家的政治法令的得与失进行教育。国政正确，要总结经验“以为法”；国政失误，要汲取教训“以为戒”，以培养学生日后驾驭国政、统揽全局的本领。同时还要培养学生处理政务的实际能力，在治理国家、筹措朝政的过程中懂得如何拯救补阙，对国家之本末源委知道得一清二楚。吕祖谦认为受到这些严格训练的“子弟们”，“一旦用之”，就可以成为封建国家的栋梁之材。这与陈亮提倡的既有“救时之志”，又有“除乱之功”的人才观相一致。

必须指出，吕祖谦虽然注重德行，强调“德教为本”，但他并不否认“才能”，并认为道德不能代替“材能”，如果一个只有“道德”，而没有“才能”，就好比没有成熟的“五谷”，“亦无用之物而已”，对于封建国家的兴旺发达起不到什么作用。由此，他对管仲亦表示了一定的肯定。他认为从“门户”的选择和志趣的趋向看，孔门诸弟子要比管仲好，但是若论功业，孔门诸多弟子就远不及管仲了。

> 子路、管仲孰贤？固是子路择术正，管仲主功利，然须见得子路力量不同。……孔门弟子若论趋向，固非管仲可比，使他见用，却恐未必有仲事业。学者看古人，要须看得至此。①

正因为如此，吕祖谦虽然有点鄙视管仲的“功利之学”，却又称赞“管仲才高”。吕祖谦在管仲问题上的矛盾态度正是他在

① 《文集》卷20《杂说》。

培养目标上依违于朱、陆和永嘉、永康学派之间的反映。

从培养“实材”的目标出发，吕祖谦强调指出看书学习主要是为了增进自己的才干，而不是“徒玩文采”。他说：“观书不可徒玩文采，要当如药方酒法求其君臣佐使，互相克制，有以益吾身可也。”①按：“君臣佐使”，古代中医用药理论。意谓有些药材虽然有毒，却利于治病。只要将它们和其他一些药材掺和使用，其毒性相互克制，浸酒饮之，即能祛病强身。吕祖谦引用这一理论，目的是要说明看书学习的任务是从书中汲取养料，开阔视野，培养才能。

自隋发明科举制度以来，走科举成名之路成为中国后期封建社会中地主阶级知识分子读书的唯一目的。读书成为叩开仕禄之门的敲门砖。这样书读得愈多，人也就愈愚昧愈自私。吕祖谦这样说：

> 后世自科举之说兴，学者观国家之事如越人视秦人之肥瘠，漠然不知……异时一旦立朝廷之上，委以天下之事，便都是杜撰。②

认为将国家大事交给这些只知读书中举做官，其它一切“漠然不知”之人处理，非坏事不可。吕祖谦这一分析，曲折地批判了科举取士所造成的弊端，具有积极的意义。

吕祖谦继而指出读书学习当“求实用”。“百工治器，必贵于有用，器而不可用，工弗为也。学而无所用，学将何为

① 《文集》卷 20《杂说》。

② 《文集》卷 16《周礼说》。

也邪?”[①]这是说工匠们制作器皿是因为器皿在人们的日常生活中派得上用场。如果制作的器皿无助于人们的生活,工匠们也就不会去制作了。学者读书,也就是因为书本知识能为社会所用。如果读书而对社会无用,这种书还要读什么呢?读圣贤之经典,尤以能用于事为贵。

> 今人读书全不作有用看。且如人二三十年读圣人书,及一旦遇事便与闾巷人无异。或有一听老成人之语,便能终身服行,岂老成人之言过于六经哉?只缘读书不作有用看故也。[②]

在这里,吕祖谦颇有轻视“闾巷人”和“老成人之语”的倾向,而不适当地夸大了“六经”对人们生活的指导作用,这是士大夫的偏见。但是他认为读书必须讲究实用,“要作有用看”,话却没有说错。

从经世致用的教育目标出发,吕祖谦力倡学者必须具备“惇厚笃实”的学风。他说:

> 大抵为学,不可令虚声多,实事少,非畏标榜之祸也,当互相激扬之时,本心已不实,学问已无本矣。[③]

吕祖谦的这一观点与叶适批判理学家“虚声多而实力少”的观

---

① 《文集》卷20《杂说》。

② 同上。

③ 同上。

点是一致的。他认为学者之所以不要图虚名声，而要真正潜心于学问，就在于唯有如此，才能使自己的功力扎实，可以学到经世致用的真本领。正因为如此，他对永嘉学派和永康学派讲求“名务其实”的学风极为赞赏。这同朱熹咒骂永嘉、永康学派“在利欲胶漆盆中”的态度迥然有异。

还应该说明，吕祖谦虽然强调学者的“故家气味”，认为能否最后成材，全在于各人的主观努力。但是他却从不轻视“教”对学者成材所起的作用。这与陆九渊轻视“教”的作用，主张无师自通的观点有所不同，因而也显得相对全面些。

第三节 求同存异的治学态度

吕祖谦治学的主要特点是不囿于门户之见，主张兼容并蓄。他认为在学术问题上应该具备求同存异的气度和肚量。这是因为世界上学术观点完全一致的情况是不存在的，即使彼此意气相投，学术见解相当接近的人，也总有不少不一致的地方。

> 人之相与，虽道合志同之至，亦不能无异同。且如一身早间思量事，及少间思之，便觉有未尽处。盖无缘会无异同。①

“道合志同之至”也总有分歧，这个道理并不难理解。以同一个人而言，早上考虑的问题，过了一会儿再考虑时便觉得刚

① 《文集》卷20《杂说》。

才的思虑“有未尽处”，需要加以修正，何况是不同的人呢？学者对于不同的学术观点必须慎重对待，认真研究，而不能只凭个人的好恶喜怒决定向背取舍，否则就开拓不了眼界，所获得的知识也是极其有限的，所谓“所感浅狭”。

吕祖谦提倡学者对于不同的学术观点要泛观广接。他认为只与自己意见相同的人交往，而拒不同观点的人于千里之外，是不利于自身学术水平提高的。

> 近日思得吾侪所以不进者，只缘多喜与同臭(嗅)味者处，殊欠泛观广接，故于物情事理多所不察，而根本渗漏处，往往鲁莽不见，要须力去此病乃可。①

这里，吕祖谦将学业“不进”，归结为“多喜与同臭味者处，殊欠泛观广接”，这是有道理的，吕祖谦坚决反对“道不同不相知”的观点，认为这未免“缺乏广大温润气象”②，指出将不同的学术观点视为洪水猛兽，严加防范，甚至加以诋毁，“诚未允当”，不仅是不公允的，而且是极不妥当的。基于这种认识，才使他超越了当时诸家，使自己的学术“兼取其长”，形成了博大宏富之学术体系。吕祖谦对待各学派的这种泛观广接的态度，是很值得今人发扬光大的。

吕祖谦多次强调，评价某种学术思想或某一学者“要须公平观理，而撤户牖之小”③。如在对苏轼的态度问题上，吕

---

① 《文集》卷4《与刘衡州》。

② 同上，《与朱元晦》。

③ 同上卷5《与陈君举》。

祖谦则表现了宽容之精神。北宋时期，洛学与蜀学素有门户之见，曾经互相激烈地攻讦过。作为蜀学的主要代表人物苏轼，历来受到洛学及其后学的责难。朱熹等人对苏轼多有贬抑之词，认为其学术荒诞不经。吕祖谦虽然向以洛学传人自况，但他并没有因此而贬低苏轼思想的学术价值。他认为作为一个学者，苏轼不少学术主张还是很有见地的，他的书不可不读。有一次朱熹出于门户之见，在他的注释中将“东坡”改为“苏轼”，以示抑贬，对此，吕祖谦颇有异议。他认为这样做如果仅仅是出于编书统一体例的要求，那倒没有什么，但倘若是因为和苏轼的学术观点不同，心有余怨而作这样的改动，就大可不必了。因为这一做法容易“因增其怒”，对于开展学术讨论不利。吕祖谦这一态度体现了一个气度恢宏的学者应有的风范，值得称道。

尤其值得说明的，是吕祖谦对于王安石的态度。王安石在理学家那里，不啻是名教罪人。理学的实际奠基人程颢、程颐曾经认为王氏之学对于学者的危害最大。他们说：“今异教之害，道家之说则更没可辟，唯释氏之说衍蔓迷溺至深。……然在今日，释氏却未消理会，大患者却是介甫之学……如今日却要先整顿，介甫之学坏了后生学者。”①二程的门生杨时说得更露骨：“某于程氏之门所谓过其藩而未入其域者，安敢自附为党以攻王氏学？夫王氏之学，其失在人耳目，诚不待攻，而攻之者亦何罪耶？”②朱熹对王安石则是破口大骂。他断定王安石如果落到孔子手中，必然要受到“少正卯

① 《二程遗书》卷二上。

② 《杨龟山先生集》卷17。

之诛”[①]。他花了相当大的力气收集攻击王安石的一切言论，把它们汇编成册，题名为《三朝名臣言行录》。清人蔡上翔指出，王安石之所以“得谤于天下后世，固结而不可解者，尤莫甚于《言行录》”[②]。吕祖谦政治上反对王安石变法，学术上他与王安石的分歧亦不小，但是他反对将王安石的学术思想一笔抹煞。他曾向内弟曾德宽建议说：“且看欧（阳修）、王（安石）、（苏）东坡三集，以养本根。”[③]对朱熹所编次的《言行录》则屡次提出批评，指出“前辈言论，风旨日远，记录杂说”，往往失真，以此道听途说的材料编为册子，留传人间，多有不妥，亦非是治学严谨者所做之事，再三要求朱熹自己动手认真“整顿”《言行录》。这里固然反映了吕祖谦的严谨，但也说明了吕祖谦不赞成对王安石采取敌对诋毁的态度，就这一点来说，他的见识要比程、朱等人高明一些、公允一些。

吕祖谦不仅自己力求对不同观点的学者平允公正，而且明确要求门人对学术观点不同者要宽容温和，一再告诫他们“毋得……訾毁外人文字”[④]，同时也不要在同一学派内部互相吹捧，彼此标榜：“毋得互相品题，高自标置，妄分清浊。”[⑤]

吕祖谦治学的严谨，不仅表现在他对不同学术观点或不同学派持论公允，还表现在他对于私交甚厚、学术观点颇为接近的学者，亦能持论公允。他曾批评好友陆子静“病在看人不看理”，这批评无疑是相当尖锐的。吕祖谦和朱熹的关

① 《王荆公年谱考略》。
② 《王荆公年谱考略》。
③ 《文集》卷4《与内弟曾德宽》。
④ 《文集》卷10《学规》。
⑤ 同上。

系是人所皆知的。双方相知，莫逆于心，多次进行学术合作。对于朱熹的学识，吕祖谦是很推崇的，但这并不意味着他对朱熹的所有学术观点都无原则地赞同，如前面所说的他对朱熹《言行录》的态度，便为明证。吕祖谦曾很坦率地批评朱熹性子太急，学术气度欠恢宏。

吕祖谦之所以能对一些关系密切的学者治学欠妥之处提出一些颇为中肯的批评意见，是其不拘门户之见所致。由于吕祖谦能平和地对待各种学术观点，因而使得他在学术界有着广泛的联系。为此，朱熹批评他"驳杂不纯"，而吕祖谦却并不因此而难堪。相反，他认为能否与众多意见不合者相处平和，实际上是检验自己学力的一种方法：

> 今之学者唯其不专意于讲习，故群居相与，多至于争是非、较胜负。使其一意讲习，则我见处众之可乐，而不见其多事矣。学者欲自验为学之进否？观其处众之乐与否可也。[①]

他的意思是，学者如果都将精力专意于讲习学问，就不会把心思放在与别人争是非、比高低上面。大凡与人争论不休，固执是非胜负，因而不能与众人很好地相处的，都是没有把心思放在对学问的探求之上。这不仅影响到学问之"进"，而且会影响到个人道德的升华。因而"争校是非，不如敛藏收养"[②]。今天看来，吕祖谦的这个意见仍然有一定的启迪意义。

---

① 《文集卷》14《易说·兑》。

② 《宋元学案·东莱学案附录》。

第四节 教学和读书的方法

吕祖谦在长期读书和教学实践中，积累了丰富的经验，提出了不少有益的教学和读书方法。

一 “看书须存长久心”

读书学习是一项长期而艰苦的事业，决不是短时期内可以轻轻松松地完成。吕祖谦正确地指出：“看书须存长久心”[①]，一曝十寒是读不好书的。他说：

> 大抵立天下之功，必悠久胶固，然后能成。若振动躁扰，暂作易辍，安能成功？[②]

要想“立天下之功”就必须持之以恒，舍得下工夫。而“暂作易辍”，靠临时的热情、短暂的突击是无济于事的，同样，学习也要做到“悠久胶固”才会有进步，为此他规定学生要“肄业当有常，日记所习于簿，多寡随意，如遇有干辍业，亦书于簿，一岁无过百日，过百日者，同志共摈之”[③]。

吕祖谦认为学习不仅要有一股韧劲，而且还要有一股锐气。如果疲疲沓沓、断断续续，就会使刚刚鼓起来的学习劲头冷落下去，以致收不到应有的学习效果。他说：

---

① 《文集》卷 20《杂说》。

② 同上卷 13《易说 · 恒》。

③ 同上卷 10《乾道五年学规》。

> 大抵人之为学，须是一鼓作气，才有间断，便非学矣。所谓再而衰也。[①]

在他看来，优哉游哉是学习之大敌，因此“学者最不可悠悠”，即使天资聪颖的人也不可“怠惰苟且”，竭力主张将那些“徒恃资质”，而“漫应课程”、“疏略无叙者”开除学籍，以儆后尤。

学习不是一件轻而易举的事，吕祖谦断定凡是认为学习是容易的人，肯定在学习上没有下过苦工夫，否则就不会说出种种不知轻重的话了。他指出：

> 大凡读书，临事曾去里面讲究理会，便见得不容易，岂敢妄言。凡言之轻发而不知难者，以不曾下工夫也。[②]

读书而知不易，书读多了，就会愈知世界之奥妙无穷，社会之复杂无比，就不会认为什么都不在话下了。吕祖谦的这一观点无疑是正确的。

二　不“讳过自足”

学习的敌人是自己的满足，要想学到一点东西，就必须从不自满开始。吕祖谦正确地指出，“讳过而自足”对于学者来说，是最糟糕不过的了。

---

① 《文集》卷 20《杂说》。

② 《文集》卷 17《论语说》。

譬诸人之成室，方其作也，一柱之不良，一梁之不正，斤削斫刻之或失其道，唯恐旁观者之不言。随言随改，随改随正，略无所惮，其心以谓吾知良吾室而已，凡所以就其良而去其不良者无所不至。此善学而逊志之说也。若夫聚不良之木，用不良之匠为不良之室，专心致志，自以为是，而以人言为讳，及其成也，自以为是，惟恐人言其非，如此，则必至于颓败而后觉悟，岂不哀哉！①

木匠造房子，惟恐柱不直、梁不正，惟恐自己的“斤削斫刻”有所失误，因而总希望旁观者发现问题马上指出来，以便立即更正，一点儿也不害怕别人的批评。这是因为他知道旁观者的批评有益于“吾室”之良。如果“以人言为讳，自以为是”，等到房子造坏了再认识这个问题就晚了。其言下之意就是学习也必须像营造房屋一样，不能“以人言为讳”，“自以为是”，而应该主动听取别人的批评，做到“随言随改，随改随正”。因而吕祖谦又说：

(心)未满而有增，既满则招损而亡，尚安能复增乎？②

怎样才能防止自满自足呢？吕祖谦提出了“学”与“教”的两条途径。

---

① 《文集》卷 20《杂说》。
② 同上卷 13《易说·复》。

> 学然后知不足，教然后知困，知不足然后能自反也，知困然后能自强也。人皆病学者自以为是，但恐其未尝学耳，使其果用力于学，则必将自进之不足，而何敢自是哉？……不能自反自强，皆非真知者也。①

事实诚如所说。学无止境，教学互长，此乃古今治学之格言。许多人是经过学习才知道自己知识的贫乏的，而在教育别人过程中，往往会碰到不少连自己都困惑不解的问题。就大多数而言，知道了自己的不足就会反己而求学，而要破困解惑也只有自强不息。因而"学"与"教"是使人不敢"自以为是"的好方法。不少人总以为读书人喜欢自以为是，这实际上是一种误解。因为真正潜心学问的人，他连弥补自身之不足，解决自己困惑尚且不暇，又怎么敢"自以为是"呢？大凡自以为是的往往是一些没有真才实学的人。由此亦可推知，凡是好向别人炫耀自己才能的人，一般也是没有学问的人。

> 无文学者，恐人轻其无文学，必外以辞采自炫，实有者却不如此。②

一般说来有学问的人因有真才实学，内心充实，故而敛藏不露。而无学问的，因其无学问故而或以"自炫"掩盖其浅薄，或是根本就不知天高地厚而"自炫"，应该承认吕祖谦这个论述可谓是对"无文学者"的诛心之论。

① 《文集》卷16《礼记说》。
② 同上卷12《易说·谦》。

人不能骄傲自满，但也不能因为学无止境而失去自信心，吕祖谦指出：“学者诚不可自足，又不可恐惧太过。”[①]因为“自足”就不想再学，而“恐惧”则不敢学。因此这两种倾向都要反对。正确的态度是抓紧时间学习，而不能虚度岁月。他在给乔德瞻的信中说：“近益知为学工夫无穷，而向来日月虚度为可惜耳。”吕祖谦是一个异常勤奋的学者，其所说的“日月虚度”当属于自谦之辞，而他所说的“为学工夫无穷”，则是千古之至理名言。

三　勇于存疑

孟子曾说：“尽信书，则不如无书。”吕祖谦师承了孟子这一观点。他一方面对先王之遗教笃信无疑，但是又主张读书要不囿于前人所说，敢于怀疑。他认为如果人在读书时提不出任何怀疑之点，实际上是没有钻进去，没有能够真正理解书中的意思。“读书无疑，但是不曾理会。”[②]

纵观吕祖谦所说的“疑”有这样两层意思：

（一）读书学习要不带任何框框。他说：“学者，……欲进之则不可有成心。有成心则不可进乎道矣。故成心存则自处以不疑，成心亡，然后知所疑，小疑必小进，大疑必大进。”[③]“成心”指的是某种框框条条。他以为要取得学业进步，就不应该有框框条条。因为事先有了框框条条，就会对书中所说的一切深信不疑，这样就很难纵深探求书之精义，亦很难

① 《文集》卷4《答潘叔度》。

② 《文集》卷20《杂说》。

③ 同上。

发现书中之错误。只有消除了"成心",才能对书产生疑问,不囿其所说。他指出破疑解惑就是进步,因而小疑小进步,大疑大进步。不疑呢?吕祖谦没有说,但其答案是非常清楚的。陆九渊也曾经提出同样的论点:"学患无疑,疑则有进。"无疑这种见解乃为治学之经验之谈。

(二)要有独立见解。吕祖谦在教学过程中,一贯要求学者要有自己的见解,敢于跳出前人之窠臼。他说:

> 今之为学,自初及长多随所习熟者为之,皆不出窠臼。唯出窠臼外,然后有功。①

如果一个人老是重复别人说过的话,人云亦云,墨守成规,那就永远超越不了前人,在学业上也就不会有什么新的创见或建树。因而所谓"疑"也就是"不安于故而进于新者也"。吕祖谦的这个存疑论,十分精彩。由此出发,他要求学生"毋徒袭先儒之遗言,毋徒作书生之陈语"②。回答问题一定要根据每个人的切身体会,讲求"实理之所在"。他指出:

> 佛老乱真者,勿徒曰清虚寂灭,盍的言其乱真者畴深畴浅;申韩害正者也,勿徒曰刑名术数,盍确论其害正者,畴亡畴存。③

---

① 《文集》卷 12《易说·随》。
② 《文集》卷 2《太学策问》。
③ 同上。

虽然，吕祖谦最终还是要求学生们以理学观点批判佛老与申韩，但是他希望学生们不要去重复前人之"遗言"、"陈语"，而要有自己的见解和语言，认真分析佛老申韩之学的深浅和哪些应该批判剔除、哪些可以加以保存的东西。作为治学之方，吕祖谦这个观点是富有启迪意义的。

吕祖谦十分重视"反复论难"对于破疑的作用。他曾规定学生"凡有所疑，专置册记录，同志异时相合，各出所习及所疑，互相商榷"[①]，"反复论难"，以集思广益，相互取长补短。因此这也应该视为有效的治学之道，值得重视和提倡。

四 "知其所以然"

读书学习贵在知其所以然。吕祖谦说："夫人之作文既工矣，必知所以工；处事既当矣，必知所以当。为政既善矣，必知其所以为善。苟不知其所以然，则虽一时之偶中，安知他时之不失哉?"[②]文章写得好，要知道之所以写得好的原因；事情处理得当，要知道之所以处理得当之根由；政令订得好，也要知道好在什么地方。如果不知道其所以然，即使碰上一次成功，也是带有很大的盲目性，很难保证下次还会取得成功，要保证不是偶然而是经常的"中"，就要找出带规律性的东西。故而他又说："物之微，莫不欲知其所来，为学欲至于贤圣，岂可不知其本始?"[③]这里说的"所来"、"本始"，也就是指隐藏在事物深层的依据。

① 《文集》卷10《学规》。
② 《文集》卷20《杂说》。
③ 同上卷16《礼记说》。

怎样才知道其所以然呢？吕祖谦强调说：

> 学者不畏有病，畏无病。如作文，作出后方见工拙；如做官，做出后方见是非。有工拙、有是非，固是不及浑然无失之人，比之袖手不作，不向前做者则胜矣。盖出来做后便见得病，方有下手可整理处。若不出做，则虽有病，无下手处，岂不费力。故病浮见于外者，病根犹浅，病伏于内而外不见者，病根最深。①

事情做出来以后才知道是与非，文章也只有写出来才知道“工”与“拙”。有“非”与有“拙”，固然比不上无“非”无“拙”，但总要比袖手旁观，什么事情都不干的要强得多。因为只要亲自动手去做，才会找到失败之根源，纠正起来也才有下手的目标，否则连纠正都不知如何纠正。这好比医生治病，“须是寻他病根磨治，始得”。事情往往是这样：毛病完全暴露在外面，病根不难找到，可以对症下药，病也就容易治疗。相反毛病之根很隐蔽，很难弄清之真正之病因，治就有很大的难度。对于医生治病是这样，对于读书学习又何尝不是如此呢？因此吕祖谦断定“学者不畏有病，畏无病”，是含有相当多的辩证因素的。

---

① 《文集》卷18《孟子说》。

第九章　史学观

吕祖谦是一个理学家，同时又是一个以研究历史见长，颇有成就的史学家。在同代理学家中，吕祖谦的史学功底最为深厚，而为世人折服。不少有名的学者都曾向他请教过如何学习历史（如张栻）和某些典章制度的沿革（如陈君举）。吕祖谦的史学观是他整个思想体系中最精彩的部分，它集中体现了吕祖谦的“务其实”之学风及讲求经世致用的治学特点。

在研究历史的过程中，吕祖谦自觉不自觉地摈弃了一般理学家空谈性命义理的陈词滥调，反对将“天理”作为研究历史的准则，主张从历史的本身去了解、研究历史，总结历史发展的规律。吕祖谦这种史学观与朱熹的“会归一理”的史学观形成了尖锐的对立，因而引起朱熹的极大不满，他几次三番地指责吕祖谦的史学观，甚至在吕祖谦谢世后，仍怨声不绝。也正是在这一点上，吕祖谦受到了陈亮的特别推崇。

吕祖谦研究历史，是企图通过对历史的客观分析，讽谏南宋小朝廷总结历史经验，接受历史教训，避免历史之覆辙。而在其具体评论和叙述中，提出了不少独到之见解，富有启迪意义。尤其是他注意将朴素辩证法贯穿于其整个历史研究过程中，从而使自己的史学观增辉不少。

第一节　“当如身在其中”的观史之法

历史是现实的一面镜子。学习、研究历史的主要目的不是为了记住某些历史事件的本末始终，以示自己渊博；亦不是为了正确评价某些历史人物的是非功过，而表明自己见识高明；而是为现实提供有益之借鉴。

吕祖谦曾形象地将历史比作一座“药山”，其中蕴藏不少救世之灵丹妙药，几乎可以“随取随得”①，问题是要有一个正确的采集方法。由此，他提出了“当如身在其中”的看史之法。吕祖谦说：

> 人之所游观其所见，我之所游观其所变。此可取以为看史之法。大抵看史见治则以为治，见乱则以为乱，见一事则止知一事，何取？观史当如身在其中。见事之利害，时之祸患，必掩卷自思，使我遇此等事，当作如何处之。如此观史，学问亦可以进，知识亦可以高，方为有益。②

其所谓观史“当如身在其中”，也就是要从历史的客观实际即

① 《文集》卷19《史说》。
② 同上。

从当时当地的具体历史环境来分析、考察问题，总结历史之经验教训，锻炼培养自己处世应事之能力。只有这样学习、研究历史，才能达到“经世致用”的目的。故而他反对人们将主要精力放在对历史事件、历史人物的“博学强记”之上，否则历史就起不到“药山”之作用，今人也就采集不到救世之丹药。由此，吕祖谦认为最要紧的是学会对历史的分析与思考：

> 看史须看一半便掩卷，料其后成败如何。其大要有六：择善、警戒、阃范、治体、议论、处事。①

必须承认，吕祖谦这种学习历史的方法，乃是治史的经验之谈。只要坚持不懈，确实可以收到“学问亦可以进，知识亦可以高”的效果。

然而吕祖谦这种强调从历史的实际出发了解历史的观点，却引起了好友朱熹的强烈不满。朱熹认为研究历史的唯一目的是要做到“合于天理之正，人心之安”②。故而他要求人们站在“天理”的高度去认识历史，把“天理”作为评论历史事件和历史人物的最高标准，所谓“陶熔历代之偏驳，会归一理之纯粹”③。即用理学家的主观标准去陶熔历史，准确地说这是在削足适履，这就难免要和吕祖谦发生严重分歧。

要了解和研究历史，就必须认真阅读和学习史籍。吕祖谦十分重视对历史著作的学习和研究。如对《左传》、《史记》、

① 《文集》卷20《杂说》。

② 李方子：《资治通鉴·纲目后序》。

③ 同上。

《资治通鉴》这些历史名著，他一生用功良多，颇有心得。曾以《左传》为题材，写下了《东莱博议》、《左氏传说》等重要著作，其中不少见解相当精辟，叙述严谨，议论奇宕，常给人以发人之所未发之感。

吕祖谦不仅本人认真学习史籍，而且还一再要求学生要经常翻阅玩味《左传》、《史记》等："伯恭劝人看《左传》、《迁史》。"①对此，朱熹颇不以为然。他明确声称史籍不值得学习和研究。他说："看史只如看人相打，相打有甚好看处？陈同甫一生被史坏了，直卿（朱熹学生黄干）亦言：东莱教学者看史，亦被史坏。"②认为阅读历史著作，只是看人打架，非但从其中得不到什么好处；相反弄不好还会把人看坏了。陈亮、吕谊谦之所以驳杂不纯，没有成为"醇儒"，就是史籍看得太多的缘故。

为了防止学者"被史坏了"，朱熹提出了"以经为本，而后谈史"的主张。"东莱聪明，看文理却不子细，向尝与较《程易》（指《伊川易传》），到《噬嗑》卦，'和而且治'，一本'治'作'洽'，据'治'字于理为是。他硬执要做'洽'字。'和'已有'洽意'，更下'洽'字不得。缘他先读史多，所以看粗着眼，读书须是以经为本，而后读史。"③朱熹意思是说他和吕祖谦之所以在《伊川易传・噬嗑卦》文句上产生是"和而且治"，还是"和而且洽"的分歧，关键是吕祖谦没有先读经然后读史，而是"先读史多"之缘故。朱熹认为对于学者来说，一定要以经为本，视史为末才行。因为只有先读经多，掌握了义理，然后读史

① 《朱子语类》卷122。
② 同上卷123。
③ 同上卷122。

才有正确评价历史事件和历史人物的标准,也才能做到“合于天理之正,人心之安”,这样亦可避免“看粗着眼”和“被史坏了”的不良后果。从朱熹对吕祖谦的这段批评中,可以清楚看出吕祖谦重视读史的程度。

和朱熹经本史末、经先史后的观点有所不同,在吕祖谦这里,经、史没有本末重轻先后之分。他常常将经、史相提并论,而且坚持认为儒家经典本身也是属于史籍之列,他说:“观史先自《书》始。”[①]明确把儒家经典之一《尚书》列为史籍。在一般理学家那里,《尚书》是经不是史,而在吕祖谦这里则是经亦是史,它与《左传》、《史记》等历史著作一样,难分轩轾。后世“六经皆史”之说,亦可能发轫于此。

吕祖谦之所以重视对历史的学习,是基于这样一种认识,即任何人要想有所成就,都离不开对历史的学习,以孔子而论,也得要借助历史资料,才有建树。他说:

> 简编失实,无所考信,则仲尼虽欲作《春秋》以示万世,将何所据乎?无车则造父不能御,无弓则后羿不能射,无城则墨翟不能守。[②]

《春秋》原是鲁国的一部编年史,后来孔子根据自己的政治主张、学术观点对其加以修订笔删而传世。在封建社会中,《春秋》是封建地主阶级判断是非、臧否善恶的主要依据之一,一向被理学家抬得很高,视为万世不易之经典。然而孔子之所以能够笔删《春秋》,寓“微言大义”于其中,关键在于原先

① 《文集》卷3《与张荆州》。
② 《东莱博议》卷2《曹刿谏观社》。

有这样一部史料翔实丰富的史籍，如其不然，孔子就笔删无本，也不可能“以示万世”了。这就如造父的御车能力再高，无车则无以发挥；后羿的射术再精，无弓则无法施展；墨翟守城本领再大，无城则守之无物。像孔子这样的圣人都离不开史籍之助，又何况他人呢？

由此，吕祖谦大胆提出秉实写史的史官有功于圣人的观点。

> 春秋之时，王纲解纽，周官三百六十，咸旷其职，惟史官仅不失其守耳。……呜呼，文武周公之泽既竭，仲尼之圣未生，是数百年间，中国所以不沦丧者，皆史官扶持之力也。……春秋之时，非有史官司公议于其间，则胥戕胥虐，人之类已灭，岂复能待仲尼之出乎？史官非特有功于仲尼之未出也。……大矣哉！史官之功也。[①]

吕祖谦认为春秋之时，天下无道，上至周天子，下至各国之君，“其举皆非”，有违文武周公之道，而孔子这样的圣人还没有出世。中国在这几百年间还不至于“沦丧”，靠的就是一批忠于职守，秉实写史的史官。由于他们“身可杀而笔不可夺，鈇钺有敝，笔锋益强，威加一国而莫能增损汗简之半辞”，才“终使君臣之分，天高地下再明于世”[②]。在这里，他把历史的发展，人类的生存归于史官不旷其职，“司公议”，表露了历史唯心主义观点，但是他认为史官和孔子一样伟大，只

① 《东莱博议》卷2《曹刿谏观社》。

② 同上。

是靠了“史官扶持之力”，才有了“仲尼之出”，这种议论在理学家中是绝无仅有的。

吕祖谦对于史官的这种态度，引起了朱熹的强烈不满，两人终于在对待伟大的历史学家司马迁评价上发生了争执。据朱熹回忆说：

> 伯恭、子约（吕祖谦之弟吕祖俭）宗太史公之学，以为非汉儒所及。某尝痛与之辩。子由（苏辙）《古史》言，马迁浅陋而不学，疏略而轻信。此二句最中马迁之失。伯恭极恶之。迁之学，也说仁义，也说诈力，也用权谋，也用功利。然其本意，却只在于权谋功利。孔子说，伯夷求仁得仁，又何怨，他一传中，首尾皆是怨辞，尽说坏了伯夷。……圣贤六经垂训，炳若丹青，无非仁义道德之说。今求义理，不于六经，而反取疏略浅陋之子长，亦惑之甚矣。①

朱熹同意苏辙对司马迁“浅陋而不学，疏略而轻信”的评价，认为司马迁虽然口头上也讲一点仁义，而心底里所赞成的却是“诈力”、“权谋”、“功利”。因而人们学习义理应该取诸“炳若丹青，无非仁义道德之说”的儒家之经典，而不应“取疏略浅陋之子长（司马迁）”。吕祖谦则竭力反对“马迁浅陋而不学，疏略而轻信”之说，在他看来，司马迁的道德学问在汉代是其他诸儒所无法比拟的，学习“太史公之学”，同样可得到义

① 《朱子语类》卷122。

理。在吕祖谦的影响下，其弟吕祖俭对司马迁的评价更高。朱熹曾这样恨恨不已地说："今子约（吕祖俭）诸人抬得司马迁不知大小，恰比孔子相似。"[①]认为司马迁无论如何是不能和孔子相提并论的，而现在吕祖俭等人却将司马迁吹捧得和孔子并肩而齐，真是"不知大小"。吕祖谦和朱熹在司马迁评价问题上的分歧，说到底是两种对立史学观的曲折反映。

历史发展有着自身的规律，历史研究是一门科学。吕祖谦指出，阅读、研究历史著作应该以历史发展的顺序为基本线索，有系统地进行，这样即能前后比较，对历史的全过程"洞然明白"。

> ……史当自左氏至五代史，依次读则上下首尾洞然明白。至于观其他书亦须自首至尾无失其序为善，若杂然并列于前，今日读某书，明日读某传，习其前而忘其后，举其中而遗其上下，未见其有成也。[②]

吕祖谦这段议论不仅是其治史的成功之诀，同时也反映了他对历史学的重视。他认为像这样"上下首尾"、"无失其序"地学习历史，可以使人获得许多有益的知识。然而朱熹正与吕祖谦相反，他既看不起秉实书史的历史学家，亦根本不承认历史是门科学。据《朱子语类》卷一二二载："问东莱之学。曰：伯恭于史分外仔细，于经却不甚理会。……义刚（朱熹学生黄义刚）曰：'他也是相承那江浙间一种史学，故恁地。'

① 《朱子语类》卷 122。
② 《文集》卷 20《杂说》。

曰：‘史甚么学，只是见得浅。’”十分明显，在朱熹眼中，史学不过是经学的奴婢，既否定史学之为“学”，亦将史学家贬为“见得浅”的人。仅就这一点而言，吕祖谦要超越朱熹多矣。

吕祖谦不仅重视对已有的史籍的学习和研究，而且还亲自动手编著了大量的历史著作。关于史籍的编写方法，吕祖谦有其独特的见解。他曾这样说：

> 大抵史有二体。编年之体始于左氏，纪传之体始于司马迁，其后班范陈寿之徒纪传之体常不绝，至于编年之体则未有续之者。温公作《通鉴》，正欲续左氏。……然编年与纪传互有得失。论一时之事，纪传不如编年；论一人之得失，编年不如纪传。要之，二者皆不可废。①

吕祖谦认为撰写史书有两种传统方法：编年与纪传。前者发韧于《左传》，后者则由司马迁首创。这两种体裁形式各有优劣，不可偏废。在编写史籍的过程中，应视不同对象，而将这两种方法有机地交替使用。以吕祖谦晚年所编写的《大事记》而言，就基本上采取的是编年之体，但同时也汲取了纪传之体的不少写法，而“不尽用某书凡例”。《大事记》叙述史实十分严谨精密，对若干历史事件和历史人物有着不同于前人的见解，连朱熹也不得不叹服《大事记》乃“自成一家之言”，“其精密为古今未有”，而《大事记·解题》也是“煞有工夫”。

吕祖谦的史学观及史学研究的方法，实开当时一代风气。

---

① 《文集》卷19《史说》。

为此，朱熹十分恼火。他说："婺州自伯恭死后，百怪都出，至如子约别说一般差异底话，全然不是孔孟规模，却做管（仲）、商（鞅）见识，令人骇叹。然亦是伯恭自有些拖泥带水，致得如此，又令人追恨也。"①又说："伯恭无恙时，爱说史学，身后为后生辈糊涂说出，一般恶口小家，议论贱王尊霸，谋功计利，更不可听。"②朱熹对吕祖谦史学观和治史方法论的这一批评，从反面印证了吕祖谦在治史问题已逐步脱离了理学家的窠臼，确实具备了"求实学，不为腐儒所眩"③的态度。这也正是其进步历史观的表现之一。

第二节 "合群策、集事功"为历史发展的重要因素

社会历史发展的决定因素是什么？以朱熹为代表的理学家坚持认为"天下之事，千变万化，其端无穷，而无不本于人主之心者。"④从而断定社会的兴衰、政治的好坏、社会历史的发展变化完全决定于封建帝王的"心术"之"正"与"不正"。吕祖谦虽然有时亦认为人主心术在历史发展过程中有着重大影响，但它决不是什么决定因素。他在《与周子充》的信中这样说："秦汉以后，只患上太尊，下太卑"⑤。这实际上是对君主专制制度的一种委婉批评。两宋时代，正是君主

① 《朱文公文集·答刘子澄书》。
② 同上。
③ 《文集》卷2《太学策问》。
④ 《朱文公文集·戊申封事》。
⑤ 《文集》卷4。

专制日益强化的时代，吕祖谦这一说法确实是惊世骇俗之论。

吕祖谦指出，所谓“天下之事”“无不本于人主之心者”的理论极其有害，它只能加重“上太尊、下太卑”之患，助长君主的独断专行，其结果犹如人体血脉经络“少有壅滞，久则生疾”。为此，吕祖谦专门对君主“独运万机之说”进行了反复、详尽的驳斥。认为“独运万机”之说，至少有四大弊端：

第一，一个人独断天下之事，总不免有所遗漏，不能不贻误治效。他说：

> 琐微繁细，悉经省览，酬酢区划，日不暇给，而天下大计或有所遗，治效不进，岂不甚可惜乎？①

任何人的精力总是有限的。事无巨细，一人独揽，此人纵然有通天彻地之能，也是应付不了的。尤其是在小事情上耗费过多的精力，就会忽略大政方针，势必影响治国的效果。

第二，大臣有职无权，一旦天下有事，大臣就不能有力地辅佐君主。吕祖谦是这样分析的：

> 治道体统，上下内外，不相陵夺而后安。向者，大臣往往不称倚任。陛下不得已而兼行其事，大臣亦皆亲细务而行有司之事，外至监司、守令职任，率为其上所侵而不能令其下。……一旦有事，谁与招麾而伸缩之耶？②

---

①② 《文集》卷1《淳熙四年轮对札子二首》。

吕祖谦认为比较理想的政治局面是不要相互侵权，而是各司其职。现在皇帝行大臣之职，大臣就去行政府各部长官之职，外而至于地方上的监司、守令的职权都为他们的上级长官所侵夺，这样他们就失去了约束其部下应有的权威，不能命令部下行事，容易形成下不服上的局面。一旦天下有事，君主就很难得到大臣以及各级官员强有力的辅佐。

第三，君主无人拥戴，有被架空的危险。

> 一命而上，大小相承，积而至于人主，然后尊重无以复加，苟万机独运，大臣而下皆为人所易，则人主岂能独尊重哉？①

这是说自低级官员（“一命”）以上，各级职务都为上级长官所夺，直至大臣之权为皇帝所夺，皇帝固然尊重无比，但自大臣以下各级官员都为其下属所轻视，皇帝怎能独自尊贵呢！

第四，容易造成宦官专权。君主事必躬亲，势必手忙脚乱，难以应付。这就很容易使身边的亲近佞小越俎代庖。如果这时有“妄意在旁者”，“工于揣摩”，投君主之所好，钻了空子，事情就不好办了。

吕祖谦的这段分析可谓条分缕析，具有很强的说服力。为了进一步驳斥“心术”决定论，吕祖谦以其丰富渊博的历史知识，又从社会伦理制度产生的角度予以论证。他指出社会伦理制度——“人纪”，并非是哪一位圣王建立起来的，而是“籍众人之力而共建”的社会历史产物。他说：

---

① 《文集》卷1《淳熙四年轮对札子二首》。

大抵人纪乃天下之物，非汤得而私有之。既不得私有则亦多与天下共之，固非汤一手一足之力。亦当籍众人之力而共建明之。故汤因自然之理顺而不咈，乃汤之肇修人纪也。①

其言下之意是“天下之事”，“无不本于人主之心者”之说根本不可信。以“人纪”建立这样重要的事情，都不是由“汤一手一足之力”所能完成的，又遑论其他！因而凡是头脑清醒的君主都不应该迷信“独运万机”之说。

勿以聪明独高而谓智足偏察，勿详于小而遗远大之计，勿急于近而忘雍蔽之萌。②

吕祖谦曾当面规劝孝宗皇帝说，一旦相信“独运万机”之说，而包揽一切，结果只能是“天下徒闻陛下独运万机，事由中出，听其声，不究其实……声势浸长，趋附浸多，过咎浸积”③，对于国家的长治久安是极为不利的。

吕祖谦指出决定国家大事和社会进步的决不是帝王个人之事，必须“合群策、定成策、次第行之”，“广揽豪杰，共集事功”方能奏效。他以古之勾践、刘邦君臣共谋大事为例再次说明了这一观点。

如勾践、种（文种）、蠡（范蠡），如高祖、良

① 《东莱书说·伊尹第四》。

② 《文集》卷1《淳熙四年轮对札子二首》。

③ 同上。

(张良)、平(陈平),相与共图大计,反复筹划,至于今可考,曷尝敢易为之哉?……夫一郡一邑之事,尚疑者半、难者半,参合审定,然后至于无悔,况天下大计果无可疑而无可难耶?……故先尽其所疑,极其所难,再三商榷,胸中了然无惑,然后敢以身任之,虽死不惮。①

勾践、文种、范蠡以及刘邦、张良、陈平等古之君臣,凡要作出重大决策总要事先互相质疑,非常慎重,不敢轻易决定,而不是由勾践、刘邦“独运万机”。因而,他们所定下来的大政国策就基本上不会出大的差错,这是一个很值得后世君主所汲取的范例。吕祖谦认为处理郡县的小事,尚且要再三斟酌才付之实行,更何况涉及天下大计之事呢,应该“尽其所疑,极其所难”才是。吕祖谦这一观点实际上是对心术决定论的否定和匡正。

与“合群策、定成策、次第行之”的观点相一致,吕祖谦坚决反对君主“自任一己聪明”的“师心自用”的独断论。他说:

舜格于文祖,询于四岳,明四目、达四聪,方说出治天下规模,如食哉惟时蛮夷率服之类,此是圣人之治天下手段,必先资诸人而后展出规模,后世兴王之君即位之初必自用,如高祖一入关便约法三章,晋悼公一即位亦便自用。②

① 《文集》卷1《乾道六年轮对札子二首》。

② 同上卷20《杂说》。

吕祖谦认为古代圣王治理天下，要订立治国安邦的大政方针（“规模”），总是要广泛地征求他人的意见，做到“明四目、达四聪”，这也是他们能够使天下达到大治的根本手段。如舜就是这样做的。而后世君主一即位就不听取别人的任何意见，“师心自用”，随随便便地颁布法令，这就很难避免失误。吕祖谦激烈地抨击了后世封建君主的“自任一己聪明以临天下”的行为。他说：

后世之君，自任一己聪明以临下，适足为不知，盖用众人聪明以临下，此乃大君之所宜。①

在吕祖谦看来，尧舜这些古代圣人之所以超越“后世之君”，关键就在于他们在处理问题时，注意汲取“众人聪明”。“是以天下之耳目为耳目，是上下远近俱无雍蔽不通下情者，此舜即位第一件事。”②

吕祖谦这些论述不是无意义的。它不仅在客观上否定了权力过分集中的君主专制制度，而且还涉及对历史发展决定因素的有益探索。吕祖谦敏锐地察觉到了这么一个问题，即国家的兴亡，与“下情通塞”与否有着密切联系。指出：

汉武帝穷侈、淫刑、黩武，比秦、隋无几，然秦、隋亡而汉不亡者，要须深思。二世、炀帝只以下情不通，故亡。汉武下情却通，只轮台诏可见，

① 《文集》卷13《易说·临》。
② 同上卷20《杂说》。

外面利害，武帝具知之，国之存亡，只看下情通塞。①

这就是说，君主必须了解世务民情，才能维护自己的统治。如果与外界隔绝，“下情不通”，就会导致国家之衰与亡。为此，他主张“定国是以一民听”，“下孚群听”，强调“民听”、“群听”对于治理国家的作用。尽管吕祖谦所说的与我们今天所主张的倾听群众呼声，走群众路线不可同日而语，有着极为本质的区别，但就其观点本身而言，确属有识之见。

第三节　“有因有革”的历史发展观

历史究竟是前进的，还是倒退的？这又是吕祖谦和朱熹等人在历史观上严重分歧之一。朱熹曾露骨地宣扬历史退化论。他认为夏、商、周三代是天理流行的时代，实行的是王道政治，故而天下其乐融融，而三代之后，由于人欲横行，实行的是霸道政治，故而将天下搞得一团糟。吕祖谦则认为历史总是前进的，决不是什么一代不如一代，他反对历史不变论和历史复古论，强调历史的发展是“有因有革”。对于历史既不能采取虚无主义的东西，一概否定，推倒重来。例如“祖宗化成风俗，所以维持天下者，其可朘削乎？”②也就是说对封建等级名分以及与之相应的典章制度，政治伦理观念等只能是“因”而不是“革”。但尤其重要的是不能借谨守祖宗之法因循守旧，坐视其弊，而必须大胆革除已经过时的陈规陋习。他说：

① 《文集》卷 20《杂说》。

② 同上卷 1《淳熙四年轮对札子二首》。

> 祖宗之意，只欲天下安。我措置得天下安，便是承祖宗之意，不必事事要学也。[①]

在吕祖谦看来，祖宗之所以订立法令、规矩，目的是要求天下太平。而当这些祖宗旧章程妨碍了天下太平，后人及时加以革除，就是最好的师承祖宗之意，而不是每件事都要照老祖宗的办法去做。必须承认吕祖谦这一师祖宗之意不师祖宗之法的观点和王安石变祖宗之法的思想是相通的。

吕祖谦之所以强调对于祖宗之法，"不必事事要学"，是基于这样一种认识，即历史总是在向前发展的，"先世制度"只能适应"先世"，而不能适应"后世"。他指出"施行先世制度于今日"是注定不能成功的。例如，战国时期某些人所宣扬的"帝王之道"就因为已不符合当时的社会实际，而变成了"迂阔难行"的空谈。"战国之时指以为帝王之道者类皆迂阔难行者也，知王道之近思者惟孟子一人而已。"[②]意谓孟子的学说值得仿效之处在于他对于古之"帝王之道"作了修订，不太迂阔。吕祖谦的这一观点与陈亮所说的"古今异宜，圣贤之事不可尽以为法"的思想是相契合的。

吕祖谦坚持认为历史是前进的，因此对于后人来说，就是要增添前人所不备的新内容。就这个问题，吕祖谦提出如下观点：

> 视前代未备者，固当激励而振起，其远过前

① 《文集》卷12《易说·蛊》。
② 《大事记·解题》卷3。

代者尤当爱护而扶持。①

凡是前人所不完备的东西，后人应当“激励而振起”进行大胆的改良；凡是后人发展了前人所没有的东西，更应该加以“爱护而扶持”，使之发扬光大。

人始终是推动社会前进的主体力量。换句话说社会历史的发展依赖于人的主观努力。吕祖谦这样说：

大抵有人事有天理，人事尽然后可以付之天。人事未尽，但一付天，不可。②

在这里，尽管尚笼罩着一丝天命论的阴影，但很明显，吕祖谦所强调是“人事”，他认为不能把什么都推诿于天。重要是要尽“人事”，即发挥人的主观努力。与此相一致，吕祖谦高度重视人在历史变革中的重要作用。他说：

和气致祥，乖气致异，二气之相应，犹桴鼓也。物之祥，不如人之祥。故国家以圣贤之出以为祥，而景星矞云神爵甘露之祥次之。物之异不如人之异，故国家以邪佞之出以为异，向彗孛飞流龟孽牛祸之异次之。③

吕祖谦认为物产的阜盛、天象的吉兆，都不如德才兼备的圣

① 《文集》卷1《淳熙四年轮对札子二首》。

② 同上卷18《孟子说》。

③ 《东莱博议》卷1《盗杀伋寿》。

贤对于社会的进步历史的发展、国家的安定有用。只要社会上多几个杰出之人才，历史的发展就会更快些。

南宋时期，在史学领域中爆发了一场著名的王霸之辩，辩论主要是在朱熹和陈亮之间发生的。朱熹认为王、霸是对立的。“三代专以天理行”，实行的是王道，故而一片光明。而汉唐以来，人欲横行，实行的是霸道，故而社会混乱不堪，其实他所鼓吹的是历史退化论。陈亮不同意朱氏之说。他认为汉唐诸君如刘邦、李世民等其“大功大德”“暴著于天下”，足以与三代圣王相媲美。霸道与王道不是对立的，而是相辅相成的，没有霸道，就没有王道，其间透露了进化的历史观。吕祖谦没有直接参加这场辩论，但不是说他对这个问题没有自己的看法。吕祖谦认为王道与霸道是有原则区别的，两者不能混为一谈。他说：

> 王者之所忧，霸者之所喜也。王者忧名，霸者喜名。名何为而可忧耶？不经桀之暴，民不知有汤；不经纣之恶，民不知有武。使汤、武幸而居唐虞之时，无害可除，无功可见，与斯民相忘于无事之域，则圣人之志愿得矣。功因乱而立，名因功而生，夫岂吾本心邪？是故云霓之望，非汤之盛也，乃汤之不幸也；壶浆之迎，非武王之盛也，乃武王之不幸也。霸者之心异是矣。王者恐天下之有乱，霸者恐天下之无乱。乱不极则功不大，功不大则名不高，将隆其名必张其功，将张其功，必养其乱。……噫，此王霸之辩也。[①]

① 《东莱博议》卷2《齐侯救邢封卫》。

吕祖谦认为王、霸区别的主要标志是,两者考虑问题的出发点不同。王者所想的是天下太平晏然,而不是自己名声的大小。他们特别害怕自己名望声誉与日俱长,播及天下。这是因为大凡名声的建立是要在除暴平乱中产生的。没有暴乱,就没有自己名声显赫的机会,抑或说自己名声大了,这就意味着天下有了暴乱,而有违其"与斯民相忘于无事之域"之夙愿。霸者则与王者相反,他们所考虑的是要自己出名,而且知名度愈高愈好。而要达到这一目的,就希望天下大乱,人民处于"暴"、"恶"的熬煎之中,而由自己解民于倒悬,但这怎么能比得上天下本来就太平呢?因而相比之下,王者要比霸者更高明。因此人们当以王道为期。他说:

> 天下之为治者,未尝无所期也。王期于王,霸期于霸,强期于强。不有以的之,孰得而射之?不有以望之,孰得而趋之?志也者所以立是期也,动也者所以赴是期也,效也者所以应是期也。①

要想达到天下之治,就必须有明确的奋斗方向,这好比射箭必须要有箭靶,走路要有目标一样。而目标愈远愈大,就愈易激励人们奋发向上。对于统治者来说应该以王道自期自律才行。如果仅以霸道为满足,是不可能将其功业永远保持下去的。他在评论春秋五霸之首齐桓公晚年穷途末路时这样说:

> 呜呼,管仲辅桓公之初心,其自期何如邪?

---

① 《东莱博议》卷 3《癸邱之会》。

> 晚节末路至使桓公不能自定其子，区区偕仲，属之于宋襄焉。吾读书至此，未尝不怜其衰而哀其穷也。世之诋霸者必曰尚功利，五霸桓公为盛，诸子相屠，身死不殡，祸且不能避，岂功利之敢望乎？是知王道之外无坦途，举皆荆棘；仁义之外无功利，举皆祸殃。彼诋霸以功利者，何其借誉之深也。①

吕祖谦认为齐桓公晚年之所以发生不能“自定其子”，将其后事嘱咐给宋襄公这样的无能之辈，死后，由于五子各树党争立，相互屠杀，以致其尸体二月有余尚不能成殡，其根本原因就在于齐桓公向以霸者自期自律，尚权谋诈力而不尚仁义，一旦“葵邱之会悉偿所愿，满足无余……所期既满，其心亦满，满则骄，骄则怠，怠则衰”②。吕祖谦断定“桓公之罪在于自期之时，而不在既满之时”。他设想，假使齐桓公“素不以霸自期，则下视霸功亦蚊虻之过前耳……进霸而至于王，极天下之所期，无在其上者，其亦可以息乎？”③这就是说齐桓公以天下最高的政治目标王道自期自律，则永远不会到达终点，“悉偿所愿”，从而就会自强不息，汲汲而为，而根本不可能产生骄怠之心。吕祖谦不同意将“功利”与“霸”连接一起，认为批评霸者“尚功利”，实际上是在美化霸者。以五霸之盛者齐桓公尚且落得“身死不殡，祸且不能避”，哪里还有什么功利可言呢？在这里，吕祖谦虽然没有明确说王霸对立，实际是取尊王贱霸之说的。

---

① 《东莱博议》卷 2《齐寺人貂漏师》。

② 同上《葵邱之会》。

③ 同上。

但是吕祖谦亦不同意对三代帝王之德的无限拔高。他从历史考据的角度指出，古代传说的圣王之德并不符合历史之实际情况。他在《东莱博议·宋公楚人战于泓》中有如下一段议论：

> 说者乃以宋襄之败，为古道之累，是犹见瞶者误评宫角，遂欲并废大乐，岂不过甚矣哉！或者又谓宋襄无帝王之德而欲效帝王之兵，所以致败亦非也。……吾恐帝王之兵不如是之拙也。古之誓师者，曰"殄歼乃仇"，曰"取彼凶残"，凛然未尝有毫发贷其所宽者，惟弗迓克奔而已。

吕祖谦认为古代圣王们在战争中并不那么仁慈宽厚，他们所采取的手段亦是十分凶残的，"凛然未尝有毫发贷其所宽者"。这就从根本上否定了朱熹等人所虚构的圣王形象，而还历史的真实。吕祖谦以确凿的古文献记载，说明了对"三代圣王"不可虚构美化，虽不及陈亮对朱熹复古主义所作的批判尖锐激烈，但却具有较大的说服力。

我们认为吕祖谦在王霸之辩上的矛盾态度具有调和朱熹、陈亮之倾向，其实这也不奇怪。作为理学家，吕祖谦自然要尊王贱霸，而作为历史学家，面对着确凿有据的历史资料，他亦不能容忍朱熹的虚构神话。

要之，吕祖谦的史学观就总的倾向来说，是进步的，其中含有不少积极之因素，虽然其中亦有若干消极之成分，但这毕竟是次要的。

结束语

作为南宋著名理学家、人称“东南三贤”之一的吕祖谦，他的思想、学风、治学方法在中国历史上产生了重要的影响。

吕祖谦在学术上以“杂博”著称，这反映了当时社会思潮的特征。所谓“思潮”，就不是只有一种学说定于独尊的地位，而是百川竞流，由各种不同的学说、思想在相互论辩、相互融合的同异交得中汇集而成的。宋代社会的学术思想较为活跃，文化事业也随着经济的发展而兴盛起来。地方书院的遍及，为学者们的讲学提供了广阔的活动领域，印刷术的革新为著书立说者创造了非常有利的条件。南宋时代更是学派林立，但当时能成鼎立之势的却主要有以朱熹为首的理学派，陆九渊为巨子的心学派，陈亮、叶适为代表的功利学派。吕祖谦思想上的“杂博”也就是表现了这种历史的现实和特点。

吕祖谦在学说上折衷朱、陆而又汲取永嘉学派经世致用的功利之学，他打破各学派之间的门户之见，采取“泛观广接”、“未尝倚一偏，主一说”的居中持平态度。尤其是他所具有的学术上宽宏的气度，为当时任何学者所不能及，他为人谦逊、忠厚，对各种“相反之论”皆能虚心听取，并予以尊重。因此朱熹对吕祖谦的学术道德钦佩不已，并评论说他“有蓍龟之智，而处之若愚，有河汉之辩，而守之若讷，胸有云梦之富，而不以自多……恬淡寡欲，而持守不稍懈，尽言以纳忠，而羞为讦……是则古之君子尚或难之，而吾伯恭（吕祖谦）犹欿然而未肯以自大也”[1]。吕祖谦在学风上谦虚“未肯以自大”，博取众长的良好学风深得时人的称赞，也为后人的楷模。虽然朱熹也认为“诸家异同处最可观”，张栻也主张学术上“交须而共济”，提倡学术上的自由交流，然而总不及吕祖谦那样身体力行。最明显的一例便是由他主持的1175年的“鹅湖之会”，这是具有深远的历史影响的。吕祖谦为了筹办这一次学术讲座会是费了不少心血的，他在朱熹和陆九渊之间热心地穿针引线，还邀请朱、陆门人和自己的学生与会，人数不下几十人。筹办这样的历史上著名的哲学讨论会，它的意义实超过了会议的本身，它不仅影响了当时的南宋的知识界，而且也影响到以后，尤其是开了明代自由讲学论辩之风的先河。

南宋末的大学者王应麟是吕祖谦的学术思想的后继者，清人全祖望在《谢山同谷三先生书院记》中说：“王尚书深宁独得吕学之大宗，深宁论学，独亦兼取诸家，然其综罗文献，实师说东莱（吕祖谦）。”王应麟深得吕学的治学方法，注重综合各家学说，相互参证，为中国学术思想源流，提供了有

① 《宋元学案·东莱学案》引。

价值的资料。这正是吕学讲究对史实“参合审订”的“文献之学”的传统。明末清初的黄宗羲及其弟子万斯同、全祖望以及后来的章学诚，他们的学术思想，特别是史学的观点受地处浙东的金华学派吕祖谦的影响，则是很明显的。

将历史作为一门科学来研究，这是吕祖谦史学观的出发点，他不仅把经书和一些历史著作相提并论，而且还把儒家经典本身也作为一种历史资料，历来被尊为儒家经典之一的《尚书》在他看来仅是一部古老的史书罢了，这与后来“六经皆史”之说应该有一定的渊源关系。“六经皆史也”这一命题的提出是王阳明，明清之际黄宗羲及其弟子也都是把治经引向治史，黄宗羲自谓“……东莱之文献，艮斋(薛季宣)止斋(陈傅良)之经制……莫不旁推交通，连珠合璧”[①]。章学诚则是更发挥了“六经皆史”的观点，清末龚自珍不仅认为六经皆史，并以诸子百家皆史。说“出乎史，入乎道，欲入大道，必先为史”。吕祖谦是将历史的学习和研究提到前所未有的高度，打破了传统的“以经为本”的陈见。他曾经说“中国所以不沦丧者，皆史官扶持之力也……大哉，史官之功也”[②]，还大胆地认为“孔子之出”乃是依靠“史官扶持之力”。近代的章太炎也是接受这种观点，认定孔子之伟大在于他是个“良史”。

关于历史的研究方法，吕祖谦提出看历史应该“如身在其中”，这也就是从历史的客观实际的具体环境来分析和考虑问题，总结历史的经验。这种历史的研究方法对后世影响很大，如王夫之“理势合一”观察历史的发展，视历史是“资

① 《神道碑文》。

② 《东莱文集·史说》。

人之通”的“千古明鉴”,“述往以为来者师”。全祖望主张研究历史当与现实之用结合起来,“钻研史籍,通经致用”,这些无不与吕氏的研究方法相通。

在政治上,吕祖谦对于封建君主专制制度也有某些批评,指出“秦汉以后,只患上太尊,下太卑”。批评君主“自任一己之聪明以临天下”,主张“是以天下之耳目为耳目”,能够通达民情,这关系到“国主存亡只看下情通塞”。并主张当官的应有“当官之法”,认为“当官处事常思有以及人……使民省力,不使重为民患,其益多矣”,反映了吕祖谦具有传统的民本思想。后来明清之际的启蒙思想家黄宗羲进而对封建君主专制制度作了尖锐批判,提出君为客、民为主的新的君民关系的看法,就与吕祖谦主张的“盖用众人聪明以临天下”和认为社会伦理制制度“人纪”,乃藉众人之力而共建的思想有一脉相承的关系。

从理学本身的发展来说,吕祖谦欲使朱、陆的学说能“会归于一”,而为此作出努力。“鹅湖之会”上,朱、陆二派虽因争论激烈导致不欢而散,但后来朱、陆又通过吕祖谦从中周旋,而逐渐彼此间“有商量处”。朱称陆“颇有心得”,陆称朱“泰山乔岳”,朱、陆门人间的思想开始合流。宋元之际的理学家吴澄、许衡其融合朱、陆的思想更为明显。吕祖谦为促使朱、陆学说的合流是起了一定的作用的。

吕祖谦青年时所写的以《左传》为题材的评论文章集,名为《东莱博议》。词锋犀利明快,有精辟的历史见解,不同凡响。《东莱博议》长期以来脍炙人口,曾与《古文观止》并列,作为学习古文的范文。目前年岁大些的老人,也都熟悉《东莱博议》中的文章,足见其对后世社会影响的深远了。

总之，我们要研究吕祖谦其人和其文，探讨其思想的全貌，汲取和继承发扬其中有价值的部分，为我们建设社会主义精神文明服务，这是我们思想史工作者肩负的责任。

索　　　引

人名索引

一　历史人物

五　画

六　画

七 画

八　画

九　画

十　画

十一画

十二画

十三画

十四画

十五画

十六画以上

二 神话人物

文献索引*

* 本索引不包括频繁引用的《吕东莱文集》和《东莱博议》。

七　画

八　画

九　画

十　画

十一画

词语索引

八　画

十　画

十一画

后　记

1984年，我们撰写了《吕祖谦思想初探》。此书出版后，学术界反映不错。北大教授张岱年先生曾以“填补了中国哲学史研究的一个空白”之语相勉。然而《初探》毕竟是初探，随着对吕祖谦思想研究的深入，我们愈来愈感到《初探》不如人意之处甚多。因此，当匡老和中国思想家研究中心决定由我们承担《吕祖谦评传》撰写任务时，我们不揣浅薄，欣然从命。

为了不负匡老和“中心”所望，我们认真领悟匡老为评传丛书所规划的战略思想，努力运用马克思主义的立场观点，对传主思想进行剖析，两年中三易其稿。这当然不是说呈现在读者面前的这本书已臻完美，而是说为了它，我们确实已尽了很大的主观努力。

本书在写作过程中，得到了“中心”诸多同志的热忱帮助。尤其使我们感念不已的，是“中心”负责人潘群先生为本书提出了许多宝贵的建设性意见；南京师大历史系教授陈振先生以极其科学、负责的态度审阅了全书，匡谬补阙，出力良多；蒋广学先生为书稿提出过详细的补审意见；巩本栋先生为本书责任编辑，曾为书稿的文字加工、查核资料等付出辛勤劳动。在此，我们表示衷心的感谢。

作　者

1991年1月于上海

图书在版编目(CIP)数据

吕祖谦评传 / 潘富恩,徐余庆著. —南京: 南京大学出版社,1992. 1(2010. 4 重印)
(中国思想家评传丛书/匡亚明主编)
ISBN 978 - 7 - 305 - 01240 - 2

Ⅰ. 吕… Ⅱ. ① 潘…②徐… Ⅲ. 吕祖谦(1137～1181)-评传 Ⅳ. B244. 995

中国版本图书馆 CIP 数据核字(2006)第 044108 号

中国思想家评传丛书
吕祖谦评传
潘富恩 徐余庆 著

南京大学出版社出版发行
社址: 南京市汉口路 22 号 邮编: 210093
电话: 025 - 83596923 025 - 83592317 传真: 025 - 83328362
网址: http://www. NjupCo. com
电子邮箱: Press@NjupCo. com
Sales@NjupCo. com(市场部)
南京爱德印刷有限公司
开本 850×1168 1/32 印张 15 字数 337 千字
1992 年 1 月第 1 版 2010 年 4 月第 4 次印刷
印 数 7501—8500
ISBN 978 - 7 - 305 - 01240 - 2

定价: 45. 00 元